"一带一路"沿线国家和地区
司法判例研究方法

—— 以东南亚国家为主要研究范例

（第二版）

主编 陈 明 许少波

副主编 陈志杰

最高人民法院司法案例研究重点课题

YIDAIYILU YANXIAN GUOJIA HE DIQU
SIFA PANLI YANJIU FANGFA
YI DONGNANYA GUOJIA WEI ZHUYAO YANJIU FANLI

人民法院出版社

图书在版编目（CIP）数据

"一带一路"沿线国家和地区司法判例研究方法：以东南亚国家为主要研究范例：汉、英／陈明，许少波主编. -- 2版. -- 北京：人民法院出版社，2021.8
 ISBN 978-7-5109-3253-3

Ⅰ.①一… Ⅱ.①陈…②许… Ⅲ.①司法制度-对比研究-东南亚-汉、英 Ⅳ.①D933.06

中国版本图书馆CIP数据核字（2021）第163903号

"一带一路"沿线国家和地区司法判例研究方法
——以东南亚国家为主要研究范例

陈　明　许少波　主编
陈志杰　副主编

责任编辑	马　倩
执行编辑	杨佳瑞
出版发行	人民法院出版社
地　　址	北京市东城区东交民巷27号（100745）
电　　话	（010）67550638（责任编辑）　67550558（发行部查询）
	65223677（读者服务部）
客服QQ	2092078039
网　　址	http://www.courtbook.com.cn
E-mail	courtpress@sohu.com
印　　刷	三河市国英印务有限公司
经　　销	新华书店

开　　本	787毫米×1092毫米　1/16
字　　数	232千字
印　　张	20
版　　次	2021年8月第1版　2024年3月第3次印刷
书　　号	ISBN 978-7-5109-3253-3
定　　价	82.00元

版权所有　侵权必究

编撰人员名单

前　言：郑玲玲

第一章：杨月萍

第二章：林　艳

第三章：杨月萍　　贺张翡　　郑昭文

第四章：郑玲玲　　贺张翡　　陈志杰　　林　艳

第五章：陈志杰　　林　艳　　郑昭文

拓展篇：陈志杰　　陈公照

统稿人：郑玲玲

序　言

丝路相连，美美与共。

从驼铃漠影到班列驰鸣，从楫声帆影到洋际航渡，当历史与现实交汇，沉寂了几个世纪的"古丝绸之路"，跨越千年时空，重新焕发生机。

这一切，正是始于五年前，一个基于历史与未来的倡议。

2013年秋，国家主席习近平西行哈萨克斯坦、南下印度尼西亚，先后提出建设"丝绸之路经济带"和"21世纪海上丝绸之路"重大倡议。自此，这个根植于历史厚土、被誉为21世纪伟大新故事的"一带一路"就开始迎风生长，成为推动构建人类命运共同体的重要实践平台。

大道致远，海纳百川。"倡议源于中国，但机会和成果属于世界""我们将继续大力推进'一带一路'建设，为各国经济社会发展、落实2030年议程开辟新空间。"作为这一倡议的总设计师，习近平主席亲自谋划和部署推动，为"一带一路"建设指明方向，彰显中国担当和世界情怀。"孤举者难起，众行者易趋。"五年来的发展与奋进，"一带一路"从理念转化为行动，从宣示走进人心，连

点成线最后成面,在广袤大陆上落地生根,在浩瀚海洋中乘风破浪,千年丝路再现繁景,为当今世界开启发展新航程……

"一带一路"贯穿亚非欧大陆,沿线100多个国家涉及不同法律体系,加之政治、经济、文化、宗教等方面因素的影响,各方在基础设施的互联互通、贸易投资和金融的便利化及自由化等方面获取利益的同时,不可避免地会出现各种冲突和争端。解决争端的前提在于分清是非责任,而法律正是衡量争端各方是非责任的标准。针对具体的争端,如何尽量避免或减少法律冲突、并在个案中准确地选择并适用相关法律,则成为妥善处理纠纷和解决争端的基础和核心,也是"一带一路"建设司法服务过程中面临的首要问题。

法治是人类文明的产物,是人类选择的一个普遍性价值,经由法治得以寻求不同国家之间更多的价值共识,通过法治可以寻求相互的理解与信任。在"一带一路"建设中,法治是重要保障,司法的作用不可或缺。自"一带一路"倡议发布以来,人民法院深入学习贯彻党和国家关于"一带一路"建设的重大决策部署以及习近平总书记的系列重要论述,充分认识肩负的神圣职责,自觉担当时代使命,积极发挥职能作用,主动服务和融入"一带一路"建设进程,公正高效地审结了一批涉"一带一路"建设的案件,为"一带一路"建设提供了有力的司法服务和保障。

司法既生产案例,也需要案例。在世界各国,尽管案例的法源地位有所差异,但作为法律渊源的一种形式,其作用越发重要。无论是在哪种法系国家,案例都以某种形式在司法活动中发挥作用,维系着具体案件中的公平正义。从一定意义上讲,对司法案例的重视程度也能反映出一个国家的法治发展水平。

党的十八大以来,以习近平同志为核心的党中央高度重视司法

案例对于推进法治建设、促进司法公正、加强法治宣传教育的重要作用。在2017年7月28日召开的最高人民法院司法案例工作推进会上，周强院长指出，人民法院审理各类案件形成的案例，是向社会提供的公共服务产品，是人民法院适用和解释法律的鲜活载体和记录，具有重要的法治和文化价值。加强司法案例研究，是贯彻落实全面依法治国、促进国家治理体系与治理能力现代化的必然要求，是促进审判体系与审判能力现代化的重要举措，是丰富法学理论研究、弘扬法治精神的有效载体，是传承中华司法文明、增强文化自信、增进中外司法交流的重要途径。

必须认真对待案例。作为一种法律资源，案例中蕴涵着丰富的法理，是一座亟待开发的理论"富矿"。对整个诉讼活动而言，案例是其终极成果，它记录案件诉讼过程、公开裁判理由、宣告处理结果，既解决当事人之间的纠纷，也确立引领社会公众的规则。案例是尺子，尊重以前的案例，能够让我们对同等情形一视同仁、类案同判，实现法律适用的统一。案例是经验，它凝结着前辈的司法知识和智慧。尊重案例就是尊重经验，也是学习和传承司法经验。案例是说服力，具有指导性的案例是经过长期实践检验的裁判，如同大浪淘沙后留在河床上的金子。遵循这些指导性的案例就是尊重权威，自然也会借助其权威性，提升当下裁判的说服力。案例是捷径，它是法治的基本单位，内涵十分丰富，比如静态的立法文本和动态的司法要素、实体性的规则和程序性的规范、字面上的法条和观念中的法律等等，几乎包含了关于法的所有信息。案例是纽带，作为法律与实践结合的产物，其本身所蕴含的法治信息，所提出的前沿命题，往往成为法学研究创新和理论发展的重要源泉，理论界关于案例的逻辑推理和法律诠释又能够为立法和司法解释提供新的

"一带一路"沿线国家和地区司法判例研究方法

思路和视角。

必须重视案例研究方法。方法论是法学理论研究的重要基础，围绕"一带一路"沿线国家和地区司法判例的研究方法开展研究具有重要的意义和价值。通过对中国的指导性案例和外国的判例的比较研究，能够促进国际司法文化交流，并为中国企业"走出去"、推进"一带一路"建设提供司法服务，向国际社会展示中国特色社会主义司法制度的优越性，为全球治理贡献中国司法智慧和司法经验。在涉外司法审判实践中，让司法案例研究方法成为法官"用得对"的法律适用方法。司法案例是各国重要的活法之源，对司法案例的研究方法进行研究，可以为法官查找并准确适用相关外国法提供指导，实现个案的公正解决，形成并保障国家利益、社会利益与个人利益和谐平衡的国际秩序，实现"一带一路"沿线国家法律的渐趋融合。

在目前的司法案例研究领域中，围绕"一带一路"沿线国家和地区司法判例的专门研究较少，直接以"一带一路"沿线国家和地区判例的研究方法为研究对象则几近阙如。为此，最高人民法院将对"一带一路"沿线国家和地区司法判例的研究作为2017年度司法案例研究重点课题项目。

历史曾选择泉州。泉州是古代"海上丝绸之路"的重要起点，刺桐古港架起了连接东西方文明的桥梁，铺开"梯航万国"的辉煌长卷。"涨海声中万国商"，正是宋代李邴在《咏宋代泉州海外交通贸易》中关于泉州曾经的真实写照。沧海桑田，斗转星移。今天，历史又一次选择了泉州。在"一带一路"倡议中，泉州被中央规划定位为"21世纪海上丝绸之路先行区"。地处"海丝"起点，泉州市中级人民法院立足城市历史底蕴、地域文化特质、区位优势特色，发挥"爱拼敢赢，勇立潮头"的精气神，主动向最高人民法院申报重点课题，并按照最高人民法院司法案例研究院的统一部署确定，着力对"一带一路"沿线国家和地区的司法判例尤其是对沿线的东南亚国家的司法判例展开研究，体现了基层首创精神和基层探索作为，有助于推动顶层设计和基层探索良性互动、有机结合。

不做清谈官，要当行动队。无须讳言，这个课题的写作难度非常大，是一块极其难啃的"硬骨头"，难就难在"没有金刚钻，别揽瓷器活"。任何敢于挑战和承担这一任务的都可称得上是"英雄好汉"。课题调研注定是艰辛的，该课题组本着拓荒的勇气、求知求真的态度及垦耕的韧劲，完成了大半个中国的跋涉走访。本书提出的关于研究方法体系构想，将有助于使"一带一路"沿线国家和地区司法判例成为法官"找得到"的判例资源、"用得对"的法律适用方法，让我国司法案例成为可以"走出去"的文化输出。

"道虽迩，不行不至；事虽小，不为不成。""一带一路"倡议书写着人类发展进步的新篇，承载着世界各国人民对美好生活的梦想，正转化成为发展的红利、人民的福祉。道在通，通则顺，顺则达，达则济天下。我们要以建成和平之路、繁荣之路、开放之路、创新之路、文明之路为指引，乘势而上、顺势而为，推动"一带一路"建设行稳致远，迈向更加美好的未来。

是为序。

陈　明

2019 年 7 月

前　言

"一带一路"（The Belt and Road，简称 B&R）是"丝绸之路经济带"和"21世纪海上丝绸之路"的简称。自2013年9月习近平总书记提出"一带一路"重大倡议以来，"一带一路"倡议逐渐从构建"共商、共建、共享"的人类命运共同体的理念愿景，转化为从顶层设计到制度项目落实的具体行动。沿线国家的经贸往来不断增强，贸易比重逐年上升，协同合作不断深入，人员交往更为频繁。法治是推进社会经济交往的一种重要保障方式，在跨境交往和合作中的作用更为凸显。因此，探索和完善"一带一路"沿线国家和地区的司法服务和保障机制是时代所需。最高人民法院紧跟时代步伐，对外不断深化"一带一路"沿线国家和地区司法领域的国际合作，全面开展国际司法交流，对内不断强化统筹部署持续推进，组织展开各项富有成效的调研，探索有效的研究机制，陆续形成一系列研究成果。司法判例是经过长期积累、沉淀，经受社会历史检验形成的有法律拘束力的判决先例，包含了法的精神及其价值取向，集合了历史与现实的契合因子，浓缩了宗教与文化的精粹，既

"一带一路"沿线国家和地区司法判例研究方法

基于过去,更面向未来——从某种程度上讲,对"一带一路"沿线国家和地区司法判例的研究就是对沿线国家法治环境、司法制度、社会历史、背景文化等等的综合性研究,是打开沿线国家司法研究的一把重要钥匙。基于此,最高人民法院司法案例研究院将对"一带一路"沿线国家和地区司法判例的研究作为重大课题项目,系属明智之举。

泉州是唯一被联合国教科文组织考察认定的古代"海上丝绸之路"(以下简称"海丝")的起点,有九日山祈风石刻、天后宫、清净寺、草庵、伊斯兰圣墓等多处"海丝"遗迹。习近平总书记在"一带一路"国际合作高峰论坛提到,泉州等城市的古港是记载古丝绸之路历史的"活化石"。泉州古称"刺桐",历史上的"刺桐港"被称为"东方第一大港",茶叶、瓷器等商品从这里远销海外,与100多个国家和地区通商贸易,呈现出"市井十洲人""涨海声中万国商"的盛况,被马可波罗誉为"光明之城"。泉州也是我国著名侨乡、港澳同胞和台湾汉族同胞的主要祖籍地,分布在世界130多个国家和地区的泉籍华侨华人约750万人,其中90%居住在"海丝"沿线,在全国25个设区市重点侨乡中位居第一。故此,从历史意义和现实战略角度考虑,在"一带一路"倡议中,泉州在中央的规划中被定位为"21世纪海上丝绸之路先行区""海上合作战略支点"。泉州正汇聚海内外各界力量致力于打造推动"海丝"海陆统筹互联互通的重要枢纽,面向"海丝"民营经济开放创新的重要门户,促进"海丝"多元文化交流展示的重要纽带、增进"海丝"国际交流合作的重要平台。泉州的"海丝"缘,不仅推动了泉州的对外贸易的快速发展,也促进了泉州法院人在"一带一路"倡议的建设实施中,立足优势,勇立潮头,发挥所长,多尽绵薄之力。

因缘际会,机缘巧合。最高人民法院司法案例研究院于2017年8月首次发布课题招标公告,将"一带一路"沿线国家司法判例的研究方法作为重大课题向社会招标,福建省泉州市中级人民法院有幸中标,欣喜鼓舞,以课题的研究为契机,将多年司法实践方面的经验积累进一步总结提炼,对课题涉及的领域进行探索研究,是为学习提升的良机。课题的概况和研究思路如下:

本课题立足于最高人民法院司法案例研究院的部署要求和目标任务,紧密结合泉州的区位优势和特点,着力对"一带一路"沿线国家和地区的司法判例尤其是对沿线的东南亚国家的司法判例研究方法进行探索。课题组所采取的调研方法包括:(1)查阅资料:对现有的学术理论、司法领域、社会领域的研究成果进行收集分析研判;(2)走访调研,分组奔赴国内对涉"一带一路"法律研究相对集中的高校(厦门大学、西安交通大学、西南政法大学、中国政法大学、华东政法大学)、外国法查明中心进行调研座谈,听取专家意见,收集资料拓展思路;(3)联动社会力量和民间组织,包括发动泉州市侨联、侨办共同合作、聘请专家组成员担任课题顾问、对华侨华人进行访谈并通过其提供所在国的判例资料,联合高校力量参与课题的撰写;(4)及时汇报请示,与福建省高级人民法院、最高人民法院及其司法案例研究院保持紧密联系,取得答疑指导和资源支持;等等。

在调研过程中,课题组发现,在"一带一路"沿线国家和地区司法判例的研究上,现有的理论研究和实践落实存在诸多问题:从

"一带一路"沿线国家和地区司法判例研究方法

理论层面上看,尚未专门从司法判例的角度来深入研究并形成成果,同时在法律方法领域的研究中以司法判例研究方法为研究对象的理论成果匮乏;从实践落实角度看,存在有关司法协助的法律真空、沿线国家语言不通、机构研究力量分散和判例收集空缺等问题,导致对司法判例的研究效率低、成本高、研究成效不突出。课题组在调查研究过程中克服重重困难,费尽周折,在汇集调研成果基础上努力搭建一个有关"一带一路"沿线国家和地区司法判例的研究方法体系,意在抛砖引玉,为后续相关研究提供基础素材和思路。

课题组所构建的研究方法体系,包括法学理论研究方法、实证研究方法和技术研究方法三大研究方法体系:

法学理论研究方法。主要包含三部分内容,即对司法判例的基本理论,包括含义、缘起与价值进行梳理,以确定作为本课题研究对象的司法判例的内涵与外延;在法律方法论的框架内阐述司法判例研究的法律方法,包括法律解释方法、类比推理方法、利益衡量方法以及该法律方法的适用范式;在比较法的视野下阐述不同法系其司法判例的来源、生成、适用等方面存在的差别,并选取具有代表性的国家作为具体研究对象,进一步甄别同一法系内不同国家的司法判例及其适用的共性与差异。

实证研究方法。课题组通过实证分析进一步展示我国对"一带一路"沿线国家和地区司法判例研究成果的现实图景和查找研究困境,以便有针对性地展开实证分析研究,并利于他人研究成本的节省;以我国涉"一带一路"沿线国家和地区的涉外商事案件的大数据分析为切入点,以分析结果为基础,归纳总结与我国交往最为频

繁的国家及纠纷案件类型，确定研究分析的重点国家及重点纠纷类型，并建立判例研究分析模型，为后续相关研究提供一种研究范式。

技术整合研究方法。以"实务"为导向的研究准则，包括以各国常见法律纠纷类型为研究类型，以经常交往国家和地区为研究样本，以司法审判实践难题为研究重点，增强研究的实效性。以"便捷"为目标的查找途径，通过构建"一带一路"智库合作联盟信息化平台，拓宽域外法查明途径，充分运用合作查明机制，探索民间协助查明途径等，着力解决域外判例研究的瓶颈问题，提升研究效率。以"案例"为本体的具体研究，根据需要分析情况，进行个案研究、类案研究、统计研究，提升研究的深度和价值。以"技术"为支撑的检索机制，基于实践操作的实用性和便捷性考虑，构建法系辨别技术、要素检索技术、差异区别技术、判例纂辑技术，便于法官或其他研究者的研究分析。以"统筹"为方向的保障措施，建议通过强化组织领导、培养专门人才、建立专门法库、运用信息创新等措施，层层推进和加强域外司法判例的研究工作，深耕细作，达到研究效率和实效的全面提升。

课题组通过本次调研和探索，形成的上述研究方法是对"一带一路"沿线国家和地区司法判例研究的一次大胆尝试和探索，是课题组成员以长期累积的涉外审判司法实务经验和科研教学研究成果为基础，以不断坚持探索求知的精神为态度，以大半个中国的跋涉访问和大半年时间的不断学习付出为成本的一次努力和奋斗，希望研究成果能对涉"一带一路"沿线国家和地区的司法判例研究起到"抛砖""铺砖"作用。最后，本课题希望此次调研和研究能达到

以下的研究价值和目的：在学术研究上，实现拓展和更新我国案例指导制度研究的思维和方法，进一步丰富和发展我国的法学方法论研究，填补本课题研究领域的空白，为后续研究提供基础；在社会价值上，通过判例的掌握与研究利用，实现促进法律文化交流与保障跨境商贸交往的双重价值；在应用价值上，努力让"一带一路"沿线国家和地区司法判例成为法官"找得到"的资源，"用得对"的法律适用方法，让我国司法案例成为可以"走出去"的文化输出。

目录 Contents

上篇 理论研究方法

第一章 "一带一路"沿线国家和地区司法判例的基本理论 /3

　第一节 司法判例的基本理论 /3

　　一、司法判例的含义 /3

　　二、司法判例制度的源起及发展 /7

　　（一）司法判例制度的源起 /7

　　（二）司法判例制度的发展 /7

　第二节 司法判例的研究价值 /13

　　一、司法判例的功能 /13

　　二、司法判例的研究价值 /15

第二章 "一带一路"沿线国家和地区司法判例制度的比较研究 /19

　第一节 "一带一路"沿线普通法系国家和地区的司法判例制度 /24

　　一、概述 /24

二、沿线国家(地区)介绍 /25

(一)中国香港特别行政区 /26

(二)新加坡 /27

(三)以色列 /27

第二节 "一带一路"沿线大陆法系国家和地区的司法
　　　　判例制度 /29

一、概述 /29

二、沿线国家(地区)介绍 /30

(一)中国澳门特别行政区 /30

(二)俄罗斯 /32

第三节 "一带一路"沿线伊斯兰教国家的司法判例制度 /33

一、概述 /33

二、沿线国家介绍 /35

(一)沙特阿拉伯 /35

(二)埃及 /36

第四节 "一带一路"沿线混合法系国家的司法判例制度 /36

一、概述 /36

二、沿线国家介绍 /36

(一)菲律宾 /36

(二)马来西亚 /37

(三)印度尼西亚 /38

第五节 司法判例制度的区别与融合 /38

一、两大法系对司法判例态度的区别 /38

(一)法源及其表现形式的区别 /38

（二）法律思维方式的区别 /40

二、两大法系司法判例制度的融合 /41

（一）融合的表现 /41

（二）融合的原因 /42

中篇　实证研究方法

第三章　"一带一路"沿线国家和地区司法判例的实证研究 /47

第一节　"一带一路"沿线国家和地区司法判例的研究现状及查找困境 /47

一、"一带一路"沿线国家和地区司法判例的研究现状 /47

（一）学术领域的研究成果现状 /47

（二）司法领域的研究成果现状 /49

（三）社会领域的研究成果现状 /52

二、"一带一路"沿线国家和地区司法判例的查找困境 /53

（一）法律真空：国际司法协定没有互相提供

　　 司法判例的条款 /53

（二）语言不通：选择性研究使全面开放的

　　 研究视野受到限制 /54

（三）力量分散：我国外国法查明研究平台各自分散运作 /56

（四）自发与分散：民间查找途径的利弊兼存 /63

第二节　涉"一带一路"沿线国家和地区司法判例的样本观察 /64

一、近五年国内司法审判数据收集 /64

二、基于实证研究的数据分析 /65
　　（一）从案涉国家角度分析 /65
　　（二）从涉及案由角度分析 /70

第四章 "一带一路"沿线国家和地区司法判例的类型化研究 /80
第一节 我国涉"一带一路"沿线国家和地区司法案例 /80
　　一、平等物权保护 /80
　　二、国际货物买卖合同 /88
　　三、申请止付信用证项下款项 /93
　　四、承认和执行日本仲裁裁决 /98
　　五、涉外专利权的保护 /107
　　六、注册商标专用权保护 /110

第二节 "一带一路"沿线国家和地区的司法判例 /113
　　一、关于国外投资的司法判例 /113
　　二、关于婚姻家庭关系的司法判例 /120
　　三、关于劳动争议的司法判例 /125

下篇　技术整合研究方法

第五章 "一带一路"沿线国家和地区司法判例的研究方法体系 /135
第一节 以实务为导向的研究准则 /135
　　一、以各国常见法律纠纷类型为研究类型 /135
　　　（一）各国法律问题及解决方式类似 /135
　　　（二）比较法学的趋势倾向于进行针对判例的研究分析 /136

（三）"一带一路"纠纷解决的现实诉求 /137

二、以经常交往国家和地区为研究样本 /138

（一）排除战乱国家与地区 /138

（二）重点研究交往频繁的国家与地区 /139

三、以司法审判实践难题为研究重点 /140

（一）定期整理常见案件类型 /140

（二）及时发布典型指导案例 /141

（三）关注新型法律纠纷 /142

第二节 以便捷为目标的查找渠道 /143

一、建立权威与公正的域外法查明平台 /143

二、拓宽域外法查明途径 /145

三、充分运用合作查明机制 /147

（一）完善"法院—机构"合作查明机制 /147

（二）建立"法院—法院"协助查明途径 /149

（三）构建"一带一路"区域合作查明机制 /150

（四）探索民间协助查明途径 /151

第三节 以案例为本体的研究方法 /153

一、个案研究方法 /153

二、类案研究方法 /155

三、统计研究方法 /156

第四节 以技术为支撑的适用机制 /158

一、法系辨别技术 /159

二、要素检索技术 /162

三、差异区别技术 /167

四、判例纂辑技术 /169

第五节 以统筹为组织的保障措施 /170

一、强化统筹组织 /170

二、加强人才培养 /171

三、建立专门法库 /172

四、运用信息创新 /173

第六节 展望与心愿 /174

拓展篇 人类司法文明发展愿景

第六章 基于文明维度的新型国际法治观 /181

第一节 司法文明发展观 /182

一、司法文明发展三阶段 /183

（一）神明裁判阶段 /183

（二）口供裁判阶段 /184

（三）证据裁判阶段 /185

二、比较与融合 /187

（一）法治文明比较研究 /187

（二）法治文明的共性融合 /190

三、现代司法文明观 /191

（一）司法文明的基本属性 /192

（二）司法文明的现代属性 /193

（三）树立新型文明观 /193

第二节 国际治理面临的困境与反思 /195

一、全球治理体系的历史演变 /196

二、全球治理面临的困境 /197

三、反思与变革 /199

第三节 新型国际治理观 /200

一、根本价值：人类命运共同体理念 /201

二、核心基石：《联合国宪章》的宗旨和原则 /204

三、重要抓手：厉行国际法治 /205

四、基本路径：推动国际关系民主化、合理化 /206

第七章 基于人类法治共同体的法律趋同观 /208

第一节 法律趋同化的理论基础 /208

一、法律趋同化的深层背景 /209

二、法律趋同化的表现形式 /210

第二节 法律趋同化的实践路径 /214

一、法律价值的趋同化发展 /214

二、法律规范的趋同化发展 /217

第八章 国际司法合作实践探索与协同倡议 /221

第一节 "一带一路"法治实践探索 /221

一、多层次、多渠道、全方位的国际法治合作 /221

二、高质量、高效率、谋创新的国内司法保障 /225

第二节 协同行动与愿景倡议 /227

一、司法案例资源的共享互鉴 /227

二、智慧法院视野下的"智慧案例库"建设 /230

三、专门服务机构保障司法案例共建共享 /232

四、国际司法案例交流合作协同倡议 /233

参考文献 /236

附录一 "一带一路"沿线国家和地区司法判例原文 /247

    一、新加坡高等法院 2013 年判决原文 /247

    二、菲律宾最高法院 2018 年判决原文 /275

附录二 部分国家法律资料查找平台 /290

附录三 课题研究大事记 /294

特别鸣谢 /297

特别感谢 /297

上篇　理论研究方法

第一章 "一带一路"沿线国家和地区司法判例的基本理论

第一节 司法判例的基本理论

一、司法判例的含义

司法判例是司法活动的自然结果及产物。在各国司法运作过程中,司法判例均以某种形式存在并发挥作用。长期以来,司法判例制度一直是理论学者和实务工作者关注、研究的热点。以"一带一路"沿线国家和地区司法判例的研究方法为研究对象,应当首先明确"司法判例"这一核心概念的具体含义,这也是本课题研究的基本前提。由于各国在法系文化、司法体系、法律传统等方面存在的差异,不同国家,尤其是不同法系的国家均在各自的意义上存在司法判例。①"司法判例"一词因而被不同国家赋予了不同的含义。

---

① 胡云腾、于同志:《案例指导制度若干重大疑难争议问题研究》,载《法学研究》2008年第6期。

"一带一路"沿线国家和地区司法判例研究方法

司法判例是英美法系国家重要的法律渊源,司法判例在这些国家主要是指对后案具有法律规范效力的判例法,也称先例。遵循先例原则是这些国家司法判例制度的基石。《牛津法律大辞典》这样界定司法判例:"司法判例指高等法院先前判决,这些判决被认为包含了一个原则,即在后来的有着相同或非常相关的法律问题的案件中,这个原则可被看作是规定性或限制性的原则,它至少可以影响法院对该案的判决,甚至就是在遵循先例原则指导下决定案件。"《布莱克法律词典》将司法判例界定为"一项已经判决的案件或法院的判决,它被认为是为一个后来发生的相同或类似的案件,或者相似的法律问题,提供了一个范例或者权威的依据。法院试图按照在先前的案件中确立的原则进行审判。这些在事实或者法律原则方面与正在审理的案件相近似的案件称为先例。"从英美两大权威法律词典对司法判例的界定可见,在英美法系国家司法判例主要就是指先例,即对后案判决具有法律规范的约束效力,能够成为法院定案的法律依据的案例。英美学者通常也认为,"判例仅仅指有约束力的相关案件或判决中具有实际约束力的那部分内容","判例一词有多种用法,但在最为严格的意义上则是指统一司法辖区内上级法院和同个上诉法院有约束力的判决。法院通常赋予这些判例以决定性的权威价值,尤其是在诸如合同、侵权和财产这样一些普通法领域,就更是如此。"①

大陆法系国家有着悠久的崇尚成文法典的传统,注重成文法的

---

① D. Neil Mac Cormick and Robert S. Summers: Interpreting Precedents: A Comparative Study. Dartmou – th/Ashgate, 1997, p.364.

权威性，司法判例并非这些国家的法律渊源。然而，大陆法系国家的司法实践中面临着如何将抽象的法律规范运用到具体的案件事实中去的问题。同时，为保障司法的统一性和可预测性，在这些国家的司法活动中也逐渐形成一些对法院裁判有影响力的司法判例并成为重要的辅助法律渊源。与英美法系国家不同，它们对司法判例的理解更强调其参考价值，因而在界定司法判例的涵义时更强调司法判例对后案的参照性而非约束性。例如，联邦德国认为，"判例通常意指任何先前作出的与待决案件可能相关的判决。判例虽然被推定具有某种约束力，但在法律话语中，并不意味着这种约束力的性质或强度是确定的，而且作出判决的法院也不必刻意制作判决以便被当作指导将来判决的判例，只要具有相关性就够了。"① 在这些国家，司法判例作为连接既定判决和后续判决之间的桥梁，其影响力主要依赖于生成该判例的法院的权威。而在强调司法判例约束力的英美法系国家，基于"遵循先例"原则的要求，在司法判例的运用过程中，特别强调司法判例中案件事实与法律规范的联结。大陆法系国家的司法判例并不对后案产生直接的法律上的拘束力，因而并不强调法律与事实之间的联结性，在司法判例的运用过程中更侧重于法官对于法律规范的见解，案件事实常可被忽略。

作为世界五大法系之一的伊斯兰法系早期曾有判例法的倾向，后来《古兰经》里的律例逐渐超过判例法的影响力成为伊斯兰法系重要的法律渊源。近现代以来，受西方法律文化的影响，越来越多

---

① D. Neil Mac Cormick and Robert S. Summers：Interpreting Precedents：A Comparative Study. Dartmou－th/Ashgate，1997，p. 23.

的伊斯兰法系国家制定了世俗法，但伊斯兰教法的影响仍然存在，仍具有不同程度的法律约束力。因此，与大陆法系国家一样，司法判例在伊斯兰法系中不能直接作为法官裁判的依据，不能对后案审理产生直接的拘束力，对后案审理仅具有参考价值。

"一带一路"沿线国家和地区不仅有来自英美法系的如新加坡、印度、巴基斯坦、缅甸、孟加拉国、斯里兰卡、以色列等国；有来自大陆法系的俄罗斯、蒙古、泰国、越南、老挝、柬埔寨、哈萨克斯坦、波兰等国；还有来自伊斯兰法系的伊拉克、沙特阿拉伯、也门、巴林、伊朗等国；同时，还有来自混合法系的国家菲律宾、马来西亚等国。从"一带一路"沿线国家和地区法系多元化现状出发，结合本课题研究目的，我们将在较为宽泛的语境下来理解"一带一路"沿线国家和地区的司法判例。也就是说，本课题研究的司法判例，不仅包括能够产生法律拘束力的作为先例的司法判例，同时还包括对法律适用具有参考价值的司法判例。凡是"一带一路"沿线国家和地区司法法院，尤其是这些国家宪法法院、最高法院、高等法院等层级较高的法院根据本国法律作出的具有法律拘束力的先前判决等均是本课题研究意义上的司法判例。为此，"一带一路"沿线国家和地区官方公开的裁判文书网、司法判例数据库、官方或私人出版的司法判例汇编或摘要、包含司法判例的权威教科书、期刊、评论文章等所涉司法判例均在本课题研究范围之内。从广义上来界定司法判例的含义，将有助于指导我国法院准确理解并适用"一带一路"沿线国家和地区的法律，保障涉"一带一路"沿线国家和地区案件的公正审理。

二、司法判例制度的源起及发展

（一）司法判例制度的源起

从历史发展的角度来看，司法判例最初是以传承习惯法的面貌出现的，与习惯法具有天然的联系。司法判例的形成早于成文法的出现。法律是国家的产物，原始社会时期并无国家的存在以及制定法律的专门机关。然而，原始社会不可避免地存在各种纠纷，并提出了依据一定规范进行裁判的需求。在缺乏法律规范的情况下，当时的司法裁判者在个案纠纷的审理过程将通过口授或自身记忆的惯例作为裁判依据，并在案件审理过程中逐渐发现并提炼出习惯法，习惯法成为当时社会中介于道德规范和法律规范之间的具有强制性和习惯性的行为规范。实际上，习惯法汇编是成文法最初的表现形式。习惯法是人们长期生产、生活实践中形成的、不以文字表现的非明示的裁判规范，早期的司法裁判者通过司法判例适用习惯法，司法判例成为传承习惯法的基本载体。

（二）司法判例制度的发展

对习惯法的传承推动了司法判例的出现，然而，制定法的出现和发展使各国的司法判例制度逐渐分道扬镳，并走上了不同的发展轨迹。司法判例制度的形态及其发展与一国和地区制定法的发展程度密切，相关国家和地区的制定法越是发达，司法判例制度的发展及影响力则越弱，反之亦然。

"一带一路"沿线国家和地区司法判例研究方法

1. 英美法系国家和地区司法判例制度的发展

英美法系国家和地区的司法判例制度可追溯至 12 世纪。12 世纪初期，英国国王亨利二世在国内各地设立王室巡回法官。巡回法官在地方审判时将地方习惯、罗马法和教会法等结合起来作为审理案件的依据，久而久之并将当时各地分散凌乱的习惯法统一了起来，形成普通法。可以说，普通法存在于一个个具体的司法判例之中，司法判例由此取得了法律渊源的地位。然而，普通法的日趋定型与英国社会经济的发展日渐脱节，导致案件审理结果的不公正、不合理。为此，国王开始直接授权大法官以公平正义之理对个案提供衡平救济，衡平法逐渐形成。衡平法是在为个案提供衡平救济过程中形成的，其同样以司法判例的形式表现出来，因此，司法判例同样是衡平法的法律渊源。至 16 世纪，随着司法判例的增多及对司法判例的重视，英国逐渐形成了将司法判例作为先例援引的惯例，遵从先例原则逐渐形成，法官被要求遵循先前法院在一系列相似案件判决中适用的规则。19 世纪后半期，法官援引先例的观念日趋增强，在英国国内出现了判例汇编。先例所确立的法律原则并非固定不变，为适应不断发展变化的社会现实需要，先例处于不断被检验的过程中。法官可灵活对待遵从先例原则，在必要时可以推翻先前的判例。遵从先例的技术前提在于对待决案件与先例之间的相似性进行考察类比，从而决定先例是否必须遵循及如何遵循。

在英国司法判例制度的发展过程中，经验主义哲学的影响力不容忽视。17 世纪、18 世纪的英国是个先哲辈出的时代。以培根、霍布斯、洛克等为代表的英国哲学具有浓厚的经验主义色彩。在经验主义者看来，世界存在于经验之中，经验是唯一可靠的认识方法，一切知识都来源于经验。司法判例是法官个人智慧、理性思维和法律经验的逻辑反映，"普通法就是法官的共同经验的反映，其灵魂存在于法官的具体判决中"，① 以司法判例形式表现出来的衡平法同样是法官共同经验的汇集，并随着社会现实的变迁而不断调整。司法判例制度就是对法官共同经验的定型化和规范化，同样也是经验主义哲学的制度实践。

随着殖民主义的扩张，英国的司法判例制度被带到了世界其他国家和地区。"一带一路"沿线国家中的新加坡、印度、巴基斯坦、马来西亚、缅甸、文莱等就是继受了英国司法判例的传统，作为先例的司法判例在这些国家和地区具有法律拘束力。

2. 大陆法系国家和地区司法判例制度的发展

大约 2000 年前，罗马帝国的繁荣和强盛有力推动了成文法的发展，《查士丁尼法典》规定："案件应在法律基础上而不是在判例基础上进行判决。"② 但在西罗马帝国被日耳曼人灭亡之后，习惯法重回欧洲大陆舞台。12 世纪以后，以法兰西王国为代表的欧洲大陆国家从封建割据向君主制过渡。到了 18 世纪，法学研究日趋繁荣，中央集权国家也迫切需要法律的统一，欧洲各国纷纷编纂法典，掀起了"法典化"潮流。制定法成为当时法律制度的基础，法典的功能被夸大，法官不享有发现或创制法律的权力，只能按照制定法的规定机械地适用法律。建立在习惯法基础上的判例法基本

---

① 袁铁通：《遵循先例与案例指导制度的比较研究》，西南政法大学 2012 年硕士学位论文。
② ［美］E. 博登海默：《法理学：法律哲学与法律方法》，邓正来译，中国政法大学出版社 2004 年版，第 434 页。

上被抛弃，司法判例制度在大陆法系国家和地区由强转弱。

然而，由于法律规范是建立在对社会现实的有限预测基础之上的，制定法本身不可避免地存在空白和漏洞，而法律规范本身应当具有的抽象性又使其较为粗疏并带有一定的模糊性，社会关系的日益复杂化使新情况新问题不断涌现，制定法的僵硬性和滞后性在司法过程中不断暴露出来。面对具体纠纷，法官不得因法律没有规定或者法律规定不明确而拒绝裁判，因为此举显然违背司法的公平正义要求，制定法的缺陷使法官在处理具体案件时常常会觉得无所适从。自19世纪以来，随着欧洲大陆人文主义思潮的盛行，法官的自由裁量权开始获得承认，大陆法系国家和地区出现了鼓励法官发挥造法功能从而在处理具体纠纷时发现活的法律的倾向，法官的自由裁量权日益增长，他们开始重视司法判例作为制定法补充的功能，为司法判例在实践中的运用提供了空间。大陆法系国家和地区渐次回归到司法判例制度的道路上。"二战"以后，强化法官通过司法判例来克服制定法的不足成为许多大陆法系国家和地区的普遍实践。为维护国内法律体系的协调性和一致性，他们通过法院组织法等制度规范，确保下级法院的判决与终审法院的司法判例保持一致，而许多大陆法系国家和地区司法的科层化建制也使得下级法院的法官在审理案件时自觉地与终审法院的司法判例保持一致。尽管司法判例在大陆法系国家和地区并非正式的法律渊源，终审法院尤其是最高法院的司法判例在实际上起着示范作用，并约束着下级法院的裁判。"下级法院服从最高法院的判例，同样或类似的案件用同样的方式解决，是司法满足公平要求之基本原理。"① 尽管从严格意义来说，大陆法系国家和地区的司法判例仅具有事实上的拘束力，但各个国家最高法院司法判例确定的法律规则具有的法律渊源的意义正日益凸显出来。当然，由于大陆法系诸多国家和地区具体的司法制度的不同，司法判例制度的运行也各具特色。目前，大陆法系国家和地区均非常注重对司法判例的汇编，在制定和修改法律时，通常也会考虑司法判例所确立的原则和规则。

梳理司法判例制度的源起和历史，我们可以发现，司法判例制度的产生主要建立在对习惯法规则的传承之上，只是随着制定法的出现及发展，两大法系的司法判例制度才开始走上了不同的发展道路。从当前实践来看，"两大法系的发展趋势不断融合，在一定程度上实现了制定法与判例制度的平衡。"② 从两大法系司法判例制度的发展来看，英美法系国家和地区由于重视法官造法的传统，司法判例因而成为重要的法律渊源，但这也只是司法判例制度的一种形式。大陆法系国家和地区强调立法者造法的传统，司法判例不属于正式的法律渊源，但其具有的解释法律的功能对其他法官审理类似案件具有参考价值，在司法活动中发挥着重要的甚至是不可或缺的引导、示范和规范作用。在司法实践中，不管是英美法系还是大陆法系国家和地区，下级法院事实上都是遵从上级法院的判例的，尤其是在存在法官升任制度的背景下，更难有下级法院审判与上级

---

① ［日］后藤武秀：《判例在日本法律近代化中的作用》，载《比较法研究》1997年第1期。

② 何家弘、刘品新：《法治国家建设中的司法判例制度研究》，经济科学出版社2017年版，第1页。

法院不符之情形。① 即使是在大陆法系国家和地区，上级法院的司法判例对下级法院审理类似案件仍可产生实际上的约束力。在某些大陆法系国家，司法判例已取得正式法律渊源的地位。德国宪法的司法判例及法国行政法的司法判例就已成为正式的法律渊源，并可作为法官裁判的依据。作为"一带一路"沿线国家的俄罗斯，其下级法院判决书中援引其最高法院审理案件时所作的判决作为裁判依据已越来越常见。②

就我国而言，司法判例在我国古代司法审判中从很早就开始发挥其作用。从西周的"约事以制"到清末民国的"以例破律"，无不体现出我国古代悠久的判例法文化。20世纪80年代始，我国学术界逐渐对司法判例制度展开研究。在对普通法系和大陆法系的司法判例制度进行介绍和比较以及对我国建立案例指导制度的必要性进行激烈论争后，司法案例指导制度的价值逐渐为我国学术界与实务界所认识，并形成了建立和完善中国特色社会主义的案例指导制度的共识。最高人民法院作出的个案答复及发布的公报案例具有较高的权威性，在绝大多数情况下为各级法院在司法审判中所遵守，在我国民商事审判实践中发挥极其重要的作用。为此，最高人民法院于2010年通过了《最高人民法院关于案例指导工作的规定》（法发〔2010〕51号），提出指导性案例具有"应当参照"的指导性效力，使我国司法案例的参考指导作用逐步规范化、制度化。可见，在我国司法审判中，指导性案例发挥着重要的作用。

---

① ［日］大木雅夫：《比较法》，范愉译，法律出版社1999年版，第126页。
② 杨亚非：《判例与俄罗斯法的发展》，载《法制与社会发展》2000年第1期。

第二节 司法判例的研究价值

一、司法判例的功能

司法判例制度由于其内在的功能以某种特定形态存在于各国的司法运作中。尽管"一带一路"沿线国家和地区法系的多元化现状决定了司法判例在这些国家中的地位和制度表现上有所不同，然而，作为类型化裁判活动结果的司法判例却具有功能上的共通性。在各国的司法运作中，司法判例通常被认为具有如下功能：

1. 填补法律漏洞

在极端的教条主义者看来，法律是一种没有漏洞的完美存在。有学者指出，几乎任何法律规定都注定存在着空隙，也就是说法律条文和特定案件的事实之间总是存在着某种距离，因为立法者不可能在每一个案件中都清楚表达当事人的权利或义务。人们不得不承认无论采用何种立法技术都无法制定出可以绝对适用于各种争议的法律规则这一事实。法律漏洞是各国法律体系共同面临的难题。法律漏洞的存在使得法官在审理案件时常面临法律适用的困难，而法官又不得以法无明文规定为由拒绝裁判。司法判例具有开放性的特点，为此，法官可以在案件审理过程中，对法律规范在法律原则范围内进行合目的性与合理性解释，从而填补立法上的漏洞。无论司法判例在一国是否具有法律渊源的地位，司法判例在实践中具有填补法律漏洞的功能是毋庸置疑的。

2. 克服法律规定的滞后性和僵硬性

法律规范在一国范围内应具有普遍适用性，因此，立法常采用抽象和概括的法律语言。法律规范的抽象性与概括性决定其与变动不羁的社会现实之间存在一定的紧张与对峙。为维护法律的权威，法律规范必须具有稳定性，而这一稳定性要求与社会关系的流变性和相对超前性之间的冲突不可避免。法官在审理具体案件时必须从案件的特殊性及当下纷繁复杂的社会现实出发，不断地发展和解释法律。司法判例可以在个案审理中通过对抽象、概括及僵硬的法律规范作出有针对性的灵活、合理的解释，缓解法的确定性与适应性之间的张力，为后续类似案件的判决提供可资借鉴的标准和范例，避免法官机械地适用法律，背离司法具有的公平合理解决纠纷的功能。

3. 澄清法律规范的模糊性

法律语言的抽象性和概括性决定了其在表述上具有一定的模糊性，在司法实践中经常出现对某一法律条文理解上的分歧，对法律规范进行适当解释不可避免。法律解释不是对法律条文的同义反复，因为这样的解释没有任何意义。① 司法判例将法律条文与待决的具体案件事实相联系，为实现公平正义的结果，对法律条文进行具体、明确的阐述，有助于澄清法律规范的模糊性，使法律从文本真正走向实践。

---

① 张明楷：《立法解释的疑问——以刑法立法解释为中心》，载《清华法学》2007年第1期。

4. 统一裁判尺度，实现类案同判

在一国法律规范体系下，相同或类似事实的案件同等或类似处理是维护一国法制统一和尊严、保障法的可预见性和安定性、实现自然正义的必然要求。然而，法律规范不可能是全面、完美无缺的，司法裁判过程也绝不是自动售货机式的机械化过程，这就使得法官的自由裁量可能渗入司法裁判中。如何防止司法裁判权被滥用是各国司法制度共同面临的问题。司法判例中法官对法律规范的解读可以为其他法官的后续裁判提供适用法律、解释法律的参照，尤其是在以司法判例为法源的国家，更是可以约束其他裁判主体。这将有助于减少裁判主体在法律规则认识上的分歧，统一司法裁判的标准，实现判决相对一致的目标，增强当事人对司法的信心，同时也有助于行为人预知行为的性质及法律后果，从而自觉遵守法律。

二、司法判例的研究价值

"一带一路"倡议的推进离不开司法服务的保驾护航。由于司法判例在司法运作中的功能，对司法判例进行研究是充分发挥司法判例的功能，营造透明、公正的法治环境，为"一带一路"倡议"落地生根"提供公正、高效司法服务的重要保障。对"一带一路"沿线国家和地区的司法判例进行研究具有如下价值：

1. 准确适用外国法

公平和正义是我国社会主义法治的终极目标，这一目标要求我们在司法实践中准确地适用法律。在处理涉"一带一路"沿线国家和地区的民商事纠纷中，我们要在查明案件事实的情况下准确地适

"一带一路"沿线国家和地区司法判例研究方法

用外国法,妥善处理涉外民商事关系,保护当事人的合法权益,实现个案的公正审理。当冲突规范指向适用"一带一路"沿线国家和地区的法律为准据法时,我们应当查明并适用该国法律。"一带一路"沿线国家和地区的法律和判例原文一般非中文,在查找到该国法律后即使进行了精准翻译,由于缺乏对该外国法的立法宗旨、适用范围等背景知识的了解,在适用时可能违背其立法初衷。司法判例是法律从文本走向实践的桥梁。该外国的司法判例不仅是外国法的信息来源,更是确证外国法不可或缺的、权威的资料。通过对外国司法判例的研究,我们可以在具体案例把握该外国法,尤其是对外国法的内容认识模糊时,外国法官带着其本国法理念对作为裁判规则的具体法律条文阐释较我们孤立地理解该条文更能准确反映该外国法的本意,使我们能够准确地适用外国法。已如前述,司法判例具有填补法律漏洞的功能。外国司法判例,尤其是法源性质的司法判例发挥着对制定法的补充和解释功能,在外国成文法没有规定或规定不明的情况下,我们不能简单草率地以外国法无法查明而以国内法代替,国外这些填补法律漏洞的司法判例具有造法功能,是外国法的重要内容,可以予以援引适用。唯有如此,我们才能准确适用该国的法律,作出正确的判决,公正处理涉"一带一路"沿线国家和地区的民商事纠纷,保障当事人的合法权益,促进判决在外国的承认和执行。

2. 统一涉外民商事审判的法律适用

通过对"一带一路"沿线国家和地区司法判例的研究,我们不仅能够准确地把握外国法的内容,还可将研究成果通过各种形式公开,尤其可通过案例指导制度统一我国法官对"一带一路"沿线国家和地区法律及司法判例的理解和适用，实现对某一具体的"一带一路"沿线国家和地区法律适用的一元化，统一裁判尺度，避免"一带一路"沿线国家和地区法律在我国适用的分歧引发当事人对我国司法裁判的质疑，减少投资者对我国法律风险的顾虑，从而保障我国法律司法权威和司法公信力，提升我国法院的国际形象，创造良好的民商事交往及投资环境。

3. 提高涉外司法审判的效率

有效查明外国法是准确适用外国法的前提和基础。"一带一路"沿线国家和地区数量很多，法律的多样性给我国涉外民商事审判中外国法的查明带来一定的困难。此外，"一带一路"沿线国家和地区涉及的语言种类繁多，这就使得我们在查找外国法时面临语言障碍，更是增加了适用外国法的难度。加上"一带一路"沿线国家和地区法律方面的专业人士匮乏这一现状，对"一带一路"沿线国家和地区外国法的查明难度显然大于对英美法系国家外国法的查明难度。对"一带一路"沿线国家和地区司法判例进行专门、系统的研究可以有效减少国内法院在查明外国法方面的困境，尤其是研究过程中，对外国司法判例查明途径、查明技术的成果转化及外国司法判例内容的全面系统梳理和资源共享将有助于国内各级法院更快地查找外国法、了解外国法律的内容，极大提高各级法院涉外司法审判的效率，减少各级法院法官"一案一查"带来的成本增加和审判迟延。司法判例具有类案同判的功能，对外国司法判例的研究还可以通过类比推理的方法，将法律准确适用于当下的待决案件中，减少法官的工作量。这与当前促进司法效率提升的司法改革目标是相一致的。

4. 促进法律交流，提升案例指导技术

成文法是我国主要的法律渊源，指导案例不具有法律渊源的地位。然而，指导案例具有的填补法律漏洞、克服法律规定的滞后性和僵硬性、澄清法律规范的模糊性、统一裁判尺度，实现类案同判等多项功能决定了在审判实践中，适当的司法案例作为指导必不可少。我国也开始重视司法案例功能的发挥，并逐步建立起案例指导制度。对"一带一路"沿线国家和地区司法判例的研究将推动我国与这些国家法律文化的交流，借鉴其司法判例制度运行机制中的先进经验，进一步提升我国案例指导技术。

5. 降低我国对外贸易、投资的风险

"一带一路"倡议的进一步推进将催生我国对沿线国家的贸易、投资热情。在进行海外贸易及投资的过程中，我国企业和个人都不可避免地要面临各种贸易、投资规则和法律风险。因此，在"走出去"时，需要首先对外国法律制度有一个基本的了解，以规避和防范法律风险。对"一带一路"沿线国家和地区司法判例的研究将有助于推动对外国法的研究，在准确把握该外国法的内容的同时及时了解该国法律发展的动态，提前做好法律风险的防范工作。

第二章 "一带一路"沿线国家和地区司法判例制度的比较研究

"一带一路"倡议（the Belt and Road initiative）是开放性、包容性的区域合作倡议，"一带一路"沿线国家和地区基于但不限于古代丝绸之路的范围，各国和国际、地区组织均可参加。本课题所研究的"一带一路"沿线国家和地区，是指2021年8月国家一带一路官方网站——中国一带一路网（www.yidaiyilu.gov.cn）上"各国概括"栏目所列出的国家和地区。截至2021年6月23日，中国已经同140个国家和32个国际组织签署206份共建"一带一路"合作文件。（见表1）

表1 按地域划分的"一带一路"沿线国家和地区

洲别	国家数量	国家名称
非洲	46个	苏丹、南非、塞内加尔、塞拉利昂、科特迪瓦、索马里、喀麦隆、南苏丹、塞舌尔、几内亚、加纳、赞比亚、莫桑比克、加蓬、纳米比亚、毛里塔尼亚、安哥拉、吉布提、埃塞俄比亚、肯尼亚、尼日利亚、乍得、刚果（布）、津巴布韦、阿尔及利亚、坦桑尼亚、布隆迪、佛得角、乌干达、冈比亚、多哥、卢旺达、摩洛哥、马达加斯加、突尼斯、利比亚、埃及、赤道几内亚、利比里亚、莱索托、科摩罗、贝宁、马里、尼日尔、刚果（金）、博茨瓦纳

"一带一路"沿线国家和地区司法判例研究方法

（续上表）

洲别	国家数量	国家名称
亚洲	37个	韩国、蒙古、新加坡、东帝汶、马来西亚、缅甸、柬埔寨、越南、老挝、文莱、巴基斯坦、斯里兰卡、孟加拉国、尼泊尔、马尔代夫、阿联酋、科威特、土耳其、卡塔尔、阿曼、黎巴嫩、沙特阿拉伯、巴林、伊朗、伊拉克、阿富汗、阿塞拜疆、格鲁吉亚、亚美尼亚、哈萨克斯坦、吉尔吉斯斯坦、塔吉克斯坦、乌兹别克斯坦、泰国、印度尼西亚、菲律宾、也门
欧洲	27个	塞浦路斯、俄罗斯、奥地利、希腊、波兰、塞尔维亚、捷克、保加利亚、斯洛伐克、阿尔巴尼亚、克罗地亚、波黑、黑山、爱沙尼亚、立陶宛、斯洛文尼亚、匈牙利、北马其顿（原马其顿）、罗马尼亚、拉脱维亚、乌克兰、白俄罗斯、摩尔多瓦、马耳他、葡萄牙、意大利、卢森堡
大洋洲	11个	新西兰、巴布亚新几内亚、萨摩亚、纽埃、斐济、密克罗尼西亚联邦、库克群岛、汤加、瓦努阿图、所罗门群岛、基里巴斯
南美洲	8个	智利、圭亚那、玻利维亚、乌拉圭、委内瑞拉、苏里南、厄瓜多尔、秘鲁
北美洲	11个	哥斯达黎加、巴拿马、萨尔瓦多、多米尼加、特立尼达和多巴哥、安提瓜和巴布达、多米尼克、格林纳达、巴巴多斯、古巴、牙买加

为便于有针对性的研究和归类分析，课题组首先从较为宏观的角度及较大的共性点入手，选择以法系为划分点，对上述71个国家和地区进行梳理归类，希冀对71个沿线国家和地区的总体司法判例制度有个脉络清晰的发现与认识。关于法系的划分，勒内·达维德认为只有两条标准能够经得住一切批评，即意识形态标准（这是宗教、哲学、政治、经济和社会结构的产物）和另一个法律技术标准。① 而根据茨威格特、克茨的判断，在法系论范围内的样式构成因素如下：（1）一个法律秩序在历史上的来源与发展；（2）在法律方面占统治地位的特别的法学思想方法；（3）特别具有特征性的法律制度；（4）法源的种类及其解释；（5）思想意识因素。②

　根据上述几个因素的判断，我们试图从国家经济发展状态、历史背景、宗教文化、法律制度等入手，对"一带一路"沿线国家和地区进行法系的划分（详见附表）。梳理中，课题组发现，虽以法系作为划分，却也并不纯粹，多种元素的交织和碰撞使得法系的划分存在复杂性，主要体现在以下几个方面：一是"一带一路"沿线国家和地区绝大部分是转型中国家和发展中国家，且其中很多国家有殖民历史，打上殖民烙印，这些国家在各自国情基础上很大程度地又沿袭了发达国家的法律制度。二是沿袭欧洲大陆国家的法律制度的一般属大陆法系。例如，越南、老挝、柬埔寨等国曾为法国殖民地，因此沿袭了大陆法系的法律制度。但因文化、宗教差异，即

---

　　① ［法］勒内·达维德：《比较民法原论》，第222页，转引自［德］茨威格特、克茨：《比较法总论》，潘汉典等译，中国法制出版社2017年版，第123页。
　　② ［德］茨威格特、克茨：《比较法总论》，潘汉典等译，中国法制出版社2017年版，第132页。

使属同一法系，却有各自不同的国别特点。其中俄罗斯及其他东欧国家最为突出，因其独特的历史导致其与其他大陆法系国家存在较大差异。三是沿线国家中沿袭英美等国法律制度的属于普通法系，例如新加坡、印度。四是除了法律制度本身外，部分沿线国家的法律体系很大程度上还受到宗教影响，如信仰伊斯兰教的国家，其法律体系属于伊斯兰法系。但即使拥有同样宗教背景的国家，法律体系也可能差异颇大。例如，同为伊斯兰国家，土耳其由于所处地理位置和早期对西方法律体系的吸收，法律体系又不同于其他大多数伊斯兰国家。五是有些国家存在两种法律体系或者多种法律体系的情况，因此，课题组将其归类为混合法系及其他。例如菲律宾曾为西班牙与美国的殖民地，因此兼具大陆法系与普通法系特点。马来西亚有长达446年的殖民历史使得其司法体系有着浓烈的英美法色彩，当地信仰伊斯兰教的华人、马来人、印度人众多，因此形成了普通法院与伊斯兰法院并存的司法双轨制。印度尼西亚先后被葡萄牙、英国、日本等国占领过，又是东南亚主要的伊斯兰国家，因此兼具大陆法系与伊斯兰法系的特点。

表2 按法系划分的"一带一路"沿线国家和地区①

法系	数量/个	国家名称
普通法系	10	新加坡、印度、巴基斯坦、缅甸、孟加拉国、斯里兰卡、文莱、以色列、东帝汶、新西兰
大陆法系	38	韩国、蒙古、泰国、老挝、柬埔寨、越南、俄罗斯、乌克兰、白俄罗斯、格鲁吉亚、阿塞拜疆、亚美尼亚、摩尔多瓦、哈萨克斯坦、乌兹别克斯坦、土库曼斯坦、塔吉克斯坦、吉尔吉斯斯坦、波兰、立陶宛、爱沙尼亚、拉脱维亚、捷克、斯洛伐克、匈牙利、斯洛文尼亚、克罗地亚、波黑、黑山、塞尔维亚、阿尔巴尼亚、罗马尼亚、保加利亚、马其顿、阿富汗、埃塞俄比亚、马达加斯加、巴拿马
伊斯兰法系	14	伊拉克、叙利亚、约旦、黎巴嫩、以色列、巴勒斯坦、沙特阿拉伯、也门、阿曼、阿联酋、卡塔尔、科威特、巴林、埃及、伊朗
混合法系及其他	9	菲律宾（大陆法系与普通法系）、马来西亚（普通法系与伊斯兰法系）、印度尼西亚（大陆法系与伊斯兰法系）、土耳其（大陆法系与伊斯兰法系）、南非（大陆法系与普通法系）、摩洛哥（大陆法系与伊斯兰法系）、尼泊尔、不丹、马尔代夫

---

① 该表所选取的国家为"一带一路"沿线国家由较有代表性的国家。

第一节 "一带一路"沿线普通法系国家和地区的司法判例制度

一、概述

"一带一路"沿线国家和地区中属于普通法系的国家或地区大多曾经为英国殖民地。最开始，这些殖民地的法院都直接引用英国法院的判例作为审判依据，后来，这些殖民地法院也有了自己的判例。殖民地独立之后，这些国家或地区有了自己的制定法，其司法判例制度虽统属于普通法系，但也有各自的特点。

在"一带一路"沿线普通法系国家或地区，判例是正式的法律渊源。法官不仅运用审判权力解决个案纠纷，还承担着利用司法权力创制一般规则的职能。法官创造法律规则的载体即判例，而蕴含在判例之中的法律的原则与精神就是判例法。判例之所以能承担起为法官（乃至整个社会）提供法律规范的功能，其效力来源于遵循先例原则。遵循先例（Stare Decisis）原则的基本含义是，法院先前判决所确立的有效规则（Precedents）对之后法院的判决有约束力。① 在遵循先例原则下，对于先前类似的判例，法官在审理待决案件时不只是参照，而是必须遵循。

在"一带一路"沿线普通法系国家，司法判例的推理过程实际

---

① 邓矜婷：《指导性案例的比较与实证》，中国人民大学出版社2015年版，第2页。

上包含了类比推理、归纳推理和演绎推理三个前后连贯的逻辑过程。① 第一步是类比推理，即通过对比，将待决案件与判决先例连接起来，寻找两者之间的相似性与差异性，并权衡重要程度以决定是遵循还是予以区别。第二步是归纳推理，即运用归纳方法从找到的先例的判决理由中抽象出法律规则或原则。第三步是演绎推理，即将抽象出来的法律规则或原则适用于待决案件。

二、沿线国家（地区）介绍

课题组选取我国香港特别行政区、新加坡、以色列的司法判例制度进行介绍，其地理位置涵盖了东亚、东南亚、中亚三个地区，使研究面向更具代表性。这两个国家与我国香港特别行政区在我国推进"一带一路"倡议进程中具有重要的战略意义：香港特别行政区作为"一带一路"的重要支点与连接点，是我国面向东盟的前哨，时刻助力"一带一路"建设，又具备国际金融中心、世界航运物流中心、商贸中心的地位优势。新加坡是全球贸易、金融和交通运输的枢纽，曾两次被世界经济论坛评为全球竞争力排名第二的国家，与我国在基础设施、交通运输、信息传播和技术等领域有深入合作的空间。2020年，以色列在"一带一路"沿线国家中的工程投资潜力指数为58.05，且投资运作风险低于这些国家的平均值。我国在以色列的投资规模增长迅速。科学与技术也是以色列作为

---

① 左卫民、陈明国主编：《中国特色案例指导制度研究》，北京大学出版社2014年版，第9页。

"创业国度"能够促进我国发展的领域。①

(一) 中国香港特别行政区

回归前的香港采取司法判例制度。回归后,香港司法判例的内容依据《中华人民共和国香港特别行政区基本法》(以下简称《香港基本法》)作了较大的调整。首先,保留香港原有的与《香港基本法》不相抵触的司法判例。其中被保留的司法判例既包括曾在香港适用的英国司法判例,还包括由法院创制的司法判例。对原有英国司法判例的保留只是为了保持香港法制与普通法国家、地区法制之间的共同性,便于香港法院与普通法系司法区之间相互借鉴、相互交流,继续保持与其他普通法国家和地区相当的审判水平,从而不断推动香港特别行政区独立司法判例制度发展和完善。② 其次,废弃香港原有的与《香港基本法》抵触的司法判例。根据《香港基本法》第八条的规定,香港原有普通法、衡平法和习惯法等,如果与《香港基本法》抵触,则要被废弃。再次,修正与回归后香港实际情况不符或不相适应的司法判例。对于这些不符合或不适应司法判例的修正,既可以通过香港特别行政区立法机关采取立法手段予以修改,也可以由香港特别行政区法院通过司法判例方法予以修正。最后,创制新的适用于香港的司法判例。香港根据回归后的现实情况独立创制具有香港特色的司法判例,这既是回归后香港司法判例制度的主体部分,同时也是香港终审法院所担负的重要职责。

---

① 中华全国律师协会编:《"一带一路"沿线国家法律环境国别报告》,北京大学出版社 2017 年版,第 828 页。

② 宣炳昭:《香港刑法导论》,陕西人民出版社 2008 年版,第 524 页。

（二） 新加坡

新加坡是东南亚的一个主权城邦国家，于1965年获得独立，成立共和国，政体采用议会民主制。自19世纪早期以来，英国的殖民统治占据了新加坡近代史的绝大多数篇章，因此，新加坡的法律体系留下了深深的英国烙印。

新加坡的法律渊源包括新加坡宪法、新加坡立法机构通过的成文法、各政府部门根据法令拟定的各类法规、规则等。由于新加坡的法律体系源于英国普通法系，新加坡法庭的判例，即法官造法也是新加坡的法律渊源之一。长期以来，新加坡法律体系已经积累了大量的本国判例法。地方法院也酌情援引和适用英国法院的判决。同时，也会参考英联邦其他司法管辖区的判决。

（三） 以色列

现今以色列法律来自不同的历史时期：一些来自奥斯曼帝国统治时期；另一些来自英国委托统治时期（1922～1948年），受普通法影响的立法；还有些来自1948年以来以色列立法机构的制定法，它们由法院进一步发展。

1948年5月14日以色列国建立后，立法机构最先制定的法律之一就是1948年的《以色列法律与行政管理令》（Law and Administration Ordinance），其中第11条规定，以色列国成立时有效的法律继续有效，除非它们经立法机构的法令修改或废除。其中许多法律已被修改或废除。但在英国委托统治期间以普通法为基础的法令现在仍然具有较高效力，特别是在商法和公司法领域，极大地保留

"一带一路"沿线国家和地区司法判例研究方法

了英国式特征。虽然自 1972 年以后，英国法院判决中对这些制定法的解释只有说服性权威而不再有拘束性权威。但"在追随普通法传统的国家，以色列的判例法仍不失为一个典型。那里讨论问题的方式、推理和研究的一般方法，全部显示出普通法系的特征。法官、法学家和律师对待先例的态度、对待法院的作用和对待他们对法律发展贡献的态度，亦复如此。"①

相比之下，源自奥斯曼帝国时期的法律显得不那么重要。自 1965 年以来，为了改革债法和财产法，以色列立法机构已经通过许多制定法废除了奥斯曼帝国时期的法律规范的大部分内容。许多这类制定法涉及契约法、代理和委托、买卖契约和赠与以及不动产与继承问题。这些最终被编纂在单个法典的法律中，采用欧洲大陆法的形式，只规定基本原则，常常使用未加限定的词语，将细节留给法院决定，有时使用一般条款，有意识避免英国制定法中那种烦琐过细的特性。在内容上，以色列立法机构颇得益于比较法学，它除了吸收普通法，还使用欧洲大陆法系的法律和《海牙统一买卖法》。理论上，这些制定法词语的解释、填补制定法的空白和在适用中对它们加以发展，都应"独立"和"自主"地进行，而不应求诸英国法。但这些制定法潜含着比较法的背景，实际上某些内容明确地作出这样的规定。可见，普通法对以色列实体私法内容的影响正在减弱，但其法律发展的风格和方法在事实上仍属于普通法传统。

---

① ［以］丹尼尔·弗里德曼：《外国法律对以色列法律的影响》，转引自［德］茨威格特、克茨：《比较法总论（上）》，潘汉典等译，中国法制出版社 2017 年版，第 429 页。

第二节 "一带一路"沿线大陆法系国家和地区的司法判例制度

一、概述

对于大陆法系国家而言,成文法是主要的法律渊源。但近代以来,大陆法系也越来越重视司法判例的重要性。事实上,司法判例也逐渐成为大陆法系的辅助性法源。大陆法系的司法判例是随着成文法的局限性被认知以及法官自由裁量权的扩张而发展起来的。一般而言,大陆法系的法官在审理案件时首先会寻找法典中的条文作为裁判依据,在没有明确的法律规定时,他们才会求助于判例。虽然判例不属于正式的法律渊源,但是下级法院往往会遵从上级法院的判例,因为法官们不愿意承担被上级法院推翻判决的风险。由此可见,大陆法系的判例具有事实上的拘束力,虽然不能成为正式的法源,大概也可称为"准法源"。

目前,"一带一路"沿线的大陆法系国家和地区一般都在一定程度上承认了司法判例的价值,而且一般都把判例视为法典或法律条文进行解释的重要方式。虽然在不同国家中,司法判例的界定和效力有所不同,发布判例的形式和引用判例的方法也有所不同,但是都基本上形成了一定的规则。按照内尔·麦克考米克教授主编的《解释性判例:比较研究》的体例,研究各"一带一路"沿线大陆法系国家的司法判例制度,通常可从这些国家的判例制度背景、判例的拘束力、判例的选择、判例的甄别、运用判例实践的评价等几个方面入手。[1]

二、沿线国家(地区)介绍

课题组选取我国澳门特别行政区的司法判例制度进行介绍,一方面是因为澳门特别行政区是我国的区域代表,位于东南亚沿线,是我国全力参与和建设"一带一路"的口岸,其司法判例制度相对成熟,具备代表性;另一方面,也因为资料获取的相对便捷。课题组选取俄罗斯的司法判例制度进行介绍,是因为俄罗斯的法律特征涵盖了"一带一路"沿线国家中原苏联加盟共和国的法律特征,具有区域代表性。

(一)中国澳门特别行政区

判例的制度背景。基于历史原因,澳门继承了属于大陆法系国家的葡萄牙的司法体制。在澳门回归后,通过《中华人民共和国澳门特别行政区基本法》等法律解决了澳门原有司法体系在回归后的衔接问题。但回归对于澳门法律体系的影响,基本限于基本法所规定的范畴,其他法律系统,以及诸如司法系统、法院组织等的规定,依然承袭了葡萄牙的司法传统。葡萄牙作为大陆法系国家,虽然没有判例法,但也有司法判例制度。统一司法见解制度就是其所

---

[1] Neil Mac Cormick:Interpreting Precedents – a Comparative Study,Dartmouth Publishing Company Limited,1997.

承袭的制度之一,而这也正是澳门特别行政区司法判例制度的表现形式。(见图一)

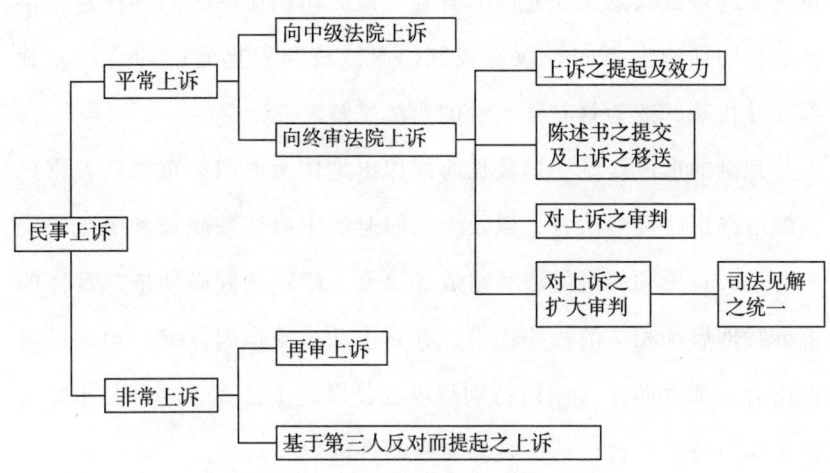

图一 澳门特别行政区的统一司法见解制度

司法判例的形式。统一司法见解不是正式的法律渊源,是专为统一法院对法律问题的认识而设定的制度。它不是抽象地对法律作为统一的解释,而是依附于具体的案例来解释法律,因此是一种比较灵活的司法判例制度。

判例的拘束力。澳门民事诉讼中的统一司法见解制度的规定见于《澳门司法组织纲要法》对于《澳门民事诉讼法典》第六百五十二条的修订——"对上诉之扩大审判"中。在民事诉讼中,统一司法见解制度存在于其上诉制度中。《澳门司法组织纲要法》在对民事诉讼法的修订中增加了关于统一司法见解的规定,称之为"对上诉之扩大审判"。根据"对上诉之扩大审判"所作出的判决,自公布时起,即形成对澳门法院具有强制性的司法见解。对于已经提起上诉的案件,该司法见解对其具有效力,终审法院应按照该合议庭裁判所定出的司法见解审判该上诉案件。如果在对上诉进行扩大审判中的多数人意见与先前具有强制性的司法见解之间存在意见不同的,则须作出新的合议庭裁判,而该裁判废止先前的合议庭裁判,并代替其成为具有强制性的司法见解。

判例的形成。统一司法见解的作出主体为澳门终审法院,审判组织由终审法院的法官,以及无须回避的中级法院院长和中级法院年资最久且无须回避的法官组成评议会。终审法院必须依托具体的上诉案件启动相应的程序作出,并非主动抽象作出。统一司法见解作出后,须立即在《澳门特别行政区公报》上公布,并自公布时对整个澳门特别行政区的法院具有强制性的效力。

(二) 俄罗斯

判例制度背景。在苏联时期,苏联法学界曾经坚决否认判例的地位及其对法的发展的作用,但现实中,判例却以各种合法的形式存在。① 自20世纪以来,两大法系在判例制度上趋同的潮流也影响了俄罗斯法的发展。

判例的拘束力。俄罗斯的法律体系遵循成文法,其基于制定法,而不像判例法基于判决先例。俄罗斯的制定法包括宪法、联邦宪法性法律、联邦法、总统法令、政府规章和联邦地方成员的法律。关于俄罗斯法中判例法与制定法的关系,亦即法官立法的界限

---

① 有学者讨论了三种存在的形式,参见杨亚非:《判例与俄罗斯法的发展》,载《法制与社会发展》2000年第1期。

问题。制定法的效力高于判例法,判例法必须依据制定法,并且是对制定法的补充和完善。

判例的形成。按照俄罗斯法律体制,俄罗斯司法制度分为三个分支:普通法院系统、仲裁法院系统,其以最高法院为最高审级,以及宪法法院,其为无下级法院的机构。在俄罗斯的法院体系中,各种法院的最高法院的判例,因作出判例的机关的特殊地位、任务和目的,具有最高的权威,在判例法体系中占有特别重要的地位,其他法院必须执行。

对运用判例实践的评价。俄罗斯学界普遍公开肯定了英美法系国家的判例实践,主张法学应认真研究判例。同时,也论证了运用判例的法制基础。俄罗斯的全部法律体系尤其是宪法性法律对司法机关的法律地位和活动程序明确而详细的规定,已将判例以及法官造法置于坚实的法制基础之上。

第三节 "一带一路"沿线伊斯兰教国家的司法判例制度

一、概述

伊斯兰法——阿拉伯语音译为"沙里阿(也作沙里亚)"——是来源于神的启示的规则的总体。虔诚的穆斯林要履行宗教义务,就必须遵守这些规则。从这个说法立即可以清楚地看出伊斯兰法同

西方法律之间的关键性的差异。伊斯兰法的正当性的唯一根据是：伊斯兰法是神所启示的意志；它并不是以人间的法律创造者的权威为基础的。这种差异所产生的结果是意义深远的。结果之一是，伊斯兰法在原则上是不变的，因为它是神所启示的话。由于伊斯兰法所体现的不是人类立法者的意志，而是真主的意志，因此很明显，它支配一切的生活领域，而不仅是有关国家和社会的领域。伊斯兰法提出的调整人类全部行为的根本要求，现在适用于5亿人，几乎占全世界人口的六分之一。

作为法源的神的启示仅仅是伊斯兰法的一个历史起点，这个有着众多规范的伊斯兰法①乃是伊斯兰学者的学理创造。学理的这种独占性是由以下两种情形确立或强化的：（1）伊斯兰法构成神学的一部分，而在伊斯兰世界并不存在一种能够对信仰的真理作出界定的权威；（2）伊斯兰法的法官——阿拉伯语音译为"卡迪"——不进行说理，因此，他们并不指明争议的法律问题和判决的理由，于是，对司法先例的尊崇也就无法得以确立。在这个意义上而言，伊斯兰法国家并不存在司法判例制度。

但应该看到，大多数阿拉伯国家正在试图把世俗法院和宗教法院这种二元制，用统一的法院系统取代。在那里，由国家付薪和国立大学培育的法官将编成法典的法律适用于财产和家庭纠纷。在阿拉伯各国，近代法律的发展已经使主要依法国模式编纂成法典的财产法同尚未编成法典的伊斯兰家庭法、继承法之间原来严格的区别

---

① ［法］勒内·达维德：《当代世界主要法律体系》，漆竹生译，上海译文出版社1984年版，第405页。

现在显著地减弱了。如今家庭法和继承法也正在逐步编纂成法典；在这种情况下，特别在婚姻法方面，许多欧洲法律观念，正在被引进到伊斯兰新的法律里面。在财产法领域，照抄照搬欧洲法规的时代已成过去。尤其是 1953 年制定的《伊拉克民法典》果断地努力在这个领域体现伊斯兰的法律思想。

二、沿线国家介绍

（一）沙特阿拉伯

沙特的基本法规定沙特阿拉伯王国至高无上的法律是伊斯兰教法，它被认为是宪法。伊斯兰教法是由源自一系列不同渊源的基本原则的组合，包括古兰经、圣训和穆罕默德言行录。沙特适用伊斯兰教法法律体系的罕百里学派，采用不成文法的形式。除了伊斯兰教法，沙特也有成文法，成文法以被国王（除非根据皇家命令该权力授权给皇储）和内阁会议决议签署的皇家法令的形式颁布。附属条例可以以内阁决议和内阁通知的形式颁布。然而，法律、条约、国际协议和协定则只能通过皇家法令的形式颁布。所有的这些法律最终都服从于伊斯兰教法且不得与其相冲突，沙特裁判部门被要求解释相应的世俗立法。沙特裁判部门先前的裁决不会形成对裁决之后案件有约束力的判例。正因为这样，裁判部门在解释并适用沙特法律时有相当大的自由裁量权，尤其是解释并适用伊斯兰教法。

(二) 埃及

在埃及，家庭法与继承法案件即受宗教法院管辖并适用伊斯兰法的案件，与受国家法院管辖并适用主要来自法国法渊源的法律规定的案件之间区别明显。尽管埃及在1955年把世俗法院和宗教法院统一合并了，但其法律秩序就家庭法和继承法而言，仍然应归于伊斯兰法系；若就财产关系法而言，则又应归之于罗马法系。

第四节 "一带一路"沿线混合法系国家的司法判例制度

一、概述

"一带一路"部分沿线国家的殖民历史以及其独有的文化、宗教差异，造就了这些国家产生了一种混合法系的现象。既兼具普通法系国家与大陆法系国家的法律制度的特点，又在很大程度上具备伊斯兰教国家法律制度的特点。

二、沿线国家介绍

(一) 菲律宾

菲律宾是一个民主共和制国家。该国的法律制度既体现了西班

牙大陆法系的影响,即法典化制度,又体现了美国普通法系的影响,即判例法的发展。通常情况下,菲律宾立法机关颁布的成文法优先于普通法。但特别的是,司法决定,例如法理或判例法,特别是菲律宾最高法院关于适用或解释法律或宪法的决定构成了菲律宾法律体系的重要部分,① 并具有与成文法相同的权威。②

(二) 马来西亚

马来西亚的法律可大致分为成文法和不成文法。成文法被纳入法定立法,其起草借鉴了英国、澳大利亚和印度法律。另外,不成文法或普通法来自经马来西亚法院裁决的案件以及本地习俗。在审理争议时,除本地立法外,马来西亚法院可以并且也会参考其他国家和地区法院的裁决,尤其是普通法司法管辖区的裁决,以及英国、印度、新加坡、澳大利亚和中国香港特别行政区的判例法。适用英格兰法律是有条件和严格限制的。③ 也就是说,与本地情况有关的英格兰普通法只在本地立法存在缺陷(漏洞)时方可适用。马来西亚法院参照的其他国家和地区判例法,其被作为说服性的或指导性的内容,但不具有约束力。马来西亚也有伊斯兰法,它只适用于穆斯林,即宣称加入伊斯兰教的人。伊斯兰教法由三级法院体系(即伊斯兰教初级法院、高级法院和上诉法院)管理,并行使其管辖权。伊斯兰教法院的管辖权涵盖伊斯兰家庭、继承法以及涉及违背伊斯兰教的其他事项。

---

① 参见《菲律宾民法典》第 7 条。
② 参见菲律宾国家大赦委员会诉审计委员会案,G. R. No. 156982,2004.9.8.
③ 参见《1956 年马来西亚民法法令》第 3 (1) 条。

(三) 印度尼西亚

印度尼西亚曾是荷兰的殖民地，故其民法典的制定深受《荷兰民法典》的影响。印度尼西亚的法律系统深受殖民地时期的法律多元化影响。其司法系统包括：(1) 一般司法机构，处理一般的民事和刑事案件，包括地方法院即初审法院，高等法院即上诉法院，最高法院即翻案法院和民事再审法院；(2) 宗教司法机构，处理与伊斯兰家庭法律相关的继承、离婚等；(3) 军事司法机构；(4) 国家行政司法机构。印度尼西亚不适用判例法，但上级法院（尤其是最高法院）在司法实践中有很高的权威性。为使法律具有确定性，法律面前一律平等，并具有统一性，某些上级法院的裁决被认为是"固定裁决"，通常被下级法院参照采用。然而，法院裁决包括"固定裁决"往往并不会公开。

第五节 司法判例制度的区别与融合

一、两大法系对司法判例态度的区别

(一) 法源及其表现形式的区别

普通法系国家与大陆法系国家均有成文法与司法判例，只不过普通法系国家的法律体系以司法判例为基础，判例法是基本的法律

渊源，其所走的是从司法判例到司法判例与成文法相结合的道路。而大陆法系国家以制定法为基础，判例依附于成文法，同时又是对成文法不可或缺的补充，其所走的是从成文法到成文法与司法判例相结合的道路。①

成文法和司法判例的基本功能都是通过规则调整社会关系，规范人的行为，但是二者的方法有所不同。前者要求立法者根据既往经验和理论推演，在事前给出完整的规则体系，然后在社会生活中普遍适用。后者要求司法者根据法律规定和案件情况，在事后给出具体的裁判规则，然后在当下和后续的案件中适用。一般来说，成文法具有明晰的逻辑结构，章节款项，层次分明。司法判例却比较散乱，人物事件，林林总总。成文法的规则比较容易宣示和理解，司法判例中的规则往往需要经过专业法律培训的人去提炼和解读。

成文法和司法判例并非水火难容，二者可以共存，也可以互补。正如内尔·麦克考米克教授所言："很难想象在当前哪一种法律制度中不是两者并存。因此，需要回答的问题至多就是，如何在系统中寻求二者的最佳平衡，从而使之达致良好的运行。但是，该问题并没有普遍适用的单一答案。每个法律制度究竟会选择何种平衡发展的路径，往往深受其法律制度和历史传统的影响。"②

---

① 何家弘、刘品新主编：《法治国家建设中的司法判例制度研究》，经济科学出版社2017年版，第1页。

② Neil Mac Cormick & Robert S. Summers: Interpreting Precedents: a Comparative Study. Dartmouth Publishing Company Limited, 1997, p. 5.

(二) 法律思维方式的区别

普通法系的司法人员有其独特的法律思维方式,即从个案到原则的思维方式。他们习惯于具体地而不是抽象地观察事物,相信的是经验而不是抽象概念;宁可在经验的基础上按照每个案件中似乎正义所要求的东西,从一个案件到下一个案件谨慎地行进,而不是遇事回头求助假设的一般概念;不指望从被一般公式化了的命题中演绎出对当前案件的判决……这种心态结构根源于那种根深蒂固的盎格鲁—撒克逊的习惯,即当情况发生时才处理,而不是用抽象的具有普遍性公式去预想情况。[①]

大陆法系的司法人员的思维方式则截然不同,他们习惯于从原则到个案的思维方式。作为一位既熟悉普通法又通晓大陆法的著名苏格兰法官,库珀勋爵曾直言:"大陆法系的制度不同于普通法系制度,犹如理性主义不同于经验主义,或演绎推理不同于归纳推理一样。大陆法系的法律人推理自然地从原则到个案,普通法系法律人则从个案到原则,大陆法系法律人坚信三段论法,而普通法系法律人则信奉先例;在每个新问题出现时,前者暗自思量'我们这次该怎么办?'而后者在同样的情况下则大声询问'我们上次是怎么办的?'……大陆法系法律人的本能是从事系统化,普通法系法律人的运作规则是动态解决。"[②]

[①] 庞德:《什么是普通法》,转引自[德]茨威格特、克茨:《比较法总论(上)》,潘汉典等译,中国法制出版社2017年版,第464页。

[②] 库珀:《普通法系与大陆法系——一个苏格兰人的观点》,转引自[德]茨威格特、克茨:《比较法总论(上)》,潘汉典等译,中国法制出版社2017年版,第464页。

二、两大法系司法判例制度的融合

普通法系和大陆法系的早期区别主要在于前者把司法判例作为法律渊源,而后者把成文法作为法律渊源。但近代以来,二者又呈现出融合的趋势。内尔·麦克考米克教授在《解释性判例:比较研究》一书中指出:"两大法系在这方面的差异经常被拿来比较,而且这差异往往被夸大。诚然,两大法系之间存在着根本的深层差异,而且某些深层差异与其对判例的态度和适用有关。但事实上,在成文法体系中,判例也扮演着十分重要的角色,而且必须强调的是其作用还在不断增强。因此,两大法系当前的发展趋势是在不断融合,而不是差异越来越大。"①

(一)融合的表现

1. 法官造法及判例拘束力的弹性界定。两大法系国家中司法判例制度的融合不仅表现为成文法与判例的结合,还表现在以下两个方面:其一,"法官造法"已经不是司法判例制度的主要功能,对成文法规则进行解释和补充才是司法判例制度生存发展的空间。其二,对判例效力的规定已经从"刚性界定"转向"弹性界定",换言之,司法判例的效力不再简单地划分为或有或无,而是根据具体情况划分为不同层级的强弱。

2. 法律思维实际上正走向相互交融。在法律思维方式上,普

---

① Neil Mac Cormick & Robert S. Summers: Interpreting Precedents: a Comparative Study. Dartmouth Publishing Company Limited, 1997, p. 12.

通法系国家与大陆法系国家无疑具有差异。但若认为前者的归纳式解决问题方法，与后者系统的概念思想方法之间存在着一种不可逾越的对立，则明显不能准确和全面地反映法律人从事法律发现工作时所能够看到的当今两大法系实际发生的实际情况。

（二）融合的原因

1. 司法判例制度能够弥补成文法的天然局限性。成文法的天然局限性有二：一是成文法纵有法条万千，也不足以涵盖所有待调整的社会现实，此即成文法的不周延性；二是成文法颁布之后，随着社会的无限发展，必定会有越来越多的新的待调整社会现实出现，此即成文法的滞后性。从理论上说，成文法可以通过修订来弥补这些缺漏，但修订需要较长时间的等待，并在一段时间之后，才会针对积攒的问题一次性地进行修订。裁判中的法官却不能就此拒绝裁判，他们面对法律漏洞时的困境可想而知。而在发达的判例制度指引下，就意味着即便是不修订成文法，法官也可以利用判例对法律缺漏进行定点补充或更新——从司法层面来说司法判例是对成文法局限性的一个非常重要的弥补手段。

2. 二者融合符合人类社会发展的一般规律。法律规则既要有稳定性，又要有灵活性；既要有普遍适用性，也要有个别适用性。立法者关注社会的普遍情况，因此要强调法律规则的普遍适用性和相对稳定性。司法者关注个案的具体情况，因此更注重法律规则的一般适用性和灵活适用性。人们不能奢望立法者制定出包罗万象而且尽善尽美的法律规则，因此，只能由司法者在实践中面对具体案件时进行解释性使用，而司法判例就是这种适用的最佳方式。虽然世界各国司法判例制度的起始状况大同小异,但是普通法系国家所走的是从判例法到判例法与成文法相结合的道路,而大陆法系国家所走的是从成文法到成文法与判例相结合的道路。二者的路径不同,偏重不同,但都在一定程度上达到了成文法与判例制度的平衡。这种发展轨迹反映了人类社会发展的一般规律。

中篇　实证研究方法

第三章 "一带一路"沿线国家和地区司法判例的实证研究

第一节 "一带一路"沿线国家和地区司法判例的研究现状及查找困境

一、"一带一路"沿线国家和地区司法判例的研究现状

（一）学术领域的研究成果现状

一是在"一带一路"倡议方面，该倡议一经提出，随即引发国内外学者的高度重视并迅速成为学术研究的热点。纵观国内研究状况，主要形成如下几方面状态：一是学者们从国家战略、微观策略、区域对策和基础理论等不同视角对"一带一路"倡议展开研

"一带一路"沿线国家和地区司法判例研究方法

究,并形成一批重要的研究成果。① 二是在司法判例研究方面,我国对司法判例相关理论的研究较多,但主要以介绍英美法系国家的司法判例制度为主,并通过比较借鉴等方式对我国案例指导制度的建构提出了较为成熟与系统的设想。研究旨趣在于准确适用我国法律,实现类案同判。学者关注的角度大多是成文法的查明与适用,现有少量的外国判例查明与适用的理论研究也主要是英美法系国家判例法的查明与适用,例如肖永平教授的《论英美法系国家判例法的查明与适用》、彭世忠教授的《论英美判例法在我国涉外审判中的适用》、郭玉军教授的《近年中国有关外国法查明与适用的理论与实践》等。三是在法律研究方法方面,自梁慧星教授提出"法律方法"这一名词后,法律研究方法这一领域的专门性研究一直方兴未艾,出现了许多相当有学术价值的研究成果,例如陈金钊、谢晖两位教授主持的《法律方法(第1卷)》、葛洪义教授主编的《法律方法与法律思维(第1辑)》、侯学勇教授《我国法律方法论研究内容的变迁——以三对概念的对比为线索》、刘作翔教授的《司法中弥补法律漏洞的途径及其方法》等,在具体研究对象上主要涉及法律史、法律语言学、法律哲学、法律经济学、法律社会学等专门领域研究方法的整理和介绍。四是各种机构正致力于跨界、跨国采取联合合作等方式进行研究和成果共享,如中国—东盟法律研究中心创办《中国—东盟法律评论》年刊,吸纳包括中国、菲律宾、

---

① 如肖永平教授的《提升中国司法的国际公信力:共建"一带一路"的抓手》、张乃根教授的《"一带一路"倡议下的国际经贸规则之重构》、崔晓静教授的《中国与"一带一路"国家税收协定优惠安排与适用争议研究》、何志鹏教授的《"一带一路":中国国际法治观的区域经济映射》及李鸣教授的《国际法与"一带一路"研究》等。

柬埔寨、印度尼西亚、泰国、文莱等在内的多国研究员作为编辑部成员，集结并公开出版东盟区域和具体国别争端解决机制的理论成果及实践创新。

上述研究成果可以成为本课题研究的学术和理论基础，但上述研究仍存在以下不足：（1）在"一带一路"建设问题的研究中，选择司法角度的论述尚少。在基础理论方面，"一带一路"倡议的司法服务保障是法学研究的核心。国外学者也主要是从国际关系、国际政治、国际经济、文化宗教等方面展开，尚未发现专门从司法角度来论及"一带一路"建设问题，鲜有专门从法律角度针对"一带一路"的研究。（2）在司法判例领域的研究中，直接面向司法审判中外国判例的查明与适用的理论研究短缺。当前，直接针对司法审判中外国判例的查明与适用问题的理论研究还较少可供实践适用。（3）在比较法领域的研究中，关于"一带一路"沿线国家和地区司法判例的研究阙如。在目前的比较法研究领域，未见"一带一路"沿线国家和地区司法判例的相关研究。（4）在法律方法领域的研究中，以司法判例研究方法为研究对象的理论成果匮乏。直接以判例的研究方法为研究对象的理论成果仅有朱晓喆教授的《比较民法与判例研究的立场与使命》、王亚新教授的《判例研究中新的视角及方法探求》。

（二）司法领域的研究成果现状

1. 中国司法案例网"一网两微一端"

最高人民法院司法案例研究院于2016年9月在国家法官学院建立。依托国家法官学院的资源，与国家法官学院合署办公。其机

"一带一路"沿线国家和地区司法判例研究方法

构性质是一家官方的智库型案例研究机构。通过构建"一网两微一端"的"互联网+司法案例"新模式,推进司法案例的收集、生成、研究和交流工作。"一网"是指中国司法案例网,其官方网站为 https://anli.court.gov.cn;"两微"是指开设最高人民法院司法案例研究院官方微博,名称为"司法案例研究院",以及微信公众号"最高人民法院司法案例研究院";"一端"是指开发 App 手机客户端"司法案例网"。借助这些平台,在司法案例的收集和生成方面,在传统的编审投稿、组织案例评选活动等形式基础上,运用"互联网+思维",在中国裁判文书网公布的每一个案例条目下设置简便的"推荐案例",通过中国司法案例网身份认证的会员(主要包括法官、律师、法律学者、法律院校学生)可以推荐裁判文书到中国司法案例网,经全体会员众筹投票,符合条件可收入最高人民法院司法案例库。在司法案例的研究和交流方面,通过发布最高人民法院指导性案例,围绕古今中外司法实践的热点难点问题进行案例评析,为司法判例和案例指导的研究提供方法论的实践样本。但仍然存在些许不足:(1)有关"一带一路"国家司法判例的研究成果较少。截至 2018 年 10 月 16 日,中国司法案例网共收录案例52480 篇,但其中域外案例库仅有 10 篇,且均为葡萄牙的司法案例;(2)《法律适用·司法案例》中鲜有"一带一路"司法判例的研究成果。课题组在研究过程中订阅最高人民法院司法案例研究院主编的《法律适用·司法案例》,未能从中查找到有关"一带一路"沿线国家和地区司法判例的资料;(3)最高人民法院信息中心相关刊物缺乏"一带一路"国家司法判例的研究成果。课题组在研究过程中专门选取司法案例研究院进行实地调研,向司法案例研究院汇报研究思路和课题进度的同时，了解案例研究院的运行方式，并得到司法案例研究院编辑的相关周报作为研究资料支持。目前，相关周报刊载的内容性质大多为新闻报道；涉及领域大多为政治和经贸；涉及国家（地区）大多为中国、美国、日本、欧盟等；即使有法律方面的内容，主要为国内热点案例，或者是国际公法最新动态。因此，课题组从相关周报中获取的主要是宏观方面的感官认识，并无法直接找到国外民商事司法判例或案例评析。

2. 中国裁判文书网

生效裁判文书上网公开制度的推行，使裁判文书作为一种公共资源进入社会公众的视野，中国裁判文书网自 2013 年 7 月 1 日正式开通以来，为司法判例和案例指导研究提供了丰富且权威的研究样本。越来越多的国内外律师、学者及社会公众关注生效裁判文书大数据的丰富矿藏，希望从中勘探出可供借鉴的经验和规律。据中新社北京 2020 年 12 月 4 日电，"最高人民法院相关负责人称，截至目前，中国裁判文书网公开的文书总量已经超过 10700 万篇，访问量超过 524 亿人次。"① 党的十八大以来，最高人民法院大力推进人民法院的司法公开工作，先后建成裁判文书、审判流程、执行信息和庭审公开四大司法公开平台。中国裁判文书网的成功实践，不仅促使我国法院司法公开工作提升到新的水平，而且为世界各国了解权威可靠的中国案例指导制度打开一扇窗，进而为国内外研究中国司法判例创造了坚实的实务根基。"知己知彼，百战不殆。"对

---

① 《最高法：中国裁判文书网公开文书超亿篇，访问总量超 524 亿人次》，载中国新闻网，最后访问时间：2021 年 8 月 1 日。

"一带一路"国家司法判例的研究必然离不开对本国类似案件的比较研究,因而中国裁判文书网亦是课题研究的重要支撑。但课题组在研究过程中发现,中国裁判文书网仍存在一些提升空间:(1)国内涉"一带一路"国家的司法判例资源上传不完整;(2)无法通过国别加案由检索,快速查找出涉"一带一路"国家的司法判例;(3)存在一定程度的访问受限。

3. 法信国际版

"法信国际版""Global China Law"于2017年9月在北京正式上线。英文全称为"Global China Law",英文简称为"GCL"。官方网站为https://www.globalchinalaw.com/。这是继2016年最高人民法院推出"法信"平台,由人民法院出版社、励讯集团、中软集团等国内外内容技术团队合作建设运营的又一案例研究平台。该平台的建成,为不熟悉中文的外国人士了解中国法律和指导性案例提供了窗口。课题组在研究过程中发现,法信国际版截至目前已刊载最高人民法院发布的92个指导案例的英文版本,以及全国较有影响力的一些典型案例,但仍缺少相关的外国司法判例。

(三)社会领域的研究成果现状

1.《"一带一路"沿线国家法律环境国别报告(中英文对照)》

为响应"一带一路"倡议,中华全国律师协会编著并于2017年5月出版《"一带一路"沿线国家法律环境国别报告(中英文对照)》(以下简称《国别报告》)一、二卷,系统收录截至2016年12月30日"一带一路"沿线43个国家的法律环境国别报告,体例按概述、投资、贸易、劳动、知识产权、环境保护、争议解决和其他编排。这是中华全国律师协会国际业务专业委员联手"一带一路"沿线国家和地区律师事务所,共同倾注的智慧结晶。

2.《"一带一路"沿线六十五个国家中国企业海外投资法律环境分析报告汇编暨外国投资法律制度分析报告汇编》

2018年1月,北京市律师协会编著《"一带一路"沿线六十五个国家中国企业海外投资法律环境分析报告汇编暨外国投资法律制度分析报告汇编》正式发布。这为国内了解"一带一路"沿线国家和地区的法治发展状况,预判投资法律风险提供了借鉴。

上述两部研究成果,尤其是《国别报告》,在国内"一带一路"法律研究领域具有举足轻重的地位,但从中并无法查找到相关国家的司法判例资料。

二、"一带一路"沿线国家和地区司法判例的查找困境

法律的生命不在于逻辑,而在于经验。司法判例是一国法律运用的生动实践,如何查找并获取"一带一路"沿线国家和地区司法判例,是摆在我国面前的重要课题,也是"一带一路"沿线国家和地区司法判例研究方法的应有之义和关键环节。

(一)法律真空:国际司法协定没有互相提供司法判例的条款

外国法查明的条款逐步在我国与别国签订的双边司法协助协定中消失。早在1987年,我国与法国签署的民商事司法协助的协定中就包含外国法查明的内容。《中华人民共和国和法兰西共和国关

于民事、商事司法协助的协定》第 28 条明确规定:"有关缔约一方的法律、法规、习惯法和司法实践的证明,可以由本国的外交或领事代表机关或者其他有资格的机关或个人以出具证明书的方式提交给缔约另一方法院。"该条文与我国 1988 年《最高人民法院关于贯彻执行〈中华人民共和国民法通则〉若干问题的意见(试行)》的五种查明方式存在一定的关联性,因为后者查明途径涵盖了由我国驻该国使领馆或由该国驻我国使领馆提供的途径,也便于两国开展包括外国法查明为内容的司法协助事宜。但是,进入 21 世纪以来,我国对外签订的司法协助协定中大多体现在法律提供和交流上,有关外国法查明的规定在协定中已基本上不复存在,① 更加没有关于互相提供司法判例的条款。"没有无权利的义务,也没有无义务的权利。"既然我国参与签订的国际司法协定对彼此司法判例的提供义务无明文规定,那么,我们如何确保所获取他国司法判例的准确性和权威性?这是一个非常重要的前提,也是课题组开展研究遭遇的一大难题。

(二)语言不通:选择性研究使全面开放的研究视野受到限制

根据全国工商联主管的中国民营经济国际合作商会②官网 2017 年 4 月发布的《"一带一路"沿线 65 个国家和地区名单及概况》

---

① 宋锡祥、朱柏燃:《"一带一路"战略下完善我国外国法查明机制的法律思考》,载《上海财经大学学报》2017 年第 4 期。
② 中国民营经济国际合作商会是经国务院同意批准于 2011 年 11 月 24 日成立的我国唯一一家专门服务民营企业走出去,开展国际经济合作与交流的全国性大型商会组织。

报道,"一带一路"沿线国家和地区有 65 个,官方语言多达 53 种。① 且随着"一带一路"倡议的深入推进,"一带一路"的理念也在升级更新。中国政府提出,"一带一路"核心内涵是借助"丝绸之路"文化内涵打造的开放、包容的国际区域经济合作平台,因此欢迎所有志同道合的国家积极参与,而不对"一带一路"国家限定范围。根据中国一带一路网②的数据,截至 2021 年 6 月 23 日,中国已经同 140 个国家和 32 个国际组织签署"一带一路"合作协议。多国家多语种令"一带一路"沿线国家和地区司法判例的获取成为困扰课题研究的又一难题。从语言优势的角度讲,对于国内研究者而言,以英语为官方语言的国家的司法判例更易查找。由于我国中小学教育阶段开设的外语课为英语,因此研究者借助直接翻译的方式,更有可能实现对英语国家判例的了解。以新加坡为例,我们可以通过新加坡法律观察(SLW)网站 www.singaporelawwatch.sg③ 查找到民事、商事、知识产权、刑事等领域的司法判例。尽管能够查找到一部分英语国家的司法判例,但这些国家往往是判例法国家,而并非大陆法系国家。如果不是对该国的立法体系和司法运行有比较充分的了解,那么仅仅依靠翻译几个英文判例,在缺乏评述的情况下,

---

① 王辉、王亚蓝:《"一带一路"沿线国家语言状况》,载《语言战略研究》2016 年第 2 期。

② 中国一带一路网(www.yidaiyilu.gov.cn)于 2017 年 3 月上线运行。由推进"一带一路"建设工作领导小组办公室指导,国家信息中心主办,丝路国信大数据技术有限公司、百度云提供技术和运营支持。旨在及时回应国内外重大关切,科学准确阐释"一带一路"核心理念,权威发布解读国内外有关的投资、贸易、税收、海关、检验检疫等政策法规,全面客观介绍"一带一路"建设的新进展新成果,为沿线各国企业、社团组织和公民积极参与"一带一路"建设提供信息服务和互动交流。

③ 新加坡法律学院的一项服务。

很难快速收获启发。

但是对于非英语国家,语言障碍的确是制约研究全面开展的不争事实。目前,已经开展的不少国际学术合作是通过聘请外教的方式来实现对某一个或者同一语系某几个国家法律资讯的了解。如课题组曾经到西安交通大学调研学习,了解到丝绸之路经济带研究协同创新中心聘请了一位哈萨克斯坦的外教,因此,较好地克服了俄语不通的障碍,并且通过"丝路协同创新中心"微信公众号中心定期推送《中亚法律观察》。

(三)力量分散:我国外国法查明研究平台各自分散运作

课题组先是尽可能收集我国现有的外国法查明研究平台的相关信息,在此基础上课题组综合考虑了区域分布、研究侧重点、语言种类、代表性和典型性等因素,先后到中国—东盟法律研究中心、丝绸之路经济带研究协同创新中心等中心展开实地调研走访,并结合查询及了解到的资料对相关外国法查明研究平台的实际运作状况进行简要介绍。

1. 中国—东盟法律研究中心

中国—东盟法律研究中心于2014年5月在西南政法大学成立。英文全称为"China – ASEAN Legal Research Center",英文简称为"CALRC",官方网站为http://calc.swupl.edu.cn/。由中国法学会创办,接受中国法学会的指导和管理,主要职责为查明东盟法律。2018年4月下旬,课题组到中国—东盟法律研究中心所在地西南政法大学调研。调研期间召开座谈会,围绕东盟国家司法判例的

查找和中心的运作模式两个重点展开。(1) 在东盟国家司法判例的查找方面，除了传统的某位法学老师以其熟悉和擅长的某个国家（地区）外国法为研究重点的查找方式，该中心还依托中国法学会承担的外交部项目，获得东盟10个国家200多名外国研究员（当地政法官员及律师）的力量支持。由于中国—东盟法律研究中心的查找请求对外国研究员没有强制约束力，属自愿配合查找，因此查找结果存在不确定性。(2) 在中心的运作模式方面，组建专门的研究团队，将西南地区（包括重庆、云南、广西）为主的高校专家学者、律师等近30名法律专业人士确定为国内研究员。通过学术课题研究，尤其是承担省部级、国家级科研项目，重点围绕东盟国家进行经济、民商事、刑事等法律制度的比较研究。(3) 对司法制度的比较研究正在进行，对判例的比较研究尚未开展。

2. 华东政法大学外国法查明研究中心

华东政法大学外国法查明研究中心于2014年12月在华东政法大学成立。英文全称为"ECUPL Center For Proof of Foreign Law"。设立微信公众号"华政外国法查明研究中心"。(1) 机构性质：是依托高校国际法科研与司法、仲裁等实务部门合作的智库型机构。(2) 运作模式：成立之初，华东政法大学与上海市高级人民法院等法院签订《外国法查明专项合作纪要》，构建法院委托高校外国法查明研究中心查明域外法律规范的合作机制。在此后的运作过程中，华东政法大学还与上海国际仲裁中心、上海市公证协会以及广州海事法院等单位签订合作协议，提供外国法查明、涉外司法实践资料等服务。华东政法大学于2016年9月与最高人民法院国际合作局签订合作框架协议,成为最高人民法院国际司法协助研究基地。①

3. 中国政法大学外国法查明研究中心

中国政法大学外国法查明研究中心于 2015 年 1 月在中国政法大学成立。由最高人民法院与中国政法大学联合建立。(1) 职责范围:包括接受全国各地法院的委托,就涉外审判的法律适用问题,尤其是外国法查明问题,进行理论研究,提供咨询意见;搜集相关国家和地区的立法、司法动态信息,形成要闻、要报或报告,提供司法交流和合作参考资料。(2) 机构性质:与华东政法大学外国法查明研究中心类似,依托高校国际法资源优势,与司法实务部门合作,发挥智库的作用。(3) 运作模式:课题组在调研过程中,曾向该中心了解委托进行外国法查明的程序。具体为:委托法院向中心发委托函,写明需要委托查明的具体问题,并把相关材料作为附件,一并邮寄到中心。中心收到材料后,根据国别和委托事由委托专家,初步判断后告知法院委托查明费用。②

4. 国家级法律查明平台"一中心两基地"

国家级法律查明平台"一中心两基地"于 2015 年 9 月在深圳前海成立。即中国港澳台和外国法律查明研究中心、最高人民法院港澳台和外国法律查明研究基地,以及最高人民法院港澳台和外国法律查明基地。"一中心"由最高人民法院、中国法学会和国家司法文明协同创新中心共同支持设立,汇聚了中国政法大学外国法查

---

① 宋锡祥、朱柏燃:《"一带一路"战略下完善我国外国法查明机制的法律思考》,载《上海财经大学学报》2017 年第 4 期。
② 该中心未收集相关"一带一路"国家的具体判例,未能提供。

明研究中心、西南政法大学中国—东盟法律研究中心、法律出版社、深圳市蓝海现代法律服务发展中心（以下简称蓝海法律中心）等机构和研究部门的法律专家资源。该中心主要负责法律查明工作的公共服务建设、推动建立"一带一路"沿线国家和地区法律数据库、编创和整理域外法适用的案例库、组建法律查明网络信息平台等事项。①"两基地"当中的"查明研究基地"由最高人民法院在前海法院建立，主要职责为加强法院系统内部的涉外审批业务交流，开展港澳台法律查明和适用研究，完善涉外审判案例库；"两基地"当中的"查明基地"，由最高人民法院在蓝海法律中心建立，主要职责为依托国内外法律专家资源，查明港澳台和外国法律。

5. 深圳市蓝海现代法律服务发展中心

深圳市蓝海现代法律服务发展中心于2014年2月在深圳前海成立。英文全称为"Benchmark Chambers International"，英文简称为"BCI"。官方网站为 http://www.bcisz.org/，设立微信公众号"蓝海现代法律"。据中心官方网站介绍，该中心在深圳市民政局注册成立，由深圳市司法局主管，为目前唯一活跃在深圳市从事现代法律服务的非营利性社会组织，致力开拓法律服务的新领域。是"一中心"的授牌单位，同时也是"两基地"的秘书处所在地。②

（1）委托模式探究：课题组在研究过程中，曾向该中心了解委托外

---

① 吕绍刚、光子健：《国家级法律查明"一中心两基地"落户深圳前海》，载人民网，http://sz.people.com.cn/n/2015/0921/c202846 - 26460574.html，最后访问时间：2018年9月5日。
② 《蓝海BCI：跨境法律智库平台》，载深圳市蓝海现代法律服务发展中心官网，http://www.bcisz.org/html/guanyuwomen/，最后访问时间：2018年9月5日。

国司法判例查找的程序。具体为委托单位或个人可通过电子邮件向中心发送初步的委托咨询函,写明需要委托查明的具体问题。中心收到邮件后,根据国别和委托事由委托专家,初步判断后告知委托查明费用。如可协商一致,双方签订书面的委托查询协议。(2) 资料储备不足:得知深圳市蓝海现代法律服务发展中心曾与深圳市前海深港现代服务业合作区管理局合作,绘制"一带一路"沿线国家和地区法治地图,课题组在2018年2月初发函询问合作意向。得知"法治地图"的版权属于委托开发者所有,针对本课题的相关背景资料收集并非现成可取,且由于临近春节,蓝海现代法律服务中心无法在较短时间内完成资料收集,因此未能达成合作意向。(3) 委托费用高昂:虽然合作协商未能深入开展,但从沟通联络中了解到,委托该服务中心查询近5年5个国家的民商事若干案由的司法判例,即使仅仅由其提供原文(不翻译),委托者也需支出不少于万元的费用。经营管理方式、经济分配机制以及人力资源特色,本应使企业查找成为专业可靠的典型查找途径,然而费用高昂却是制约研究开展的主要障碍。

6. 丝绸之路经济带研究协同创新中心

丝绸之路经济带研究协同创新中心于2015年1月在西安建立。英文全称为"Collaborative Innovation Center for Silk Road Econoicm Belt Studies"英文简称为"CIC – SREBS"。设立微信公众号"丝路协同创新中心"。由西安交通大学协同外交部、商务部、中国社会科学院主办。

(1) 职责范围:该中心致力于整合沿线和相关各国的学术与教育资源,推进丝路经济带建设中法律、政治、经济、社会和文化等

各个层面的创新合作研究。①（2）机构性质：目前主要依托高校国际法优势开展学术研究和学术交流，是一家智库型机构。（3）实地调研：由于西安是古代陆上丝绸之路的起点，其所在的西北地区与俄语国家交流密切，可以提供涉外审判的典型样本。且早在2006年就成立了"丝绸之路国际法研究所"，并于2008年正式更名为"西安交通大学丝绸之路国际法与比较法研究所"，有关"一带一路"的法学研究成果丰富。因此，课题组特别选取西安交通大学进行实地调研。调研期间召开的座谈会着重围绕司法判例的解读、判例获取的渠道，以及研究方法的创新等方面展开讨论。课题组此行收获不少指引和启发：①在资料收集方面，了解到俄语语种的成文法国家官方网站会公布该国案例，在 qamqor. gov. kz 网站可以查询哈萨克斯坦的指导性案例。②在研究思路方面，进一步认识到"一带一路"沿线国家和地区司法判例获取的困难，以及最终协同建设"一带一路"沿线国家和地区司法判例资源平台的必要。③在研究力量方面，深刻认识到由于受客观规律的限制，我国的多语种法律复合人才培养难以一蹴而就，因此在"一带一路"倡议迅速推进的形势下，吸收引进法律外教人才具有必要性和紧迫性。④在协同创新方面，丝绸之路经济带研究协同创新中心是以一种开放包容的态度，愿意吸收接纳本地区或跨地区具有理论基础和实务经验的部门和行业，共同致力于推进丝绸之路经济带发展。

---

① 许祖华：《"丝绸之路经济带研究协同创新中心"在西安启动》，载人民网，http: //politics. people. com. cn/n/2015/0123/c1001－26438098. html，最后访问时间：2018年9月12日。

7. 21世纪海上丝绸之路协同创新中心

21世纪海上丝绸之路协同创新中心于2015年4月在广州成立。英文全称为"Collaborative Innovation Center for 21st-Century Maritime Silk Road Studies",官方网站为http://21msrcic.gdufs.edu.cn/。该中心以广东外语外贸大学为牵头单位,以中国社会科学院世界经济与政治研究所、商务部国际贸易经济合作研究院、厦门大学、中国国际问题研究院、中共中央对外联络部当代世界研究中心、中国科学院南海海洋研究所、中山大学、云南大学、暨南大学等作为协同单位。① 目前,该中心已被列为广东省国家级协同创新中心两个重点培育建设对象之一。

以上7个与"一带一路"有关的主要研究机构中,前面6个较集中地针对法律领域开展研究,第7个"21世纪海上丝绸之路协同创新中心"则主要围绕政治和外交领域,之所以在此论述该中心的运作,"一带一路"(The Belt and Road,缩写B&R)是"丝绸之路经济带"和"21世纪海上丝绸之路"的简称,主要欲与第6个"丝绸之路经济带研究协同创新中心"共同展示"一带一路"即"丝绸之路经济带"和"21世纪海上丝绸之路"的构成。

上述机构的共同点在于:(1)成立时间集中在2014~2015年之间。自2013年9月、10月习近平总书记提出"一带一路"的重大倡议,与之相关的法律研究和智库建设应运而生,并茁壮成长。(2)主要依托高校科研力量。从上述外国法查明中心和"一带一

---

① 《21世纪海上丝绸之路协同创新中心概况》,载21世纪海上丝绸之路协同创新中心官网,http://21msrcic.gdufs.edu.cn/zxgk.htm,最后访问时间:2018年9月12日。

路"法律研究中心来看,包括中国政法大学、西南政法大学、华东政法大学、西安交通大学、广东外语外贸大学等。(3) 覆盖中国几大地理方位。分别是华北、西南、华东、西北、华南。由此可见,我国对"一带一路"法律研究的部署。(4) 均与最高人民法院建立合作关系。从"一中心两基地"的建设来看,最高人民法院已经有意识地整合各地各机构的资源优势。这些机构自成立以来为国家贡献不少研究成果,但与此同时,我们仍然发现存在的一些不足:一是这些机构大多是近3年以来新建,在经验总结方面缺乏长期的观察和反思;二是数量较少且分布及运作相对零散,缺乏统筹,取得的成效还相对有限;三是掌握多语种尤其是掌握小语种的法律复合人才不足,已有的研究成果并不全面深入;四是现有研究范围主要集中在法律上,而不在于司法判例上。有关他国司法领域的信息推送,更多的是新闻简讯,缺乏完整的判例资源。因此,就目前而言,"一带一路"沿线国家和地区司法判例的获取很难通过上述"一带一路"法律研究机构实现。

(四) 自发与分散:民间查找途径的利弊兼存

民间查找的主要优点在于自主、灵活,主要缺点在于零散、迂回、难以产生制度化运作的规模效应。在课题研究过程中,课题组曾通过老师、同学、亲戚、朋友等各种民间途径,直接或者间接查找外国司法判例。例如,通过在中国—东盟法律研究中心的老师间接查找泰国的司法判例;通过在马来西亚工作、缺乏法律专业背景的亲戚,借助其海外客户间接查找到马来西亚的司法判例,以及马来西亚部分公开判例的查找渠道:马来西亚联邦法院网站 http://

www.kehakiman.gov.my/。这些司法判例来之不易，民间查找的缺点在查找过程一一体现。德国经济学家斯蒂芬·沃依格特指出，制度有减少不确定性、开阔行为主体的视野、激励专业化从而创造一个更高水平的劳动分工的功能。因此，课题组认为民间查找途径可以作为我国考察外国司法判例的重要补充，而不是主要方式。

第二节 涉"一带一路"沿线国家和地区司法判例的样本观察

一、近五年国内司法审判数据收集

"一带一路"沿线国家目前共计 140 个，[①] 涉及地域广阔，人口众多，与我国均存在不同程度的经济、文化往来。为达到对该些国家的司法判例研究的针对性及效益性，课题组认为，首先应从我国司法实践中涉"一带一路"国家案件入手，以此为切入点及发散点，辐射覆盖他国。为此，课题组借助"中国裁判文书网"数据库，设置条件——"立案时间：2012～2017年""涉及国别：65个沿线国家""案件性质：民事"，获取数据合计22593条，案件管辖法院包含基层人民法院、中级人民法院、高级人民法院和最高人民法院四级法院，涉及《民事案件案由规定》规定的第三级案由322个。

---

① 需要说明的是，本课题系基于原公布 65 个涉"一带一路"沿线国家进行实证研究与数据分析。

二、基于实证研究的数据分析

(一) 从案涉国家角度分析

1. 各国涉案数量悬殊

涉案数量超 1000 件的国家有 6 个,其中涉泰国和新加坡的案件数量最多,分别为 4175 件和 3875 件,占总案件量 (23938 件)[①]的 17.44% 和 16.19%;第二梯队为俄罗斯和越南,分别为 2485 件和 2219 件,占 10.38% 和 9.27%;最后为马来西亚和缅甸,分别为 1241 件和 1117 件,占 5.18% 和 4.67%。涉该 6 国的案件总量合计为 15112 件,占总案件的 63.13%(见图二)。

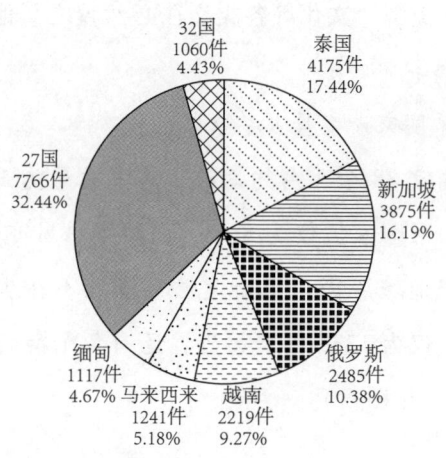

图二 65 国涉案量及占比

[①] 由于部分案件涉及的国家不止一个,可能为两个以上,故在按国家分别统计后再相加汇总时,总数为 23938 件,为精确起见,计算百分比时系以此为基数。同样原因,下文在分案由对各国涉案量进行统计分析时,亦存在即各国涉案量相加总数与按案由统一计数存在数据差异的情况。

涉案数量不足百件的国家有 32 个，其中波黑和黑山共和国的数字为 0，涉案数量仅个位数的国家亦有 5 个。涉及这 32 国的案件总量为 1060 件，不及排名第六的缅甸一国的案件数量，仅占总案件量的 4.43%（见图三）。

余 27 个国家的案件数量在百件至千件区间，案件总量 7766 件，占总案件量的 32.44%（见图四）。

2. 案件集中涉及东盟 10 国

沿线国家数量虽多，但案件涉及的国家主要集中于东盟 10 国，合计达 14911 件，占总案件量六成以上（见图五）。

究其原因，东南亚是世界上海外华人分布最集中的地区，总数在 2000 万人以上，华人和华侨在东南亚各国人口中均占较大比重，相应的与我国的经济、文化等各类交往必然较之其他国家和地区更加密切和频繁。

3. 大陆法系国家涉案量占半数以上

大陆法系国家 38 个，占约六成，涉案总量为 13008 件，数量最多。但英美法系国家虽仅为 8 个，但涉案总量亦达 6519 件，平均值最高。由于地域原因，伊斯兰法系国家不在少数，为 12 个，但涉案量较少，仅为 1333 件。另外，还有 7 个混合法系国家，涉案量为 3078 件（见图六）。

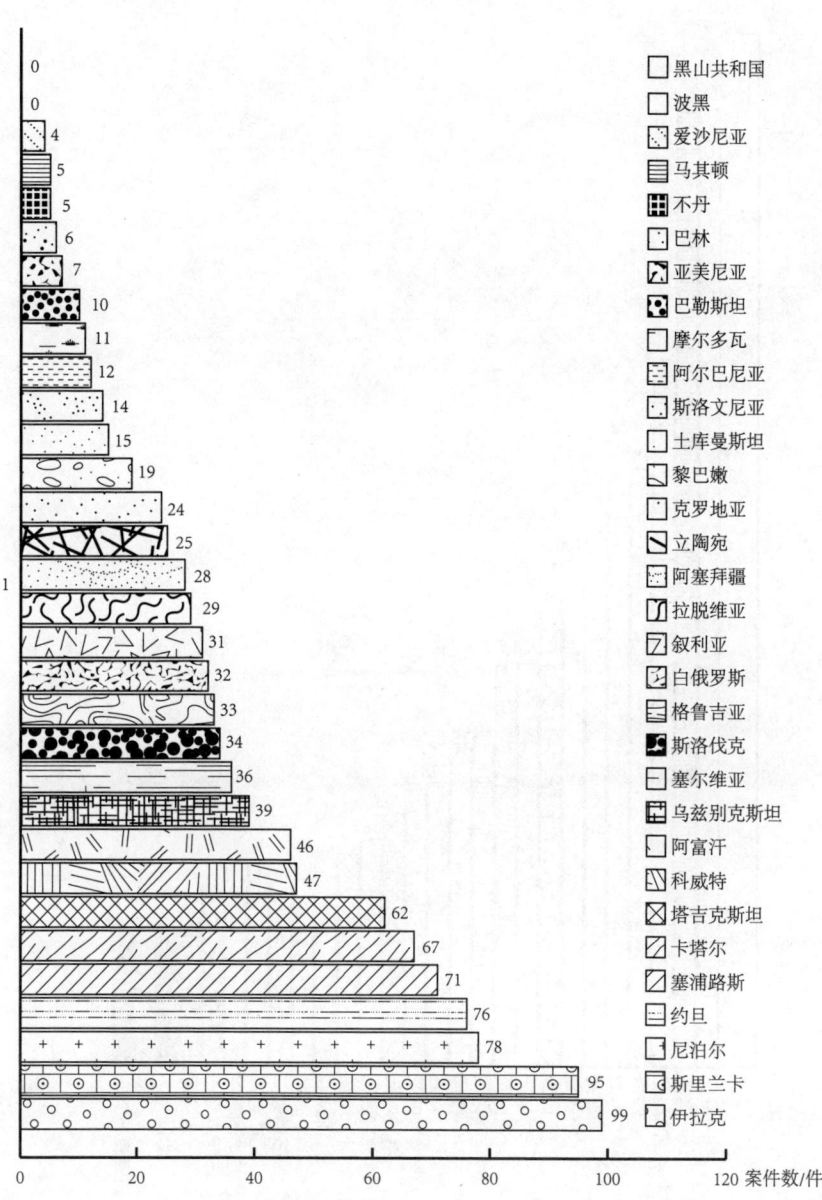

图三 涉案量低于 100 件的 32 国案件数量

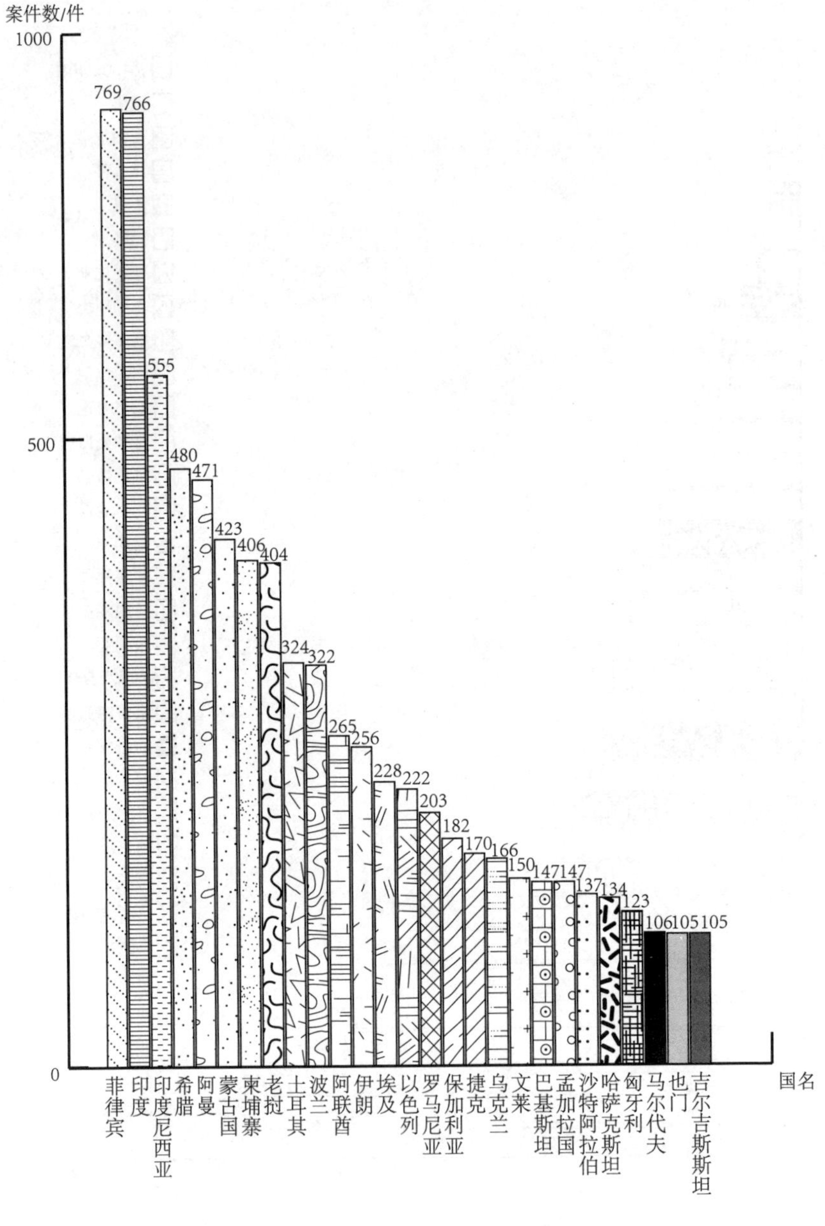

"一带一路"沿线国家和地区司法判例研究方法

图四 涉案量 100～999 件的 27 国案件数量

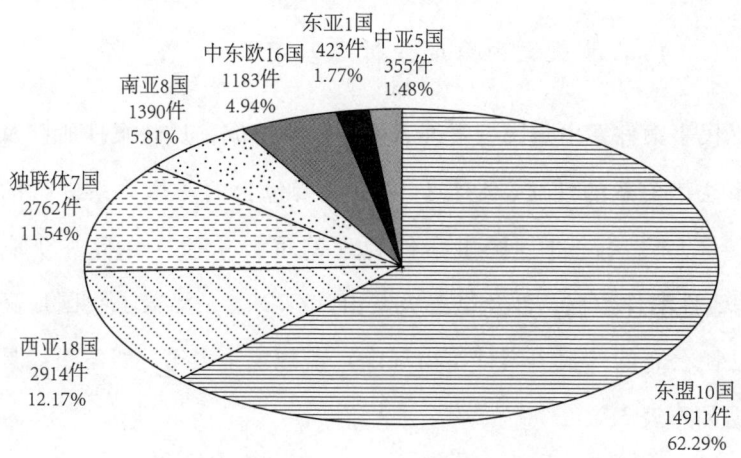

图五　按地域区分案件数量及占比

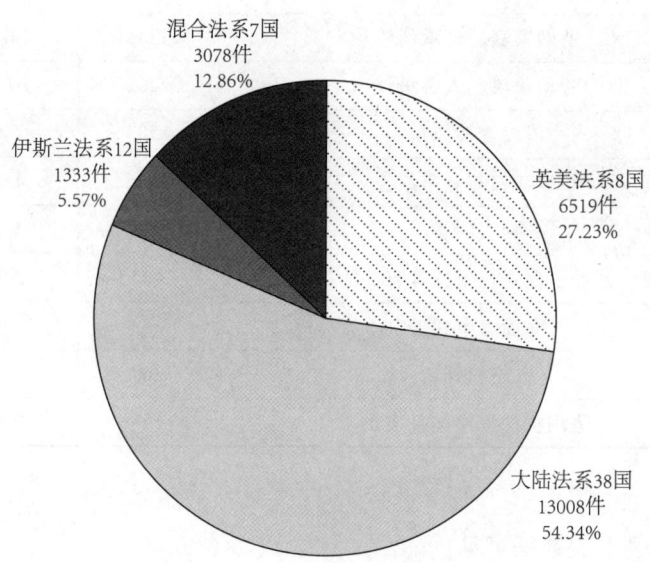

图六　按法系区分案件数量及占比

(二）从涉及案由角度分析

民事案件案由是民事案件名称的重要组成，反映案件所涉及的民事法律关系的性质，是将诉讼争议所包含的法律关系进行的概括，是人民法院进行民事案件管理的重要手段。分析所获取的22593件案件数据，涉及第三级案由计322个，涵盖了我国最高人民法院公布的《民事案件案由规定》所规定十大第一级案由。具体数据如下表3：

表3　不同案由下的案件数量

《民事案件案由规定》第一级案由	案件数/件	占比/%
合同、无因管理、不当得利纠纷	12446	55.09
婚姻家庭、继承纠纷	3331	14.74
劳动争议、人事争议	2262	10.01
侵权责任纠纷	1587	7.02
知识产权与竞争纠纷	1036	4.59
物权纠纷	508	2.25
与公司、证券、保险、票据等有关的民事纠纷	465	2.06
海商海事纠纷	442	1.96
人格权纠纷	368	1.63
适用特殊程序案件案由	148	0.66

通过上表数据可见：

1. 合同纠纷占半壁江山，远高于其他类型纠纷。虽然《民事案件案由规定》将合同纠纷与无因管理、不当得利纠纷并列在同一

案由大类中,但该大类64个第三级案由中,有62个案由系在合同纠纷项下。上表所列12446个案件中,绝大部分为合同类纠纷案件,不当得利纠纷仅9件、无因管理纠纷无案件。再细分析,合同纠纷中,三大类案件比重最大,分别为:买卖、承揽、融资租赁合同纠纷案件3063件,借款合同纠纷案件2427件,涉房地产合同纠纷案件1545件,合计7035件,所占比重56.52%。

2. 单类案由的涉案量分析。为使研究更为深入和透彻,课题组从各案由所涉案件数量及代表性出发,选取了八类案由对各国涉案量进行统计分析,以期探寻各国与我国交往的广度和深度。

(1)婚姻家庭、继承纠纷案件(见图七)。

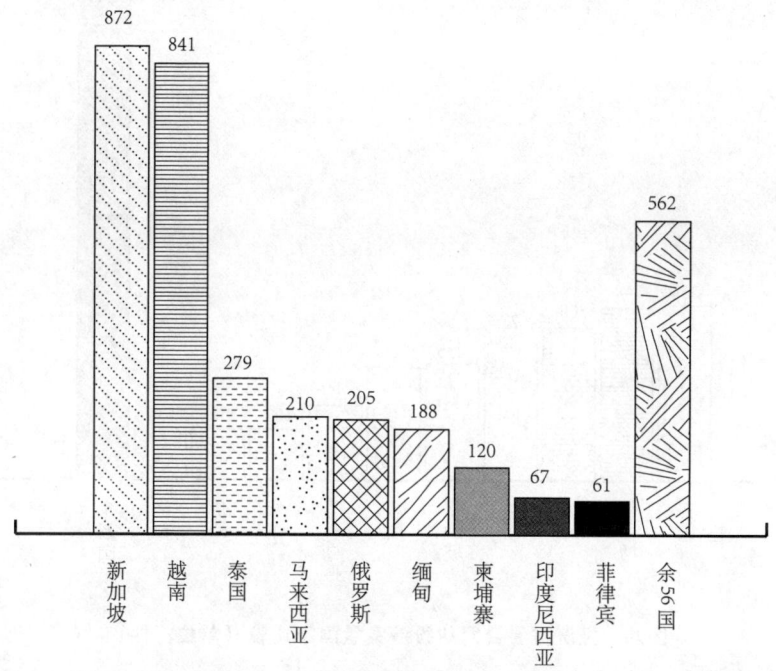

图七 婚姻家庭继承纠纷涉案量国家比较(单位:件)

"一带一路"沿线国家和地区司法判例研究方法

此类案件为数最多，总计3331件，且主要集中在东南亚国家，在数量前十位的国家中，东南亚国家就占据了9席（文莱除外），案件总数为2677件，占了八成有余，仅俄罗斯以205件位居第五。这与海外华人集中分布于东南亚，人员往来密集不无关系。而案件数量又以新加坡和越南为最，分别为872件和841件，且与后位国家的案件量相差巨大，远远高于紧随其后的泰国的279件。亦有半数以上的国家35国，此类案件数量在两位数以下，其中10国未涉及此类案件。

（2）买卖、承揽、融资租赁合同纠纷案件（见图八）。

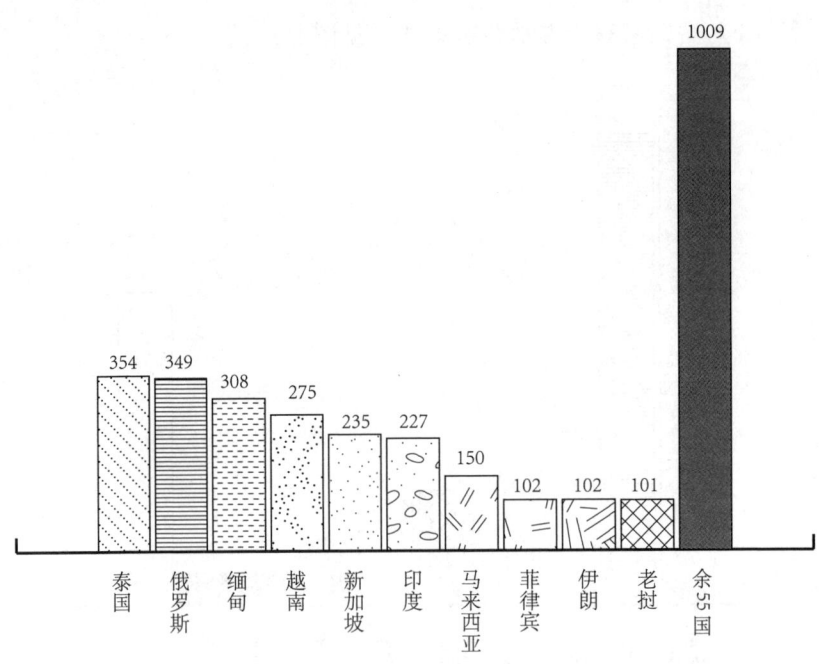

图八　经济贸易合同纠纷涉案量国家比较（单位：件）

此类案件数量居第二位，为3063件，主要系因经济贸易往来等产生的纠纷。案件分布相对平均,涉案量前十的国家的案件数从100余件至300余件不等,泰国、俄罗斯、缅甸涉案量排名前三,分别为354件、349件、308件,未有涉案量特别突出的国家。且仅有巴林、不丹、摩尔多瓦、波黑、黑山共和国等5个国家无此类案件,绝大部分国家均有涉案。

(3) 借款合同纠纷案件(见图九)。

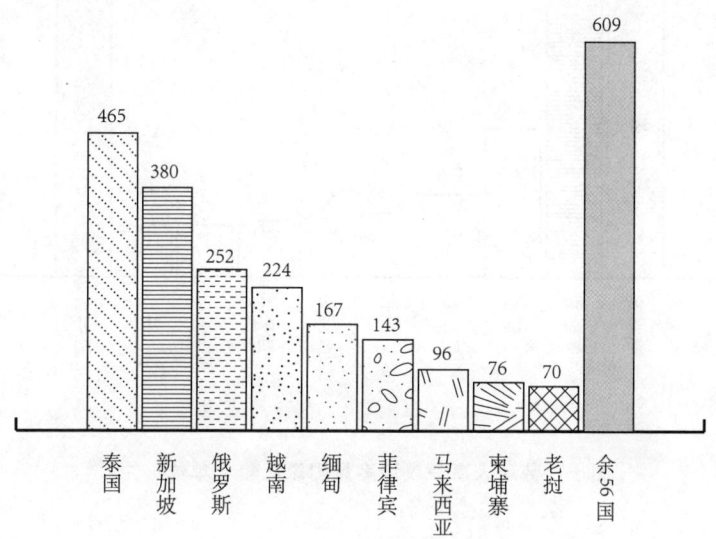

图九 借款合同纠纷涉案量国家比较(单位:件)

此类案件总数为2427件,主要分为两类:一类是金融借款合同纠纷,一类是民间借贷纠纷,区别在于债权主体的不同,即金融机构或其他公司、企业及自然人。金融融资及民间融资是投资主体筹集经营资本的重要渠道,由此引发的纠纷相应亦较多。此类案件仍然主要集中在东南亚各国,东盟10国中除文莱外,涉案量均进入前十,案件总数为1621件,占2/3。仍是俄罗斯以252件位列第三。40个国家的涉案数量在两位数以下,11国未涉及此类案件。

（4）劳动、人事争议案件（见图十）。

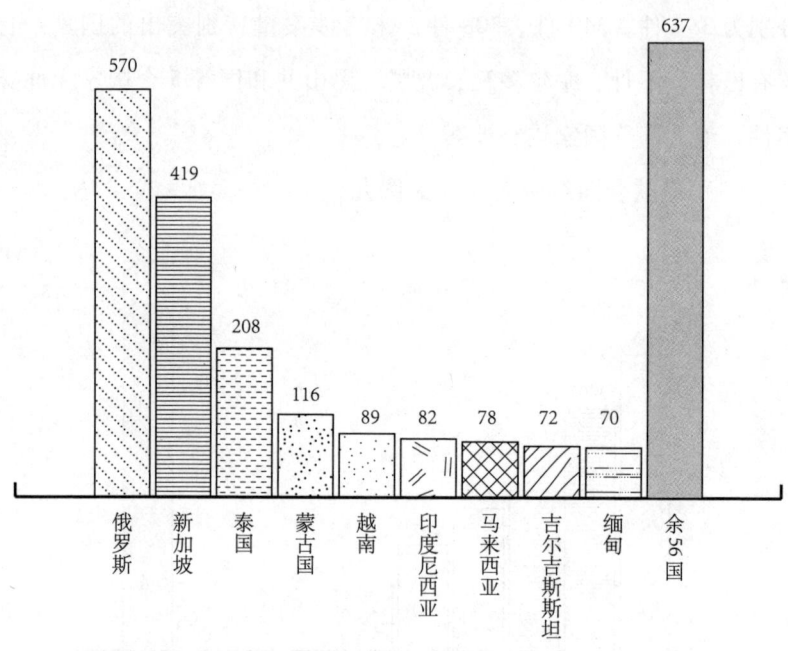

图十　劳动人事争议涉案量国家比较（单位：件）

各国之间的各项交流日益密切,其中不乏人员交流,特别是各种高层次高科技人才的引进。我国的用人单位经过许可后可聘用外国人来华工作。在工作过程中,不可避免地,用人单位与外国员工会产生各种争议,在经劳动争议仲裁前置程序未能妥善处理后,即选择通过法院诉讼解决。随着越来越多的外国人来华就业务工,此类案件所占比重亦不小,达2262件。俄罗斯和新加坡两国涉案量最多,达570件和419件,其次为泰国和蒙古国,为208件和116件,折射出上述国家与我国人员往来交流最为紧密。亦有16个国家未涉及此类案件，主要集中在独联体及中东欧各国。

（5）侵权责任纠纷案件（见图十一）。

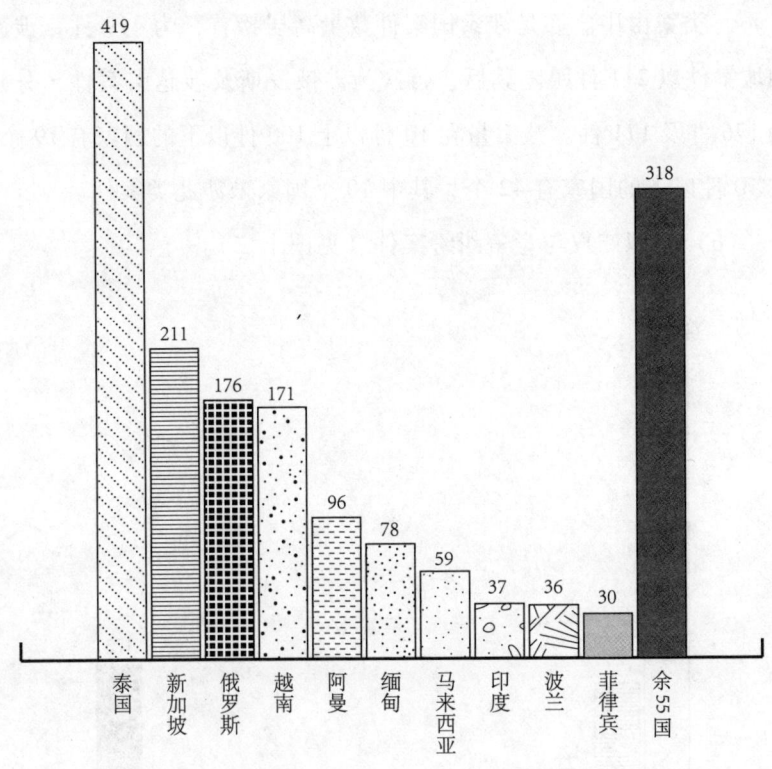

图十一　侵权责任纠纷涉案量国家比较（单位：件）

侵权责任纠纷通常指因行为人侵害他人民事权益而引起的纠纷，在民事纠纷中占有很大比例，在审判实践中情况纷繁复杂。本部分纳入统计分析的侵权责任纠纷案件，仅指《民事案件案由规定》第一级案由"侵权责任纠纷"项下相关案由案件，未将人格权纠纷、物权纠纷和知识产权纠纷等第一级案由项下规定的侵权责任纠纷案由案件包括在内。即便如此，此类案件仍为数不少，有

1587件，居第四位，且特别集中在机动车交通事故责任纠纷（865件）、产品责任纠纷（223件）、提供劳务者受害责任纠纷（104件）三类案由中。亦是涉泰国案件数量高居榜首，为419件，涉新加坡案件以211件跟随其后，再次为涉俄罗斯及涉越南案件，分别为176件及171件。涉案量在10件以上100件以下的国家有19个，在10件以下的国家有42个，其中10个国家未涉此类案件。

（6）知识产权与竞争纠纷案件（见图十二）。

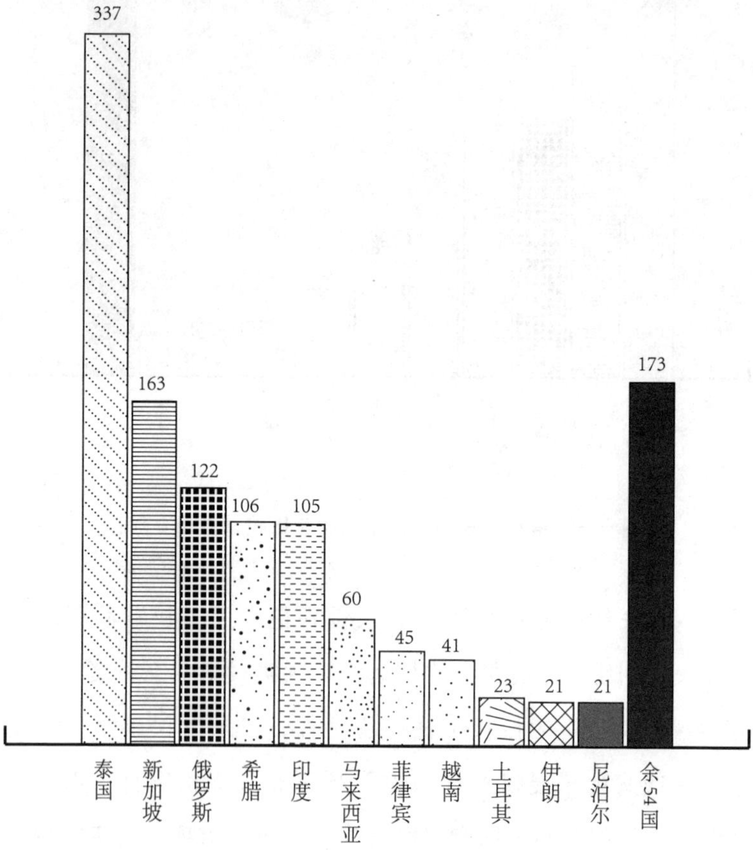

图十二　知识产权与竞争纠纷涉案量国家比较（单位：件）

当代社会,科学技术日新月异,经济全球化趋势增强,产业结构调整步伐加快,国际竞争日趋激烈,知识或智力资源的占有、配置、生产和运用已成为经济发展的重要依托。而知识产权,作为权利人对其智力劳动所创作的成果享有的财产权利,对其的妥善保护愈加受到世界各国的重视。为此,虽然此类案件数量并不凸显,仅为1036件,课题组仍特别选取进行统计分析,以顺应国际发展趋势。泰国涉案数量高居榜首,达337件,系居第二位的新加坡涉案数量163件的两倍有余,另有俄罗斯、希腊和印度3个国家涉案数量超过百件,涉案量在个位数以下的国家达50个,其中17个国家未涉此类案件。

(7) 物权纠纷案件(见图十三)。

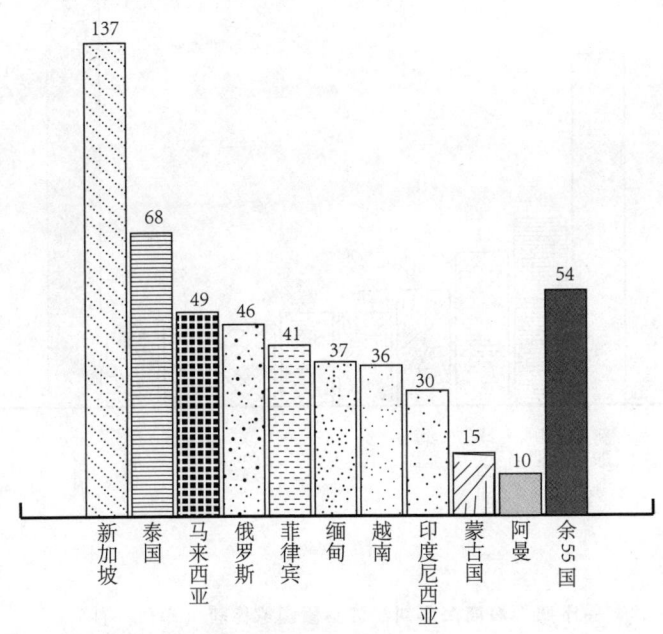

图十三 物权纠纷涉案量国家比较(单位:件)

物权与债权一起构成了民事基本财产权利，物权与人们生活密不可分，其核心是物的利用。正因如此，此类案件数量相对较少，仅 508 件。即使涉案数量最多的新加坡，也仅有 137 件，占总量的四分之一余。涉案数居前十位的其余九国分别为泰国、马来西亚、俄罗斯、菲律宾、缅甸、越南、印度尼西亚、蒙古国和阿曼，涉案总量 332 件。其余 55 国的案件均在 10 件以下，其中 34 个国家未涉及此类案件，系涉案数为零的国家最多的一类案由。

（8）海商海事纠纷案件（见图十四）。

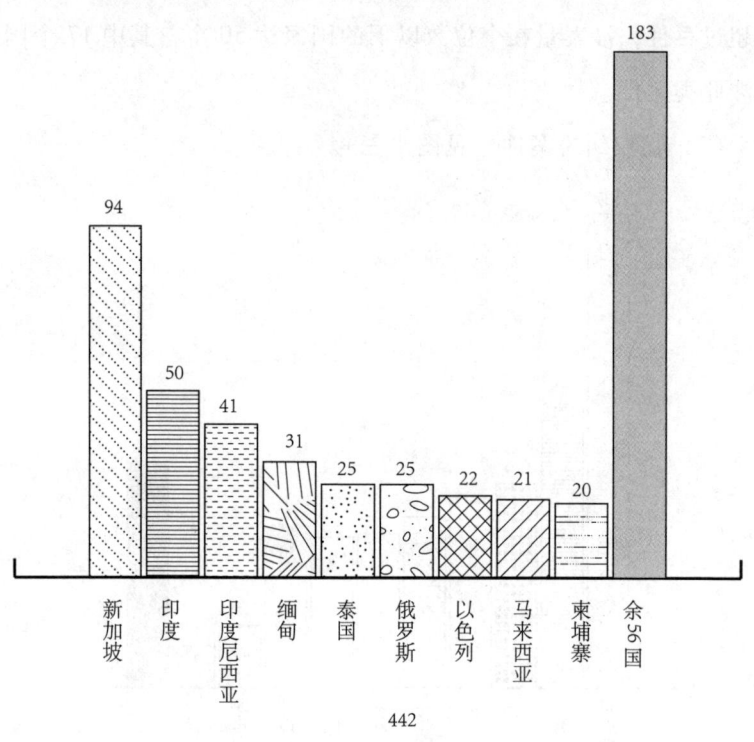

图十四　海商海事纠纷涉案量国家比较（单位：件）

由于海商海事案件所具有的涉外因素多、涉及面广、专业技术性强、诉讼标的流动等特点,我国亦设立了十个海事法院专门管辖此类案件,因此,虽然此类案件总数不多,仅为442件,课题组仍选取案件进行统计分析。新加坡涉案量94件,数值虽不起眼,但已占总量的21.27%。其次为印度,涉案量50件,占比亦超10%。第三为印度尼西亚,涉案量41件。有30个国家未涉及此类案件。

第四章 "一带一路"沿线国家和地区司法判例的类型化研究

提高本国涉外审判水平是本课题研究的出发点之一,也是十分重要的落脚点。课题组选取了我国审判实践中较为典型的几类案件进行研究,提取其核心要旨,既作为研究"一带一路"司法判例的重要国内资料,亦方便他国对我国涉"一带一路"司法案例进行研究。

第一节 我国涉"一带一路"沿线国家和地区司法案例

一、平等物权保护

平等保护物权
——原告王春月、曾敬善、王春智、王春花、王春娱与被告翁家忠物权保护纠纷案

【案情】

原告:王春月、曾敬善、王春智、王春花、王春娱

被告：翁家忠

王春月等人均是新加坡共和国公民，王春月与曾敬善是夫妻关系，王春月、王春智、王春花、王春娱是同胞兄弟姐妹关系。翁某甲系四兄弟姐妹的母亲，其于 2014 年 3 月 4 日在新加坡共和国去世。翁某甲去世后，上述四个子女是其合法继承人。翁某甲与翁家忠的父亲翁某乙（已去世）系同胞姐弟关系。翁某甲是海南省琼海市人，一家人一直在新加坡生活。涉诉房屋坐落于琼海市嘉积东园某巷 7 号。1987 年 4 月 1 日，王春月交纳了房屋商品房预购定金款 3 万元；1987 年 8 月 21 日，王春月、翁某甲交纳了房屋增加工程费 5421.5 元；1987 年 8 月 31 日，王春月、翁某甲交纳了房产税 2550.16 元；1987 年 12 月 31 日，王春月、翁某甲取得涉诉房屋购房款的销售发票；1994 年 4 月，王春月、翁某甲取得涉诉房产海国用（94）字第 480 号国有土地使用证；1995 年 3 月 17 日，王春月、翁某甲交纳了涉案房屋的契税 2040.1 元；王春月于 1998 年 12 月 14 日取得海房权证字第××号《房屋所有权证》，共有人登记为曾敬善。翁家忠系王春月的表弟，从房屋建好后一直居住在涉诉房产中。涉诉房产的用水用电均是以翁家忠父亲翁某乙的名义开户的。王春月等人主张涉诉房产是王春月出资购买，且房屋产权登记在王春月名下。翁家忠主张涉诉房产是由翁家忠一家出资，借用王春月的名义购买的，当时翁某甲关心买房的事让翁某乙拿房产证给她看，买房相关票据夹在房产证里，后翁某甲将房产证及相关票据放在包里就带回新加坡了。双方发生纠纷后，王春月等人曾要求翁家忠搬出涉诉房屋，遭到翁家忠拒绝，王春月等人又请求琼海市外事侨务办公室解决华侨的房屋维权问题，亦遭到翁家忠拒绝，故王春月等人诉至法院，请求判决：（1）翁家忠停止对王春月等人位于琼海市嘉积东园某巷 7 号（海房权证海字第××号）房屋的侵害；（2）翁家忠排除妨碍，搬离王春月等人所有的琼海市嘉积东园某巷 7 号（海房权证海字第××号）房屋。

另查明，涉案房屋所有权证书载明房屋所有权人为王春月，曾敬善为共有人，由曾敬善、王春月、翁某甲于 1986 年购买；涉案国有土地使用证的土地使用者为王春月、翁某甲，颁发时间为 1994 年 4 月，终止日期为 2064 年 4 月 21 日。

【审判结果】

我国一审法院判决认为：（1）关于管辖权及适用法律问题。本案王春月等人均系新加坡共和国公民，依据《民事诉讼法》第二百五十九条的规定，中华人民共和国法院对本案有管辖权。本案被告住所地在中华人民共和国海南省琼海市，根据《民事诉讼法》第十八条、第二十八条和《最高人民法院关于涉外民商事案件诉讼管辖若干问题的规定》第一条的规定，该法院对本案享有管辖权。本案所涉及的标的物房屋坐落于海南省琼海市，在中华人民共和国领域内，依据《涉外民事关系法律适用法》第三十六条的规定，本案应当适用中华人民共和国法律。关于侵权行为的责任，《物权法》《民法通则》和《侵权责任法》作出了规定，本案应当适用《物权法》《民法通则》和《侵权责任法》。（2）关于王春月等人请求翁家忠停止侵害、排除妨害、搬离涉诉房屋是否有事实根据和法律依据的问题。公民的合法权益应受法律保护。根据王春月等人提供的涉案房屋的定金款凭单、支付房产税凭单、房屋销售发票、涉案房产增加工程费的凭单以及办证费的收款收据，足以证明涉诉房产及该房产加建部分系王春月、翁某甲出资建造，且王春月已取得涉诉房产的国有土地使用证和房屋所有权证，该房屋所有权人为王春月。王春月等人作为涉诉房屋的所有权人，其对房屋享有占有、使用、收益和处分的权利，其合法权益理应受法律的保护。翁家忠主张涉案房屋系其借用王春月的名义购买，涉诉房产二楼后面的两个房间、二楼的阳台、三楼的卫生间、二楼上三楼的楼梯均系其加建的，但其没有提供有效的证据证明，其提供的证据仅能证明其长期居住于涉案房屋，并不能证明涉案房屋为其购买和加建，对翁家忠的该主张，不予采纳。至于翁家忠提出本案已超过诉讼时效的问题，由于本案属于物权请求权，不适用诉讼时效的规定，对翁家忠的该主张，不予采纳。现翁家忠拒不搬出涉诉房屋，侵犯了王春月等人的合法权益，其要求翁家忠排除妨害、搬离涉诉房屋的请求，符合《物权法》第三十五条"妨害物权或者可能妨害物权的，权利人可以请求排除妨害或者消除危险"的规定，应予支持。判决：一、翁家忠停止对王春月、曾敬善、王春智、王春花、王春娱所有的位于琼海市嘉积东园某巷7号（海房权证海字第××号）房屋的侵害；二、翁家忠应于本判决生效之日起30日内搬离琼海市嘉积东园某巷7号（海房权证海字第××号）房屋。案件受理费人民币1550元，由翁家忠负担。

我国二审法院判决认为，关于本案管辖权和法律适用问题。王春月、曾敬善、王春智、王春花、王春娱系新加坡共和国居民，本案为涉外物权保护纠纷。根据《民事诉讼法》第二十八条"因侵权行为提起的诉讼，由侵权行为地或者被告住所地人民法院管辖"以及《最高人民法院关于涉外民商事案件诉讼管辖若干问题的规定》第一条第一款第二项"第一审涉外民商事案件由下列人民法院管辖：（二）省会、自治区首府、直辖市所在地的中级人民法院"的规定，本案中，一审被告住所地和侵权行为地皆在琼海市，属于位于省会的海南省第一中级人民法院的管辖范围，因此一审法院对本案有管辖权。根据《涉外民事关系法律适用法》第三十六条关于"不动产物权，适用不动产所在地法律"的规定，本案双方当事人间所涉及房屋位于中华人民共和国海南省琼海市。因此，本案应适用中华人民共和国法律。

本案争议焦点为位于琼海市嘉积东园某巷7号（海房权证海字第××号）房屋的权属是否属于王春月等人，翁家忠是否应停止侵权、搬离该房屋。本案中，王春月等人持有涉案房产的房屋所有权证、国有土地使用证，涉案房屋所有权证书表明房屋所有权人为王春月，曾敬善为共有人，由曾敬善、王春月、翁某甲于1986年购买；涉案国有土地使用证的土地使用者为王春月、翁某甲，颁发时间为1994年4月，终止日期为2064年4月21日；现翁某甲已去世，其子女即王春月、王春智、王春花、王春娱成为合法继承人，拥有涉案房屋和土地的所有权。翁家忠主张涉案房屋系其借用王春月的名义购买，涉诉房产二楼后面的两个房间、二楼的阳台、三楼的卫生间、二楼上三楼的楼梯均系其加建的。提供的证据仅能证明其长期居住于涉案房屋，并不能证明涉案房屋为其购买和加建，其主张不能成立，法院不予支持。关于翁家忠提出本案已超过诉讼时效的问题。本案属于物权保护纠纷，物权请求权不适用诉讼时效的规定，翁家忠的主张没有法律依据，不予支持。综上，原审判决认定事实清楚，适用法律正确，判决：驳回上诉，维持原判。

【评析】

这是一起涉及"一带一路"沿线国家和地区华侨权益的物权保护案件。涉侨工作是党和国家一项长期的战略性工作,作为沟通中国与居住国 6000 万名海外华侨华人及 3000 万名归侨侨眷的桥梁和纽带,在我国经济转型升级、海外利益维护、文化建设和科技创新、公共外交与和平统一、中华文化的海外传承等方面一直发挥着独特而重要的积极作用。我国历来高度重视对华侨权益的保护。《宪法》第五十条、第八十九条第十二款都作出了相关规定,保护华侨正当的权利和利益,保护归侨和侨眷合法的权利和利益。

侨房权益是华侨权益的重要内容。保护华侨权益,关键之一是保护侨房权益。侨房是指房屋所有权人具有华侨、侨眷(包括华侨在国内的配偶、父母、子女)、归侨、归国华侨学生身份的房屋。我国现有的法律和地方法规已经有些处理上述问题的依据。比如,《民法典》物权编第二百三十八条和第二百四十三条的规定。广东、福建、湖北、上海等地的《华侨权益保护条例》,均规定华侨可以在当地购买或者拥有房产并保护华侨所享有的私有房产权益,因公共利益需要征收或者征用华侨房屋及其他不动产的应当依照法定程序进行并依法给予补偿。其中华侨较多的广东省、福建省和上海市对历史遗留的华侨私房问题明确提出按照国家和当地有关规定办理。广东、福建和湖北的条例还明确规定保障华侨享有的农村集体经济组织成员权益,包括原农村土地承包经营权、农村房屋宅基地使用权;华侨出国定居后,原以家庭为单位承包土地的合同未到期的,可以依法流转,有关组织和个人不得侵占、截留、扣缴或者挪用华侨的土地承包经营权流转收益。① 我国《民法典》第一百一十三条规定:"民事主体的财产权利受法律平等保护",第一百一十七条规定:"为了公共利益的需要,依照法律规定的权限和程序征收、征用不动产或者动产的,应当给予公平、合理的补偿。"这些原则性的规定有力地支撑了相关法律法规,进一步完善了侨产维护的法律规定。

此外,随着中国经济的快速增长、综合国力的不断增强以及"一带一路"倡议的深入推进,越来越多的外国移民进入我国投资、工作甚至定居,我国从单纯的移民输出国逐渐转变为外国人的目的地国。仅 2013 年,入出中国国境的外国人数就达 5250 万人次。② 而常住中国境内,接受普查登记的外国人已接近 60 万人。③ 合法权益能不能得到充分保障,是外国人来华考虑的首要和核心问题。随着外国人来华的日益增多,对外国人合法权益的保护已成为我国司

---

① 2015 年 10 月 1 日起施行的《广东省华侨权益保护条例》规定了华侨依法享有财产权。其一,对华侨私房屋的相关权益作了规定。其第十五条规定了华侨按照法律、法规和相关政策的规定进行房屋的购买和办理登记,并依法对其享有占有、使用、收益和处分的权利。第十六条对华侨租赁私有房屋享有的相关权益作出了规定。其二,对华侨宅基地使用权保护作了规定。第十七条规定,华侨在农村的房屋被拆除或者坍塌,经有关程序,原宅基地未安排他人使用的,可以恢复使用原宅基地;原宅基地已安排他人使用的,可以将村内空闲宅基地调整安排给华侨使用。其三,对华侨的农村集体股权及农村土地承包权作了规定。第十八条规定,华侨出国定居可以保留持有的农村集体经济组织股份,出国定居前可以依法解除承包合同,出国定居后,如承包合同未到期的,可以对土地承包经营权进行流转。其四,对侨汇、华侨依法继承或者接受的遗产、遗赠及赠与财产的有关权益作出了规定。参见肖金发:《涉侨法治建设的最新成果考察与未来思路——基于〈广东省华侨权益保护条例〉解读》,载《百色学院学报》2017 年第 3 期。

② 中国公安部出入境管理局:《2013 年出入境人员和交通运输工具数量同比稳步增长》,载 http://www.mps.gov.cn/n16/n84147/n84196/3971894.html,最后访问时间: 2018 年 9 月 18 日。

③ 数据来源:中国经济网北京 2011 年 4 月 29 日讯,载 http://www.ce.cn/macro/more/201104/29/t20110429_22392817.shtml,最后访问时间: 2018 年 9 月 18 日。

法领域的重点工作。我国《宪法》第三十二条规定:"中华人民共和国保护在中国境内的外国人的合法权利和利益,在中国境内的外国人必须遵守中华人民共和国的法律。"宪法的这一总体性规定作为与外国人相关的原则性规定,是与外国人相关的各种立法和政策的根据。在民事权利方面,《民法典》第三条规定:"民事主体的人身权利、财产权利以及其他合法权益受法律保护,任何组织或者个人不得侵犯。"该条将保护主体界定为"民事主体"。第十二条规定:"中华人民共和国领域内的民事活动,适用中华人民共和国法律。法律另有规定的,依照其规定。"据此,外国人、无国籍人在我国领域内的民事法律关系,一般适用我国法律,但法律另有规定的除外。目前,外国人在中国享有的民事权利是相当广泛的,如我国民事法律保护外国人的财产继承权,外国人可以继承在我国境内的动产和不动产。具体而言,外国人在中国境内的财产继承的问题在现阶段主要由国际私法上的相关冲突规范加以调整,如《涉外民事关系法律适用法》第三十一条规定,法定继承,适用被继承人死亡时经常居所地法律,但不动产法定继承,适用不动产所在地法律。同时,我国《民事诉讼法》也规定,外国人、无国籍人在我国人民法院起诉、应诉,享有与我国公民同等的诉讼权利和义务。外国法院对中华人民共和国公民、法人和其他组织的民事诉讼权利加以限制的,中华人民共和国人民法院对该国公民、企业和组织的民事诉讼权利,实行对等原则。

该案还涉及涉外物权的管辖权与法律适用问题。我国《涉外民事关系法律适用法》第三十六条对不动产物权的法律适用作了规定:"不动产物权,适用不动产所在地法律。"该规定与各国法律或

国际条约对涉外不动产物权法律适用的规定保持了一致。适用物之所在地法原则易于准据法的确定，能够维护法律的确定性、可预测性和结果的统一性。①从管辖权方面来说，我国《民事诉讼法》在总则部分对不动产作了"因不动产纠纷提起的诉讼，由不动产所在地人民法院管辖"的专属管辖规定。之后又在"涉外民事诉讼程序的特别规定"中规定，对在中国境内没有住所的被告提起的有关财产权益的诉讼，如果诉讼标的物在中国领域内，诉讼标的物所在地的人民法院可以行使管辖权。因此，我国的态度是，对位于我国境内的不动产的纠纷由不动产所在地的法院进行管辖。综上，在管辖权和冲突规范的双重作用之下，法院处理位于我国领土内的涉外不动产的物权纠纷时，物之所在地法与法院地法（我国法）即为同一个法律。

二、国际货物买卖合同

国际货物买卖合同纠纷的法律适用
——锡克有限公司（德国）诉艾派集团（中国）有限公司
国际货物买卖合同纠纷案

【案情】

原告：锡克有限公司（以下简称锡克公司）

被告：艾派集团（中国）有限公司（以下简称艾派公司）

---

① 万鄂湘主编：《〈中华人民共和国涉外民事关系法律适用法〉条文理解与适用》，中国法制出版社2011年版，第266页。

福建省泉州市中级人民法院经审理查明：2009年2月，锡克公司与艾派公司通过电子邮件达成一份笔记本买卖合同，约定合同总价款为71162.55美元，2009年3月底装运等。2009年2月19日、6月4日，锡克公司分别向艾派公司支付了30%货款21348.77美元、余款49908.76美元。艾派公司向锡克公司交付了合同项下全部数量的货物。2009年7月7日起，锡克公司开始通过电子邮件向艾派公司投诉货物质量问题，并持续与艾派公司协商解决方案，艾派公司也陆续在多份邮件中作出了诸如认可包装存在问题、承诺改进质量、表示新产品无经验、同意部分赔偿、重新生产不合格产品等意思表示，但双方未对存在质量问题货物的数量及价值作出确认。协商过程中，双方曾就艾派公司赔偿锡克公司分拣次品费用和空运费用合计1万美元达成合意。现锡克公司主张有质量问题的货物仍保存于其仓库，艾派公司对该些货物是否其生产提供提出异议。

【审判结果】

福建省泉州市中级人民法院经审理认为：本案买卖双方当事人锡克公司与艾派公司的营业地分别位于德意志共和国与中华人民共和国境内，而中德两国均为《联合国国际货物销售合同公约》（以下简称《公约》）的缔约国，双方当事人亦未在合同中约定排除该公约的适用，故本案应当适用《公约》的规定作为解决本案纠纷的准据法。

锡克公司与艾派之间的国际货物买卖合同，其主体适格，意思表示真实，且不违反法律、法规的强制性规定，应确认为合法有效，双方当事人均必须按照约定严格履行合同义务。锡克公司向艾派公司支付了合同全额货款,艾派公司亦向锡克公司交付了合同全部货物。锡克公司在收到艾派公司交付的货物后,发现货物存在质量问题,持续通过电子邮件向艾派公司提出并协商解决方案,艾派公司亦在邮件中以诸如认可包装存在问题、承诺改进质量、表示新产品无经验、同意部分赔偿、重新生产不合格产品等言辞表示了对货物存在质量问题的认可,但双方并未对存在质量问题的货物数量与价值作出确认。由于锡克公司一方面对艾派公司因货物质量问题导致的违约是否达到足以令其有权解除合同的根本违约无法提供充分证据予以证明;另一方面,也无法提供充分证据证明其声明可以归还的货物确系艾派公司生产交付的货物,因此,锡克公司请求解除合同因不具备《公约》规定的前提条件而不能成立,故而无权要求艾派公司返还不合格货物的货款。另由于本案适用的准据法是《公约》,故双方约定的所谓定金并不具有我国《担保法》上"定金"的法律效力,故对锡克公司有关定金的请求不予支持。至于锡克公司关于艾派公司赔偿其经济损失的请求,对双方在协商过程已达成合意的艾派公司赔偿锡克公司分拣次品费用和空运费合计 1 万美元予以支持,其他费用因锡克公司举证不足,不予支持。综上,对锡克公司的诉讼请求有理部分予以支持,无理部分予以驳回。艾派公司的部分抗辩有理,予以采纳。据此判决如下:艾派公司应于判决生效后立即赔偿锡克公司因分拣次品而产生的费用和次品空运费合计 1 万美元;驳回锡克公司的其他诉讼请求。

一审判决后,双方均服判未提出上诉,且已自觉履行完毕。

【评析】

跨国纠纷的特殊性决定了解决纠纷适用的法律可能涉及多国法

律或者国际条约、国际惯例,因此,外国法查明及其适用尤为重要。从我国司法实践来看,与合同有关的国际条约的适用主要有以下途径:(1)国际条约直接适用,即以条约的规定作为适用法律的渊源,并以与适用国内法同样的方式适用条约的规定。但直接适用有两个条件:一是需要完成一定的法律程序,包括批准程序和在政府公报上公布;二是具体到某一案件,双方当事人所属国均是条约缔约国。(2)国际条约间接适用,若某一案件的双方当事人中的任何一方当事人所属国不是国际条约的缔约国,国际条约就不能在我国直接适用,只有双方当事人在合同中或争议发生后,协议选择适用某一国际条约,该国际条约才可以得到适用,但必须符合以下条件:一是当事人的选择必须是共同的明示选择,其具体形式既可以是书面的也可以是口头的;二是具体案件所争讼的问题属于该条约的调整范围;三是当事人的选择不违反我国法律中强制性规则和公共秩序。当应适用的国际条约与国内法有冲突时,根据国际法的原则,一国不得以援引国内法规定为由而不履行条约。

本案锡克公司起诉时以我国国内法作为依据并提出相应诉求,福建省泉州市中级人民法院经审查认为,本案买卖双方的营业地分别位于德国与我国,而中德两国均为《公约》的缔约国,双方亦未在合同中约定排除该公约的适用,故本案应当适用《公约》的规定作为解决本案纠纷的准据法,并向双方进行了释明。在案件具体审理中,其中两个争议焦点涉及《公约》与我国《合同法》的适用冲突,对此,福建省泉州市中级人民法院作出了准确处理。

第一个焦点是双方之间买卖合同应否解除的问题。因案件适用的准据法是《公约》,而《公约》中并无解除合同的相关规定,但

《公约》第 81 条规定"宣告合同无效解除了双方在合同中的义务",即《公约》中的"宣告合同无效"与锡克公司所诉请的解除合同在法律效果上是一致的,故应依据《公约》中有关宣告合同无效的条款来判断锡克公司是否有权解除本案双方之间的买卖合同。根据《公约》第 51 条第 2 项"买方只有在完全不交付货物或不按照合同规定交付货物等于根本违反合同时,才可以宣告整个合同无效"的规定,只有艾派公司不按照合同约定交货的行为达到根本违约的情况时,锡克公司才有权请求解除合同。同时,根据《公约》第 82 条第 1 项"买方如果不可能按实际收到货物的原状归还货物,他就丧失宣告合同无效或要求卖方交付替代货物的权利"的规定,锡克公司若要解除合同,则必须按实际收到货物的原状将货物归还给艾派公司。对照上述规定,一方面,锡克公司无法证明艾派公司不按照合同规定交付的货物数量是否达成根本违约的条件,难以判断其是否有权请求解除合同;另一方面,锡克公司虽表示货物仍保存于其仓库可随时归还,但艾派公司对锡克公司表示留存于其仓库的货物是否其交付的货物提出异议,而根据双方邮件内容,锡克公司已对艾派公司提供的货物进行拆封分拣,改变了货物的原始包装状态,难以判断货物的提供者,因此,在锡克公司无法提供充分证据证明其声明可归还的货物确系艾派公司交付的货物的情况下,无法认定锡克公司可按收到的货物原状予以归还,据此锡克公司也无权解除合同。另一个焦点是买卖合同是否存在定金条款约定的问题。根据双方无异议的形式发票英文文本,对支付条款的表述为"payment:30% deposit in advance, the balance will be paid against fax of original signed B/L",锡克公司主张"30% deposit in advance"

应翻译为预先支付 30% 定金，艾派公司则认为该表述应翻译为预付款 30%。但无论如何表述，因适用的是《公约》而非我国《担保法》，则《担保法》所规定的定金罚则不适用于本案双方之间的国际货物买卖合同纠纷。也就是说，即使"30% deposit in advance"翻译为预先支付 30% 定金，该定金也不具有《担保法》上"定金"的法律效力。综上，福建省泉州市中级人民法院在本案审理中准确适用《公约》规定认定解除合同的标准，并对《公约》未规定的"定金罚则"予以排除适用，增强了我国司法实践中公约适用的统一性、稳定性和可预见性，有力保障了国际贸易的有序进行，增强了我国裁判的国际公信力。

三、申请止付信用证项下款项

中止支付信用证项下款项条件的理解与适用
——申请人泉州市三宏贸易有限责任公司与被申请人托福国际亚洲有限私人贸易公司、第三人中国建设银行股份有限公司泉州滨城支行中止支付信用证项下款项纠纷

【案情】

申请人：泉州市三宏贸易有限责任公司

被申请人：托福国际亚洲有限私人贸易公司（TOEPFER INTERNATIONAL – ASIA PTE. LTD.），住所地：新加坡共和国美芝路 100 号邵氏大厦 26 楼 1 室（100 Bench Road #26 – 01 Shaw Tower Singapore）

93

第三人：中国建设银行股份有限公司泉州滨城支行

申请人泉州市三宏贸易有限责任公司因认为被申请人托福国际亚洲有限私人贸易公司在双方国际货物买卖过程中存在信用证欺诈情形，向福建省泉州市中级人民法院提出申请，要求裁定中止支付第三人中国建设银行股份有限公司泉州滨城支行开立的编号为3518××××32信用证项下款项中的180086.09美元。

【审判结果】

福建省泉州市中级人民法院经审查认为，根据《最高人民法院关于审理信用证纠纷案件若干问题的规定》第十条"人民法院认定存在信用证欺诈的，应当裁定中止支付或者判决终止支付信用证项下款项……"以及第十一条"当事人在起诉前申请中止支付信用证项下款项符合下列条件的，人民法院应予受理：……（二）申请人提供的证据材料证明存在本规定第八条的情形；（三）如不采取中止支付信用证项下款项的措施，将会使申请人的合法权益受到难以弥补的损害；（四）申请人提供了可靠、充分的担保……"的规定，申请中止支付信用证项下款项的前提条件必须是信用证的受益人存在信用证欺诈的情形。本案中，根据申请人申请书陈述的内容，申请人认为被申请人存在信用证欺诈应当中止支付信用证项下款项的具体事实理由是，被申请人提供的产品质量低劣、与合同约定严重不符，并提供质量合格的虚假单证以及货物因被中国检验检疫部门检验不合格而扣押且作退运处理，故对申请人而言货物根本没有任何价值。对何谓"信用证欺诈"，《最高人民法院关于审理信用证纠纷案件若干问题的规定》第八条进行了具体的规定，即"凡有下列情形之一的，应当认定存在信用证欺诈：（一）受益人伪造单据或者提交记载内容虚假的单据；（二）受益人恶意不交付货物或者交付的货物无价值；（三）受益人和开证申请人或者其他第三方串通提交假单据，而没有真实的基础交易；（四）其他进行信用证欺诈的情形。"因此，其一，单就买方收货时发现货物质量存在问题并不构成信用证欺诈的情形。其二，被申请人作为卖方已提供货物启运地检疫合格的证书并给予申请人，同时，双方国际货物买卖采用海上货物运输方式，且采用CFR成本加运费价格，这就存在海上货物运输风险问题以及风险责任的承担问题，申请人以收货时货物质量不合格为由主张被申请人提供的产品质量合格证书是虚假的，其理由不能成立。其三，《最高人民法院关于审理信用证纠纷案件若干问题的规定》第八条第二项规定的"货物无价值"应理解为卖方交付装运的货物是不具有价值的货物，并不能理解其包括货物因存在运输毁损风险而导致货物丧失价值的情形，申请人主张货物因被检疫部门检疫不合格而作退运处理致交付的货物无价值构成存在信用证欺诈情形，该主张也不能成立。综上，申请人以被申请人存在信用证欺诈为由请求中止支付信用证项下的款项，该请求理由不能成立，且申请人在提出申请时也未提供可靠、充分的担保，其申请不符合《最高人民法院关于审理信用证纠纷案件若干问题的规定》第十一条规定的受理条件。根据《最高人民法院关于审理信用证纠纷案件若干问题的规定》第十一条，《最高人民法院关于适用〈中华人民共和国民事诉讼法〉若干问题的意见》第一百三十九条第一款的规定，裁定驳回申请人泉州市三宏贸易有限责任公司的申请。

"一带一路"沿线国家和地区司法判例研究方法

【评析】

本案是福建省泉州市中级人民法院受理的首例在国际货物买卖合同中申请中止支付信用证项下款项的案件。申请人系中国企业,被申请人即信用证受益人系新加坡共和国企业。在审理过程中,泉州市中级人民法院坚持合理审慎、平等对待的原则,依法作出处理,并对申请人处理双方贸易纠纷的救济途径和方式作出引导,积极维护企业的国际商业信誉和我国司法的国际形象。

诚然,信用证是国际贸易中最主要、最常用的一种支付方式,在促进国际货物流通上发挥着不可替代的作用。然而,该作用的发挥显然紧紧依赖着信用证的三大特点:信用证交易的独立抽象原则、严格相符原则和信用证欺诈例外原则。因此,有关信用证纠纷的审理也应当维护信用证作为国际交易支付手段的固有特点和作用,有别于、独立于基础事实法律关系的审理。同时,信用证纠纷的司法裁判结果往往涉及国际或区际之间的商业信誉和司法价值取向,因此,应坚守司法的平等原则,不恶意地设置贸易壁垒,排除地方保护主义,维护我国企业的国际信誉。

如何妥善地审理此类案件,须准确地把握立法本意和法律关系的性质,从而准确地理解和适用法律规定。首先,申请人与被申请人之间存在两个法律关系,一个是国际货物买卖合同关系,一个是信用证开立和支付关系,前者对于后者而言是基础事实关系,后者基于其本身的独立性的特点,又独立于前者,不因前者效力问题或履行瑕疵问题而受到影响,除非受益人在合同履行过程中存在恶意行为构成信用证欺诈的例外情形。因此,单就货物质量问题,或者是因质量问题导致合同目的落空,均属于国际货物买卖合同关系中合同履行问题,申请人可就合同履行问题通过诉讼或仲裁途径诉请追究受益人的违约责任。而信用证的中止支付问题,从程序上属于诉前保全程序,其能否得到支持,严格取决于最高人民法院司法解释针对信用证的特点专门设立的止付条件是否成立,而不受双方买卖合同的履行问题影响。根据申请人提供的证据显示,受益人提供的货物因被中国检验检疫部门检验不合格而扣押且作退运处理,但并不能据此认定受益人提供的货物无价值或者提交记载内容虚假的单据。回看双方国际货物买卖合同的约定,本案的货物买卖采用海上货物运输方式,且采用CFR成本加运费价格,这就存在海上货物运输风险问题以及风险责任的承担问题。因此,申请人收货时发现货物存在质量问题并不能就此推定受益人交货时存在恶意欺诈提供虚假单据,或者交货时提供的货物是不具有价值的货物。从立法本意和制度设计出发,信用证欺诈的核心在于受益人主观恶意,《最高人民法院关于审理信用证纠纷案件若干问题的规定》第八条第二项规定的"货物无价值"应理解为受益人交付装运的货物是不具有价值的货物,而不能理解为货物因存在运输毁损风险而导致货物丧失价值的情形。因此,本案不存在《最高人民法院关于审理信用证纠纷案件若干问题的规定》第八条规定的信用证欺诈的四种情形,故最后裁定驳回申请人的申请。

值得一提的是,鉴于信用证独立性的特点以及其作为国际贸易最为重要的支付方式,《最高人民法院关于审理信用证纠纷案件若干问题的规定》第十一条对受理信用证支付的条件作出了严格的规定,条件严苛于一般的财产保全条件,即:"当事人在起诉前申请中止支付信用证项下款项符合下列条件的,人民法院应予受理:

(一)受理申请的人民法院对该信用证纠纷案件享有管辖权;(二)申请人提供的证据材料证明存在本规定第八条的情形;(三)如不采取中止支付信用证项下款项的措施,将会使申请人的合法权益受到难以弥补的损害;(四)申请人提供了可靠、充分的担保;(五)不存在本规定第十条的情形。"因此,对于申请人诉前申请中止支付信用证的,在立案受理之前应当严格审查其是否符合受理条件。

四、承认和执行日本仲裁裁决

《承认及执行外国仲裁裁决公约》的理解与适用
——株式会社泰克特通信申请承认和执行日本商事仲裁协会裁决案

【案情】

申请人:株式会社泰克特通信(日文名:株式会社タクトコミュニケーションズ)(以下简称泰克特通信)

被申请人:泉州市卡迪奴旅游用品有限公司(以下简称卡迪奴公司)

福建省泉州市中级人民法院经审理查明:许可方申请人泰克特通信、被许可方被申请人卡迪奴公司,主代理人 Sun Properties, Co., Ltd、次级代理人 International merchandising S. R. L 及 The Rubicon Group Holding Limited 于2010年不同时间分别签订关于巴西地区的《销售许可协议》及关于中东地区的《销售许可协议》,两份协议均约定有仲裁条款,即附件 A《标准条款》第17条的约定

"本协议及其附属的所有问题或事宜,应由日本法律管辖(适用于完全执行的合同)。因本协议产生的或与本协议相关的所有纠纷、异议或疑义应由位于日本东京的仲裁机构依据日本商事仲裁协会的商事仲裁规则进行最终裁决。被许可方特此同意并服从位于日本东京仲裁庭的管辖。被许可方同意接收通过附确认单的预付国际文件寄送服务送达的传票,并且明确放弃外国法律中任何相反条款赋予的权益"。申请人与被申请人双方均在两份协议上签名。由于被申请人未依照约定向申请人或主代理人或次级代理人支付保证金(含预付款),申请人遂向日本商事仲裁协会申请仲裁,请求:(1)被申请人向其支付人民币80万元及2011年11月18日至实际支付日为止按照年利5.25%的利率计算的利息;(2)被申请人向其支付管理费、仲裁员报酬以及仲裁程序所需要的费用的结算金共计1884381日元。日本商事仲裁协会受理该案后,选任方新为独任仲裁员进行审理。2013年5月8日,日本商事仲裁协会作出东京12-13号仲裁案件《仲裁裁决书》,结论为:被申请人须向申请人支付保证金共80万元人民币;被申请人应自2011年11月18日起至实际支付日为止,按照年息5.25%的利率向申请人支付80万元人民币保证金的迟延利息;被申请人须向申请人支付管理费、仲裁员报酬、必要的手续费、申请人的律师费等仲裁费用共1884381日元。后由于被申请人未履行《仲裁裁决书》的裁决内容,申请人于2013年9月12日向法院提交申请书,申请承认和执行日本商事仲裁协会于2013年5月8日作出的东京12-13号仲裁案件《仲裁裁决书》。

"一带一路"沿线国家和地区司法判例研究方法

【审判结果】

福建省泉州市中级人民法院经审理认为：本案系申请承认和执行外国仲裁裁决案，中华人民共和国与日本国均系《承认及执行外国仲裁裁决公约》的缔约国，根据该公约规定，在缔约国作出的仲裁裁决的一方当事人可以向我国法院提出承认和执行缔约国仲裁裁决的申请。《最高人民法院关于执行我国加入的〈承认及执行外国仲裁裁决公约〉的通知》第五条及《民事诉讼法》第二百三十九条规定，申请承认及执行的期限为2年。涉案仲裁裁决于2013年5月8日作出，申请人泰克特通信于2013年9月12日提出承认和执行的申请，未超过2年的期限。泰克特通信提出承认和执行日本商事仲裁协会仲裁裁决的申请符合法律规定。

关于卡迪奴公司提出的本案诉争的两份《销售许可协议》未实际履行，协议中的仲裁条款对双方不具有约束力的抗辩理由是否成立的问题。协议是否实际履行属于实体方面问题，本案中不予审查。卡迪奴公司对其签订两份《销售许可协议》以及协议中约定有仲裁条款不持异议，仲裁条款作为独立存在的条款，无论合同是否实际履行，均不影响仲裁条款的效力。泰克特通信依据仲裁条款的约定提请日本商事仲裁协会进行仲裁并无不妥。

关于卡迪奴公司提出的其在仲裁过程中未收到任何相关仲裁文件的抗辩理由是否成立的问题。日本商事仲裁协会《仲裁裁决书》明确载明仲裁庭已先后以电子邮件、传真及邮寄的方式向卡迪奴公司在两份《销售许可协议》中确认的联系地址以及工商登记注册地址送达了相关仲裁文件，邮寄送达的仲裁文件部分被签收，部分被拒收。在审理过程中，泰克特通信进一步提供了原始邮寄送达凭证以及日本商事仲裁协会对仲裁案件送达方式作出的释明,根据该释明并结合原始邮寄送达凭证,日本商事仲裁协会仲裁庭已经按照《日本商事仲裁规则》和《日本国仲裁法》的有关规定,将指派仲裁员和进行仲裁程序的适当通知等相关仲裁文件合法送达了卡迪奴公司,因此不存在卡迪奴公司所称的《承认及执行外国仲裁裁决公约》第5条第1款第2项规定的不予承认和执行的情形。且根据《承认及执行外国仲裁裁决公约》第5条第1款第2项之规定,卡迪奴公司应向法院提出证据证明其所提主张,而在整个审查过程中,卡迪奴公司也未提供证据证明泰克特通信提供的有关送达的材料系伪造的或具有其他不应予以采信的情形。

关于卡迪奴公司提出的日本商事仲裁协会将诉争两份《销售许可协议》合并仲裁与仲裁协议不符,仲裁程序违法的抗辩理由是否成立的问题。对此,泰克特通信提交了由仲裁案件独任仲裁员方新出具的《关于日本商事仲裁协会东京12-13号仲裁案件合并审理事项的释明》。经审查,卡迪奴公司提出的《日本商事仲裁规则》第44条规定的适用是以存在多个仲裁申请(即存在多个仲裁案件)为前提,而泰克特通信仅提起一个仲裁申请,日本商事仲裁协会也仅立了一个仲裁案件,故不适用该条规定。而仲裁庭基于诉争两份协议及协议项下争议的关联性、同质性,根据《日本国仲裁法》第26条第2款的规定作出的决定是合理的,且卡迪奴公司亦未在仲裁程序中表示异议,因此,日本商事仲裁协会将诉争两份《销售许可协议》项下的争议放在同一个仲裁程序中审理不构成程序瑕疵,不存在《承认及执行外国仲裁裁决公约》第5条第1款第4项规定的不予承认和执行的情形。

另外，本案所涉仲裁裁决所解决的争议按照我国法律规定属于平等主体之间发生的合同纠纷，属于可以以仲裁解决的争议，且涉案仲裁裁决没有违背我国社会公共利益。

综上，卡迪奴公司提出的存在不予承认及执行的两个事项，均不构成《承认及执行外国仲裁裁决公约》第5条第1款所规定的拒绝承认及执行的情形，且涉案仲裁裁决也不存在《承认及执行外国仲裁裁决公约》第5条第2款所规定的拒绝承认及执行的情形。据此，依照中国《民事诉讼法》第一百五十四条第十一项、第二百八十三条、《承认及执行外国仲裁裁决公约》第5条之规定作出裁定：承认日本商事仲裁协会于2013年5月8日对申请人株式会社泰克特通信与被申请人泉州市卡迪奴旅游用品有限公司作出的东京12-13号仲裁案件《仲裁裁决书》的效力。被申请人泉州市卡迪奴旅游用品有限公司应于本裁定书送达之日起30日内履行仲裁裁决中的付款义务，逾期不履行，法院将强制执行。裁定已经生效。

【评析】

随着全球经济的日趋融合，争议处理的复杂性愈加突出，国际商事仲裁作为一种重要的纠纷解决方式，基于其契约性、保密性、快捷性、可执行性等特点，在国际争端解决中越来越受到当事人的青睐。当事人往往选择有影响力的国际仲裁机构对他们之间的纠纷作出裁决。在败诉方不履行仲裁裁决的情况下，另一方当事人就要到败诉方可供执行财产所在地或其住所地国家的法院申请承认和执行仲裁裁决。一国法院往往根据该国法律以及所缔结或参加的有关国际条约，对外国仲裁机构在本国领土外作出的仲裁裁决进行审查，并裁定是否予以承认和执行。

对外国仲裁裁决的承认和执行重在对一些关键程序性事项的审查，而非对当事人实体权利义务的审查，如是否在期限内提出申请、仲裁庭是否合法送达、仲裁程序是否合约合法等。

1. 申请承认和执行的期限

（1）申请承认和执行的期限及起算点。

关于申请承认和执行外国仲裁裁决的期限问题，在《最高人民法院关于执行我国加入的〈承认及执行外国仲裁裁决公约〉的通知》第五条中规定，申请应当在《民事诉讼法（试行）》第一百六十九条规定的申请执行期限内提出，即"申请执行的期限，双方或者一方当事人是个人的为一年；双方是企业事业单位、机关、团体的为六个月。"此后，《民事诉讼法》进行了两次修订，在申请执行期限上，不再区分个人或企事业单位、机关、团体，统一将期限规定为2年。因此，根据现行的《民事诉讼法》第二百三十九条的规定，申请承认和执行外国仲裁裁决应当在2年内提出。

关于这两年期限的起始点如何计算，《最高人民法院对广东省高级人民法院关于申请人瑞士邦基有限公司申请承认和执行英国仲裁裁决一案的请示的复函》（2007年5月9日〔2006〕民四他字第47号）中作出答复：申请承认及执行的期限，从法律文书规定履行期限的最后一日起计算。本案裁决书并无履行期限的内容，应当给予当事人一个合理的期限。根据《承认及执行外国仲裁裁决公约》第4条的规定，申请人取得仲裁裁决正本或者正式副本是向法院申请承认执行仲裁裁决的必要条件。故可以从申请人收到裁决书正本或者正式副本之日起计算申请人申请执行的期限。上述文件对申请承认和执行外国仲裁裁决的期限如何起算已作出较为清晰的规定,即若仲裁裁决中已规定了履行期间,从该履行期间的最后一日起算;未规定履行期间,从仲裁裁决送达当事人之日起算。

(2) 申请承认和执行外国仲裁裁决期限的性质。

在《最高人民法院关于执行我国加入的〈承认及执行外国仲裁裁决公约〉的通知》中,规定将申请承认和执行外国仲裁裁决的期限规定为按照《民事诉讼法》申请强制执行的2年期限。因此,最高人民法院规定的申请人向法院申请承认和执行外国仲裁裁决的期限在性质上为诉讼时效,申请人在一定的期间内不向人民法院申请承认外国仲裁裁决,其实体上的请求权并不会消灭。如果申请人中途撤回申请能够起到中断时效的效果,申请人有权再次向有管辖权的法院申请承认和执行外国仲裁裁决,申请的期限应从法院裁定准许申请人撤回申请之日起重新计算2年的期间。

2. 不予承认和执行的几种情形

《承认及执行外国仲裁裁决公约》第5条明确规定了不予承认和执行外国仲裁裁决的几种情形,规定分为两款,第1款的前提是"被请求承认或执行裁决的管辖当局只有在作为裁决执行对象的当事人提出有关下列情况的证明的时候,才可以根据该当事人的要求,拒绝承认和执行该裁决"。也就是说,只有被申请人明确要求不予承认和执行外国仲裁裁决,并提供存在不予承认和执行情况的证明,法院才启动相应审查程序。该款规定体现签约各国对仲裁给予的充分尊重。而第2款是法院可以主动审查的情形,主要包括纠纷在法院地国是否可以仲裁方式解决以及裁决内容是否违背法院地国社会公共利益。该款规定则体现了对各国司法主权的尊重。

(1) 双方未达成仲裁协议或仲裁协议无效。

双方有将纠纷提请相应仲裁机构进行仲裁的合意是仲裁机构取得管辖权并作出裁决的基础。法院在审查外国仲裁裁决承认和执行案件时,有权依据相关证据对当事人之间是否签订仲裁协议及仲裁协议是否有效等进行审查并作出认定。但必须注意的是,对仲裁协议效力的审查,应适用的是双方当事人选定或仲裁机构所在国的法律,这与《最高人民法院关于适用〈中华人民共和国仲裁法〉若干问题的解释》第十六条"对涉外仲裁协议的效力审查,适用当事人约定的法律;当事人没有约定适用的法律但约定了仲裁地的,适用仲裁地法律……"的规定是一致的。

(2)被申请人未获适当通知,即仲裁庭是否合理合法送达。

送达的直接功能就是通知,在法理上,送达制度就是实现当事人根据正当程序原则享有的重要权利——合理告知的程序保障。对于本案卡迪奴公司是否收到日本商事仲裁协会送达的相关仲裁文件,仲裁裁决书中已有明确说明:仲裁庭先后采用了电子邮件、传真以及邮寄等方式,分别向卡迪奴公司在《销售许可协议》中确认的联系地址以及工商登记注册地址进行送达,其中邮寄送达的材料部分签收部分拒收。对于该送达是否合法的问题,应适用仲裁庭当地法律即《日本商事仲裁规则》和《日本国仲裁法》的有关规定来进行审查,在上述送达方式符合《日本商事仲裁规则》和《日本国仲裁法》规定的情况下,应确认日本商事仲裁协会已尽送达责任,将指派仲裁员和进行仲裁程序的适当通知等合法送达卡迪奴公司。

(3)仲裁裁决事项超出仲裁协议范围。

当仲裁庭对超出仲裁协议范围的事项作出裁决,因违背了仲

须有双方合意为基础的原则，该裁决应当不予承认和执行。在裁决内容既包括仲裁协议范围以内的事项，又包括仲裁协议范围以外的事项，则应根据仲裁庭有权裁决的部分与超裁部分能否区分进行审查认定，如果二者可区分，则可对仲裁庭有权裁决的部分予以承认和执行；如果二者无法区分，则均不应予以承认和执行。

（4）仲裁庭的组成或仲裁程序违反法定程序。

违反法定程序，既指违反当事人选定的仲裁规则，亦指仲裁机构所在国有关仲裁的相关法律。本案卡迪奴公司提出日本商事仲裁协会合并仲裁违反了《日本商事仲裁规则》，对此，法院经审查并最终采纳了泰克特通信提交的由该仲裁案件独任仲裁员出具的《关于日本商事仲裁协会东京 12-13 号仲裁案件合并审理事项的释明》，认为卡迪奴公司提出的《日本商事仲裁规则》的相关规定并不适用本案情况，而根据《日本仲裁法》的规定，日本商事仲裁协会基于两份协议项下争议的关联性、同质性而将之放在同一仲裁程序中进行审理是合理合法的，不构成程序瑕疵。

（5）仲裁裁决没有法律效力。

仲裁裁决若尚未生效，或者已被仲裁国有关部门撤销或停止执行，当然不予承认或执行。根据《承认及执行外国仲裁裁决公约》第 6 条的规定，如果裁决一方已向仲裁国有关部门提出撤销或停止执行的申请，但尚无处理结果，法院可以延期进行审理，也可以根据申请人的申请责令被申请人提供适当的担保。

五、涉外专利权的保护

积极运用证据规则突破法定最高限额以合理确定赔偿金额
——原告华为终端有限公司与被告惠州三星电子有限公司、
天津三星通信技术有限公司、三星（中国）投资有限公司、
福建泉州市华远电讯有限公司、泉州鹏润国美电器
有限公司侵害发明专利权纠纷案

【案情】

原告：华为终端有限公司（以下简称华为公司）

被告：惠州三星电子有限公司、天津三星通信技术有限公司、三星（中国）投资有限公司、福建泉州市华远电讯有限公司、泉州鹏润国美电器有限公司

原告华为公司成立于2003年12月24日，其核心业务为消费者业务，产品覆盖手机、移动宽带及家庭终端。2010年1月28日，原告华为公司就"一种可应用于终端组件显示的处理方法和用户设备"的技术方案向国家知识产权局提出发明专利申请。2011年6月15日，该申请被授予发明专利，专利号为ZL201010104157.0（以下简称涉案专利），原告华为公司按规定缴纳了专利年费。目前，该专利尚处于有效状态。通过市场调查，原告认为分别由被告惠州三星电子有限公司（以下简称惠州三星公司）、天津三星通信技术有限公司（以下简称天津三星公司）生产的23款手机及平板电脑等移动终端侵犯了其涉案专利，并于2016年4月5日至7月

13日，通过公证购买的方式先后在泉州国美公司、泉州华远公司的多家门店以及淘宝网站购买了上述涉案移动终端。涉案专利共有16项权利要求，原告华为公司明确以权利要求1、4、5、6、9、12、13、14作为本案主张权利的依据，为了维护自身的权利，原告遂诉诸法院。审理过程中，被告提出了现有技术及抵触申请的抗辩，经比对，被告主张现有技术或抵触申请并据此提供的证据材料中，未有一项现有技术或抵触申请可以揭示被控侵权产品所实施技术方案的全部技术特征，且与被诉侵权技术方案均具有实质性差异，被告的现有技术、抵触申请抗辩均不成立。

【审判结果】

福建省泉州市中级人民法院判决：被告惠州三星公司、天津三星公司、三星（中国）公司、泉州国美公司、泉州华远公司立即停止侵权，惠州三星公司、天津三星公司、三星（中国）公司连带赔偿原告经济损失8000万元。

该案宣判后，被告惠州三星公司、天津三星公司、三星（中国）公司不服提起上诉。二审法院判决驳回上诉，基本维持一审判决，现该案已执行完毕。

【评析】

本案是泉州市中级人民法院民事审判第三庭成立以来受理的标的额最大的专利案件，也是华为终端公司在全国系列维权案中第一个宣判的案件，受到了社会各界的高度关注以及媒体的广泛报道。本案作为移动通信技术领域的专利纠纷案件，与同类型案件相区别的最大特点在于，大多数通信技术领域的专利案件涉及的主要是标准必要专利，涉案专利属于移动终端制造过程中所必须采用的。而本案涉案专利是移动终端用户图形操作界面的框架性核心专利,能带来差异化的用户操作体验,且涉案专利属于非标准必要专利,在移动终端的制造过程中并非必须采用,惠州三星公司、天津三星公司、三星(中国)公司等三被告作为位居全球智能移动终端前三名的制造商,在制造、销售的众多型号的智能移动终端产品中,均使用了本案涉案专利的技术方案,可见该专利的市场认可程度极高。而且,华为终端公司是世界通讯设备巨头华为技术有限公司的关联公司,三星投资公司亦是世界通讯设备巨头,在移动通讯业界均有举足轻重的地位和影响。移动通讯业界作为信息化、智能化高速发展的风向标,该领域的核心专利在企业的战略资源中具有极高价值,在国家知识产权战略中亦发挥着重要作用,对上述专利纠纷的裁判,对于确定移动通信领域的技术规则、行为规范以及引导市场竞争秩序具有典型意义。

在本案的审理过程中,原、被告双方均提交了大量的证据,对证据的审核需花费大量的时间。此外,在技术比对的部分,需对原告提交的23款移动终端逐一进行比对,并且对被告提出的13项现有技术、抵触申请抗辩进行审查,所涉及的工作量亦极其庞大。在保障各方当事人的程序权利的前提下,泉州市中级人民法院采取"庭前会议陈述+书面意见补充"及"庭前证据互换+庭审审理补充"的方式,积极主动地引导双方当事人围绕争议焦点、核心问题开展证据审查和技术对比,有效地提高了案件审理效率。

在确定停止侵权的具体形式的过程中,法院结合本案系方法专利侵权、作为侵权行为载体的移动终端与其所搭载的方法专利具备可分离的特性,在判令被告停止制造、许诺销售、销售搭载涉案专利技术方案的移动终端的同时，进一步要求其停止在移动终端的操作系统中搭载实施涉案专利的图形用户界面，确保了判决的可执行性。

在确定侵权赔偿数额的过程中，泉州市中级人民法院责令被告提供相应的销售数据及利润率，在被告拒不提供的情况下，积极运用证据规则，将原告提交的 IDC 数据、三星电子株式会社 2015 年财报作为裁量被告销售数量、销售所得的基准，并参考被告提供的工信部调查数据估算出被告销售利润的数量，为确定判赔数额打下坚实的基础。同时，在原、被告均未能确切证明权利人的实际损失和侵权人因侵权行为所获得的非法利润的情况下，主动适用《专利法》关于保护专利人合法权利的原则，综合考虑涉案专利的创新程度、被告的主观恶意、销售规模、销售金额、所得利润等相关情节，在法定赔偿最高限额以上合理酌定 8000 万元的赔偿数额，体现了知识产权司法保护的有力保障。

六、注册商标专用权保护

商标权平等保护原则
——原告宜兰食品工业股份有限公司与被告
吴清桥商标专用权纠纷案

【案情】

原告：宜兰食品工业股份有限公司（以下简称宜兰公司）

被告：吴清桥

在原告宜兰公司与被告吴清桥侵害商标权纠纷一案中，宜兰公司因认为吴清桥生产的假冒"旺旺雪饼""旺旺仙贝"商品侵犯了原告的商标专用权，请求判令吴清桥就其侵权行为赔偿原告人民币共计 50 万元。

【审判】

福建省泉州市中级人民法院经审查认为，注册商标专用权受法律保护，未经商标注册人许可，在同一种商品或者类似商品上使用与其注册商标相同或者近似的商标的，构成对注册商标专用权的侵犯。原告经国家工商行政管理总局商标局核准，注册了第 1123125 号、第 1149165 号、第 1149154 号及第 1117259 号商标，目前该四种商标仍处于有效期限内。被告吴清桥未经原告许可，在核定使用的商品上使用与原告注册商标相同的商标的，容易导致混淆，其行为违反了《商标法》（2013 年修正）第五十七条的规定，侵害了原告的注册商标专用权，应当承担相应的民事侵权责任。宜兰公司请求法院酌定具体赔偿数额，该请求符合法律规定，法院综合考虑被告的经营规模及侵权的情节、后果，原告注册商标的知名度及其为制止侵权行为所支付的合理费用等因素，并考虑被告被刑事处罚后仍继续生产侵权产品且再次被工商局进行行政处罚，主观恶意十分明显，属于大量、多次及侵害多个注册商标的严重侵权行为，酌情确定赔偿数额 50 万元。

【评析】

""""是我国台湾地区台企宜兰公司在中国的注册商标，在国内具有较高的知名度，为广大消费者所知晓。中国作为世

贸组织的核心成员，遵循知识产权保护对等原则，无论商标权利人是本土企业还是非本土企业，在中国境内注册的商标一律获得中国法律的平等保护。本案虽系一起常见的侵害商标权纠纷案件，但是福建省泉州市中级人民法院通过对本案的审理，令被告对侵权行为付出高昂代价，从而有力地彰显了保护涉外知识产权、持续保持对此类侵权行为严厉打击高压态势的坚决态度，强烈地震慑了侵权者，对营造我国公平、透明、公开的市场竞争环境、平等保护国内外知识产权人的合法权益，彰显泉州知识产权示范城市形象，均具有重大意义。

本案中，涉案注册商标就被告所实施的侵害注册商标专用权行为而言，仅旺旺商标标识，被告非法制造、销售的数量就已十分巨大，加上其他商标标识，其行为主观恶意十分明显，非法经营数额巨大，情节特别严重，属于大量及侵犯多个注册商标的严重侵权行为。被告吴清桥虽已因假冒注册商标罪的注册商标标识罪分别被科以罚金、拘役的刑事处罚、罚款的行政处罚。原告仍因被告之犯罪行为遭受经济损失，根据《侵权责任法》第四条第一款"侵权人因同一行为应当承担行政责任或者刑事责任的，不影响依法承担侵权责任"① 的规定，现原告主张予以赔偿，其请求应予支持。法院依据《商标法》适用法定赔偿的相关规定，综合涉案商标的知名度、被告侵权产品的数量和货值、侵权情节及原告为制止侵权行为支付的合理费用等因素，酌情确定赔偿金额为 50 万元。

---

① 根据已施行的《民法典》的规定，此法已失效，该条已被删除。

近年来，泉州市两级法院在涉外知识产权审判中始终坚持依法公正审判和平等保护原则，依法妥善处理一批社会关注度高、影响较大的涉外知识产权案件，充分发挥了知识产权司法保护在解决涉外知识产权纠纷中的引领作用，成为展示我国知识产权司法保护良好国际形象的重要窗口。

第二节 "一带一路"沿线国家和地区的司法判例

一、关于国外投资的司法判例

马来西亚位于东南亚的中心，是我国通向充满活力和不断增长的东盟市场的最佳门户，也为我国实现"一带一路"倡议提供了无可比拟的优质条件。自2013年以来，我国在马来西亚的基础设施、房地产建筑行业、制造业、金融行业等领域投资显著增加。我国是马来西亚最大的贸易伙伴，是在马来西亚的外国投资的前五强之一。① 且如前文所述，近五年来我国涉马来西亚的案件总量占涉"一带一路"沿线国家和地区案件总量的5.18%，在经济贸易合同纠纷涉案量排名中马来西亚位列第七。因此，课题组选择我国公司在马来西亚投资过程中的一个司法判例进行评述，通过分析马来西亚司法实践中关于以合法形式掩盖非法目的的合同效力的判断，对

---

① 中华全国律师协会编：《"一带一路"沿线国家法律环境国别报告》，北京大学出版社2017年版，第1043页。

比我国民法原理和裁判实务上的相似点与差异点，以更好应对我国今后在与"一带一路"沿线国家和地区之间经贸往来在合同磋商方面的风险与挑战。

中国路桥公司诉 DCX 技术公司案①

【案情】

上诉人（原审被告）：中国路桥公司（第一被告，以下简称 CRBC 公司）、HRA TEGUH 公司（第二被告，以下简称 HRA 公司）

被上诉人（原审原告）：DCX 技术公司（以下简称 DCX 公司）

原审被告（未提出上诉）：中国港口工程公司（第三被告）、中国通信工程集团（第四被告）

审理法院：马来西亚上诉法院

被上诉人 DCX 公司与上诉人 CRBC 公司分别于 2002 年 11 月 27 日签订了备忘录协议、2004 年 11 月 23 日签订了 1 个补充协议。双方约定，在马来西亚的 penang 大桥项目中，由 DCX 公司向 CRBC 公司提供支持，协助 CRBC 公司在该项目中向马来西亚政府提交提案，若 CRBC 公司成功中标，则 CRBC 公司应当向 DCX 公司支付 penang 大桥项目工程合同总价的 3% 作为酬劳，并将该工程的 20% 转包给 DCX 公司。总之，酬劳的支付是建立在 CRBC 公司成

---

① 马来西亚联邦法院的网址 http://www.kehakiman.gov.my/（全英文版本，为课题研究所作全文翻译，该网站系通过海外华侨提供指引。）

功中标的前提下。此后，CRBC 公司在 DCX 公司的帮助下向马来西亚政府递交了若干份提案，但均未成功。

2005 年 12 月，CRBC 公司与第三被告中国港口工程公司合并后，成了第四被告中国通信工程集团的子公司。CRBC 公司在 DCX 公司的默许下将与提案有关的信息提供给第三被告。后第三被告向马来西亚政府提交了自己的初步技术提案（"Preliminary Technical Proposal"）。2006 年，第三被告成功中标 penang 大桥项目的部分工程。

此后，DCX 公司声称因为 CRBC 公司泄露提案信息，并在没有取得 DCX 公司书面许可的情况下，按照上诉人 HRA 公司和第三被告的要求将提案交给了这两家公司；此后这两家公司将与此前 CRBC 公司提案内容完全一致的提案递交给了马来西亚政府，并因此取得了招标工程项下的一部分工作。此举导致 DCX 公司遭受损失超过 6000 万马币，故 DCX 公司将四名被告起诉至法院。DCX 公司向一审法院提出诉讼请求，包括要求确认 CRBC 公司违反了这两份协议中约定的义务，存在违约行为；确认 HRA 公司对此次违约亦负有责任，确认 HRA 公司因使用了在 DCX 公司协助下起草的提案，进而构成侵犯和/或不当使用 DCX 公司的版权。此外，DCX 公司还提出了一系列赔偿金和利息请求。但是，DCX 公司的诉讼请求中并不包括要求法院确认 CRBC 公司、HRA 公司违反了备忘录协议第 7 条约定的信息或保密信息义务。

一审法院支持了 DCX 公司的诉讼请求。CRBC 公司和 HRA 公司不服，提出上诉。

在上诉意见中，CRBC 公司认为，根据双方备忘录协议及补充

115

协议的约定，DCX 公司仅负责游说马来西亚政府，并在 penang 项目第二座大桥的建设中作为介绍人。第三被告中标提案中所有的技术、财务信息等均为 CRBC 公司及其他被告自行起草、设计，各被告享有所有权，且第三被告的提案与 CRBC 公司最初提交的提案并不一致。CRBC 公司认为其提供给第三被告的信息并不属于备忘录协议中约定的提案信息，而是 CRBC 享有所有权的设计提案草稿（"Draft Design Proposal"）。DCX 公司对第三被告的中标并没有任何帮助。事实上，在此前 CRBC 向马来西亚政府提交提案后，DCX 公司自己也很清楚马来西亚政府未对提案作出任何回应，CRBC 公司在把这些提案交给 HRA 公司和第三被告时，也对 DCX 公司进行了告知。

HRA 公司则认为，本案中并没有证据证明其向马来西亚政府递交了提案，也没有证据证明其与第三被告一起递交了提案。此外，HRA 公司认为其既不是备忘录协议中的一方当事人，也没有收到或者向 CRBC 公司索要备忘录协议中提到的提案。HRA 公司认为本案中没有证据证明其最终中标了工程，也没有证据证明 HRA 公司中标工程是基于 DCX 公司的提案。

【审判结果】

上诉法院撤销原判。判决理由如下：

第一，原审判决存在程序瑕疵，原告的诉讼请求包括四名被告，第三、第四被告虽然被列为被告但是没有被传唤，原审法院在这种情况下就作出判决有违公平原则（fairness rule）。

第二，根据双方当事人的协议约定，DCX 公司仅仅是作为马来西亚政府与 CBRC 公司等被告的中间人，而不是招标项目的参与

人，DCX公司无法提供任何CBRC公司所缺乏的技术知识或技能。根据双方签订的备忘录协议和补充协议，在提交提案和中标后的建设过程中，CRBC公司是唯一具备相关技术技能、知识等关键信息的主体。

第三，法院不应对违背公共政策的或者违法的合同提供救济，虽然双方的备忘录协议看起来是有对价的，但是这种对价只是装饰性的，DCX公司在提交提案的过程中仅能提供"斡旋服务"，其角色系掮客，而非招投标的正式参与人。根据1950年的《马来西亚合同法》第24条（f）款之规定，如果A承诺帮助B在公共服务中获取事务，B为此向A支付一定报酬，这种协议是无效的。本案中DCX公司与CBRC公司签订的协议即属于这种情况；即便双方当事人都未就合同效力提出质疑，法院也应依职权审查。法院的职责之一是保证司法程序不会在涉及政府合同（Government contract）的事项上被掮客们滥用。

第四，尽管双方签订的协议中第7条约定了机密资料（confidential information）的保密义务，但该条款并未禁止DCX公司或者CRBC公司将自己拥有的机密资料提供给第三方，该条款仅禁止双方当事人不得将自己从对方获取的机密资料提供给第三方。此外，DCX公司也未能说明自己将哪些信息提供给了CRBC公司，也未能举证证明哪些信息属于"机密资料"的范畴，除非提案中的内容属于协议第7条约定的机密资料，否则不能视为DCX公司所有。此外，双方签订的协议中并没有明确将"提案"规定为机密资料。提案的知识产权应当属于CRBC公司。就本案证据而言，CRBC公司提供给HRA公司及第三被告的信息并非提案的全部内容，且DCX

公司对此知情。上诉人 CRBC 公司认为其提供给 HRA 公司和第三被告的信息并没有违反保密义务，也不属于保密资料的意见应当被采纳。

【评析与比较】

维护公共利益契约自由是民法的三大原则之一，立法者的指导思想是尽量减少对无效合同的认定，尊重当事人的意思自治，鼓励交易履行，促进市场繁荣。但这一原则现今也受到挑战，对其自由的绝对性进行限制，限制的方法就是国家干预民事行为。为了保护社会公共利益，维护公平正当的社会秩序，引导建立诚信的市场交易，对某些合同认定为无效是恰当而有效的手段。马来西亚合同法案认定在公共服务中提供斡旋活动而收取报酬的协议无效。本案中双方的备忘录协议对价只是装饰性的，掩盖的是 DCX 公司提供"斡旋服务"的非法目的。对危害公共利益的民事行为或合同，即便双方当事人都未就合同效力提出质疑，法院也应依职权主动审查。法院的职责之一是保证司法程序不会在涉及政府合同的事项上被掮客们滥用，法院不应对违背公共政策的或者违法的合同提供救济。

《民法典》第一百五十四条规定"恶意串通"的民事法律行为无效。即规定"行为人与相对人恶意串通，损害他人合法权益的民事法律行为无效。"对于这种否定法律行为效力的规范意义以及相互关系，理论界众说纷纭，审判实务中以这条规范否定法律行为或合同效力的案例也不胜枚举。① 我国也有与马来西亚上述判例类似情形的司法判例，即以合法形式掩盖非法目的的合同无效。如中行北京分行诉利达海洋馆信用证垫款纠纷案，② 具体案情为：利达海洋馆先后 24 次向中行北京分行提交不可撤销申请，北京国际信托投资有限公司提供保函。中行北京分行先后 24 次对其开立跟单信用证，开出金额达 2460 万余美元。最高人民法院认为海洋馆开证申请表面目的是进口货物，真实目的是融资，套取国家外汇，是以合法形式掩盖非法目的，导致银行大笔资金外流，损害国家利益，认定合同无效。

　　法的权威究竟来源于政治权力还是源自社会习俗？若属于前者，则立法者应当尽可能运用理性为人们确立行为的模式或规则，即哈耶克所批判的"建构论的唯理主义"；若属于后者，由于法律先于立法而具有自生自发的性质，因此立法者所做的是依赖于对社会秩序的深刻洞见，从而阐释通常已施行于经济生活的正当行为规则，即"法的发现"。民事立法调整的是经济生活，并非由立法者通过构建而施加，是对"活法"的发掘及其体系化的构成。我国民法关于合同无效情形的立法过程显示出一个对"活法"发掘及其体系化的进程。

---

① 如 2010 年第 2 期《最高人民法院公报》中国光大银行与内蒙古包头市青山区支行、包头市青山区人民政府自由路办事处侵权纠纷案及最高人民法院第 33 号指导性案例瑞士嘉吉国际公司诉福建金石制油有限公司等确认合同无效纠纷案等。

② 《中华人民共和国最高人民法院公报》2005 年卷，第 259～265 页。

二、关于婚姻家庭关系的司法判例

涉外婚姻家庭领域是国际私法最为复杂的一个分支。随着我国"一带一路"倡议的深入推进和40多年改革开放的发展,我国对外交往日益频繁,与世界各国的交往日益扩大,不同法域的人际交往日益频繁,面临的涉外问题也更加频繁和复杂,由此产生的跨国婚姻也呈现不断增长的态势。由于各国国情、民俗、文化、人情、宗教等方面的天然差异,使得在调整人们相互关系的法律方面,更加难以协调一致。当不同地区的法律因为人们的活动需要互相配合时,各种矛盾和问题便接踵而来,婚姻家庭关系上的法律冲突也日渐凸显。而由于经历、教育状况、意识形态以及人生观等方面的差异,涉外婚姻破裂的比例也相对较高。因此,为规范涉外婚姻家庭法律关系、提升涉外婚姻案件裁判的公信力,应加强对"一带一路"沿线国家和地区相关婚姻家庭法律及司法判例的深入研究。

GAK 诉 GAL 离婚纠纷案①

【案情】

上诉人 GAK(56岁)与被上诉人 GAL(55岁)于1980年11月15日结婚,婚姻持续了大约30年。GAL 兄弟姐妹四人,其父亲给年龄处于19岁到22岁间的子女均赠予了一些财产。1975年,父

---

① 本案是新加坡高等法院2013年审理的一个上诉案件,案号为[2013] SGCA 19。

亲将其在斯里兰卡拥有的财产 Lot A 给了 GAL，也有将其他财产分配给其他子女。根据 GAL 母亲的意见，父亲把这些财产转让给兄弟姐妹，并以他们唯一的名字和他们唯一的利益作为其遗产的一部分，以确保兄弟姐妹自己享有足够的财产。1985 年，在父亲的指示下，Lot A 被转移给 GAL 的姐姐 J，并由父亲代表 GAL 在 1985 年 12 月 4 日契据签署（母亲和兄弟姐妹以前就授权委托父亲以他们的名义行事）。父亲还指示 J 将其名下的财产转让至 GAL 个人名下，这一转让是通过 1986 年 12 月 10 日转让契约完成的。该财产自 1986 年至 1995 年间一直被闲置，后以 420 万美元被出售。据 GAL 说，他出售了一些逐渐贬值的财产，以确保夫妻有足够的资金购买经济上可承受的婚姻住房，并有额外的资金能够承担子女教育、医疗费用、家庭保险计划及为双方提供舒适的退休基金。出售收益除其他用途外，均用于 2000 年购买地址在龙岗北部的婚姻住宅，该住宅由双方作为共同住户持有。

【审判结果】

本案主要的争议是关于婚姻财产的划分问题，即涉讼财产及其出售收益是否属于婚姻财产的一部分；GAL 父亲转让给 GAL 名下的财产及其出售所得是否构成《新加坡妇女宪章》第 112（10）条款规定范围内的赠与。

下级法院认为，涉讼财产是 GAL 父亲赠予 GAL 个人受益的财产，而 GAK 也无法确定 GAL 自愿将出售所得作为婚姻共同财产的一部分，而证据显示出售收益存入 GAL 名下的银行账户，且长期处于其控制之下。遂判决分割婚姻住宅，GAK 分得 40%，GAL 分得 60%。

上诉法院认为，本案关键的问题是涉讼住宅财产及其出售收益是否构成《新加坡妇女宪章》第 112（10）条款规定范围，以及根据该法第 112（1）项规定涉讼财产是否属于当事人婚姻资产池之外。该法第 112（10）条规定："（10）在本条中，'婚姻财产'指（a）一方或婚姻双方在结婚前获得的任何资产（一）双方或其中一人或多子女在当事方共同居住的住房、交通或家庭、教育、娱乐、社会或审美目的时，通常使用或享受；或（二）另一方或婚姻双方在婚姻期间已大为改善；或和（b）一方或婚姻双方在婚姻期间获得的任何性质的任何其他资产，但不包括任何一方在任何时候由赠予或继承权获得的任何资产（不是婚姻家庭），另一方或婚姻双方在婚姻期间未有显著改善。"假设该财产的确是在该项条款含义范围内的赠与，但因 GAL 仍以明确表示其意图的方式处理部分或全部出售收益，有意将出售收益纳入婚姻财产池内以供双方平分，出售收益因此不再是赠予。对此可称为"实质性改善例外"问题，可能还有一个进一步的议题，即假设该赠予物未被受赠配偶带入婚姻财产池内，但该项条款中的具体条件仍然满足的结果是，这份赠予仍被带入婚姻资产池中，因为有关资产实际上已"大大改善"非受赠配偶一方或配偶双方生活。综合本案事实，显然没有足够证据支持实质性改善例外的适用性，且各方并未对此提出上诉主张，故不作任何说明。需要考虑的是，是否根据法官的命令来决定婚姻财产的分割应否受到干预。如《新加坡高等法院判决》中所观察到的 Chen Siew Hwee v. Low Kee Guan 一案［Wong Yong Yee, corespondent,〔2006〕4 SLR（R）605］，这项条款旨在使捐助者的意图生效，并防止从其配偶处获取不合理的收益。然而，正如

Chen Siew Hwee 所指出的，一般规则的例外情况是，某一方以赠予或继承方式获得的资产不应构成婚姻财产的一部分，如重大改善例外或资产为婚姻之家。它还强调，如果捐助者意图含糊不清，法院就必须参照客观事实解释捐助者的意图。这一点在本案中具有特别重要的意义。涉讼财产应认定为父亲作为对 GAL 及其家人的礼物，而不仅仅是对 GAL 的赠与。虽然 Lot A 财产原本只打算单独赠予 GAL，但更有可能的是，父亲改变了意图，并打算将其提供给 GAL 整个家庭。鉴于在发生财产交换时，GAL 不仅结婚且还有子女，1975 年父亲对 GAL 的赠与和 1986 年将财产转交给 GAL 情况完全不同。当财产移交给 GAL 时，GAL 已经结婚六年，并有两个孩子。鉴于 GAL 没有经济能力为其家人购买住宅，其父亲在指示交换财产时，希望确保 GAL 家庭在财政上是安全的。后双方作出"共同决定"，于 1995 年出售该财产以获取资金，除其他外，出售收益用于购买一个合理规模的婚姻住宅且可维持财政，而且部分出售收益确实用于资助以夫妻双方联名购买家庭住宅，GAL 自己也承认大部分的出售收益几年来都已用于家庭支出。可见，上述行为符合父亲的意图，其赠予的财产是为 GAL 家庭准备的，而非仅为 GAL。因此，应认定涉讼财产是 GAL 父亲赠予 GAL 一家，出售所得应列入双方可供分配的婚姻财产池中。判决 GAL 应将家庭住宅全部移交给 GAK，并须承担移交的法律费用及所有附带开支。

【评析与比较】

作为民事关系基础的婚姻家庭关系，其地方色彩较为浓重，各国的法律及司法判例差异较大。以本案审理法院所在国新加坡为例，新加坡的离婚制度规定在其《新加坡妇女宪章》中，我国则由

《民法典》婚姻家庭编及相关的司法解释规定。关于离婚方式，新加坡只规定诉讼离婚一种方式，每一个离婚案都是诉讼案，即使双方是合意离婚，也必须经过诉讼程序。我国法律对离婚方式的规定不同于新加坡法律，除规定诉讼离婚的方式外，还规定了非诉讼的离婚方式，包括协议离婚和调解离婚。关于离婚诉讼提起的时间限制。《新加坡妇女宪章》规定，离婚诉讼原则上至少要在结婚3年后才能提起，但在离婚申请人遭受困难或者被告人行为恶劣的情形下可以例外。我国《民法典》婚姻家庭编中并未规定离婚必须在结婚数年后才能提起，但对于一些特定时期的离婚有限制性规定，即在女方怀孕期间、分娩后1年内或中止妊娠后6个月内，男方不得提出离婚。但女方提出离婚或人民法院认为确有必要受理男方离婚请求的除外。关于离婚的标准，《新加坡妇女宪章》第95条规定"婚姻破裂到不能挽回"是离婚的唯一标准，强调破裂的程度是"不可挽救"，而我国的离婚标准是"夫妻感情破裂"，强调夫妻关系中的"感情"。就上述判例所涉离婚时财产分割问题，《新加坡妇女宪章》规定，法院在判决离婚时应对婚姻财产进行分割，其范围如下：（1）以下两种情形中的一方或双方的婚前财产：为了居住、交通、家务、教育、娱乐、社会和审美等目的，在双方共同生活时双方及其子女通常使用的婚前财产；在婚姻存续期间一方或双方使其价值有了实质性增加的婚前财产。（2）婚姻存续期间一方或双方所得的任何财产。但是一方在任何时候因受赠送或继承获得的财产，或另一方或双方没有实质性增加其价值的财产，不在此范围之内。我国《民法典》规定离婚时要同时处理夫妻共同财产，并分别界定了夫妻共同财产和一方的财产范围。可见，两国法律对在离婚时要进行分割处理的财产的具体规定不完全一致。两国的法律都规定婚前财产原则上不在分割的财产范围之内，但新加坡还规定了例外的两种情形，我国则无例外规定。

三、关于劳动争议的司法判例

TEEKAY 航运菲律宾有限责任公司、TEEKAY 航运股份有限公司、ALEX VERCHEZ 诉 ROBERTO M. RAMOGA, JR. 案

【案情】

上诉人：TEEKAY 航运菲律宾有限责任公司（以下简称 TEEKAY 菲律宾公司）、TEEKAY 航运股份有限公司（以下简称 TEEKAY 股份公司）、ALEX VERCHEZ（TEEKAY 菲律宾公司的董事长、总经理）

答辩人：ROBERTO M. RAMOGA, JR.（以下简称 ROBERTO）

2010 年 2 月 18 日，ROBERTO 与 TEEKAY 菲律宾公司（即 TEEKAY 股份公司在菲律宾当地的代表机构）签订一份海外就业合同，约定 ROBERTO 在"SEBAROK SPIRIT"公吨级轮船上工作，合同期限 8 个月，职位为见习水手。经就业前强制性体检，ROBERTO 的身体状况适合出海作业。2010 年 4 月 9 日，ROBERTO 入船，后在爬楼梯时摔倒并扭伤左脚踝。2010 年 10 月 4 日，ROBERTO 返回菲律宾，于次日就医。2010 年 10 月 9 日，由医院指定医师 William 博士实施手术，术后医师建议其继续使用拐杖辅助行走并给予药物治疗。2011 年 4 月 8 日，William 博士出具证明指出 ROB-

125

ERTO适合返回工作岗位。ROBERTO对该评估不满,寻求其私人医生帮助,其称根据该医生出具的医疗报告,其将永久不适宜恢复海上作业的工作职位。因此,ROBERTO根据修订后的菲律宾远洋船舶船员就业管理标准条款,提出有关永久性的伤残赔偿金、疾病赔偿金、医疗费用、损害赔偿、律师费的诉讼请求。2011年9月14日,劳动仲裁机构作出裁决,判决TEEKAY菲律宾公司、TEEKAY股份公司、ALEX VERCHEZ共同赔偿ROBERTO 6万美元或者与付款同期的等价比索,648.27美元的疾病赔偿金以及判决总额的10%作为律师费。劳动仲裁裁决作出后,当事人不服向国家劳工关系委员会提出申请,该委员会于2012年3月30日裁决对劳动仲裁裁决关于648.27美元的疾病赔偿不予支持,对其他裁决事项予以确认。TEEKAY菲律宾公司等向上诉法院提交诉状,上诉法院于2013年5月30日判决对国家劳工关系委员会的裁决事项予以确认。后TEEKAY菲律宾公司等提交复议申请,认为上诉法院确认国家劳工关系委员会作出的裁决(因ROBERTO自回国之日起超过120日没有重返工作岗位,故有权获得永久伤残赔偿金)有误,请求纠正。但上诉法院于2013年10月18日决定予以驳回。TEEKAY菲律宾公司等还进一步提出医院指定医师已于2011年4月8日作出诊断结论,认为ROBERTO适合返回工作岗位,当时距其回到菲律宾186天,符合法律允许的期限范围。

【审判结果】

菲律宾最高法院于2018年1月19日作出以下判决:TEEKAY菲律宾公司等的上诉成立。上诉法院于2013年5月30日作出的判决以及2013年10月18日作出的复议决定书予以撤销,ROBERTO

的诉讼请求缺乏法律依据，应予驳回。其理由主要如下：根据《菲律宾法院规则》第 45 条的规定，终审制度只能针对法律问题，而不对事实问题进行审查。但也存在例外情况，在本案中存在可以对上诉法院查明的事实进行判断和复查的情况。根据法院在 Elburg 菲律宾船舶管理有限公司案，Jebsens 海运有限公司、海乘厨师有限公司和 Enrique M Aboitiz 诉 FlorvinG. Rapiz 案中建立的规范，以下准则应当用于指导海员有关永久完全伤残赔偿金的索赔：（1）医院指定医师应当从海员接受诊疗之日起 120 天内出具最终的医疗伤残等级评定；（2）如果医院指定医师未能在 120 天的期限内作出评估，在没有任何正当理由的情况下，那么海员的伤残便认定为永久性和完全的；（3）如果医院指定医师有充分理由未能在 120 天内作出评估（例如海员需要进一步的治疗或海员不配合的），然后诊断和治疗期延长至 240 天。雇主对医院指定医师有足够的理由延长该期间负有举证责任；（4）如果医院指定医师在 240 天的延长治疗期内仍然未能作出评估，那么不论任何理由，海员的伤残便认定为永久性和完全的。卷宗材料显示 2010 年 10 月 4 日 ROBERTO 回国，2011 年 4 月 8 日（也即 ROBERTO 回国的第 186 天），医院指定医师出具一份诊断报告，认为 ROBERTO 的身体状况适宜返回工作岗位。这是无可争议的事实。因此，确定本案 ROBERTO 是否有权请求支付永久性的伤残赔偿金，有必要审查医院指定医师是否有充足的理由延长治疗期。在 2011 年 1 月 11 日的一份报告单中，医院指定医师医嘱：ROBERTO 继续接受康复和药物治疗，并在 2011 年 2 月 1 日到医院对其左脚再次进行 X 光检查和重新评估。医院指定医师诊断确定 ROBERTO 的情况需要进一步的药物治疗和评估。因此，ROBERTO 于 2011 年 3 月 4 日提起诉讼请求支付永久性伤残赔偿金，为时尚早，因为当时其无权提出这一请求。医院指定医师直至 2011 年 6 月 1 日即 ROBERTO 回国 240 天之后才诊断认为 ROBERTO 适合返回工作岗位。ROBERTO 私人医生诊断认为 ROBERTO 的情况不适宜重返工作岗位从事海上作业证据并不确凿。医院指定医师的评估结论的证据效力高于 ROBERTO 私人医生所作的评估结论。医院指定医师基于数月的诊断和治疗所作的评估结论，比私人医生在一天之内基于一项检查和已有的医疗记录所作的评估结论更加可信。由于医院指定医师诊断认为 ROBERTO 已适合返回工作岗位，因此其无权要求支付永久性伤残赔偿金。

【评析与比较】

这是菲律宾最高法院 2018 年初作出的一份判决，全文刊载于菲律宾最高法院官方网站（http://sc.judiciary.gov.ph）。应是一份具有发布法律准则指导裁判意义的典型判例。在该判决中，菲律宾最高法院综合了其在以往裁决的若干案件（Elburg 菲律宾船舶管理有限公司等案，Jebsens 海运有限公司、海乘厨师有限公司和 Enrique M Aboitiz 诉 FlorvinG. Rapiz 案）中确立的规范，为海员请求有关永久完全伤残赔偿金建立了一套完备的规则，甚至包括了举证责任的分配"雇主对医院指定医师有足够的理由延长该期间负有举证责任"。前文所述，菲律宾是一个混合法系国家，法律制度融合了大陆法系和普通法系的特点和内容的影响。虽然菲律宾不承认判例拘束主义，但根据其民法规定，判例仍是法律渊源之一。但只有最高法院的判例才具有拘束力，且只发生在解释性的判决中，目的是为了弥补法律中含糊不清或矛盾的缺陷,起到一种法律解释作用。①另外,课题组也注意到,菲律宾最高法院在阐述判决理由时首先声明,即原本终审制度只针对法律问题而非事实问题的审查,但也存在例外情况,本案中之所以可以对上诉法院查明的事实进行判断和复查,主要是存在以下情况:(1)有严重滥用裁量权的;以及(2)当判决基于对事实的误解时。(判决原文列举了十种情况,但上述两种情况的字体被予以特别加黑)而本案中,菲律宾最高法院正是认为上诉法院滥用其裁量权,对相关法律作出了违背法制宗旨的解释,导致基本事实认定错误,予以改判纠正,并借此判决确立了海员在何种情形下可以请求永久完全伤残赔偿金的规则用以细化法律、指导裁判。

为深入研究,课题组选取了福建省高级人民法院审理的大连巨戎远洋渔业有限公司(以下简称巨戎公司)与船员哈跃铭劳务合同纠纷上诉案作为比较。该院认为:(1)根据《船员劳务合同》约定:哈跃铭受聘上船工作,初始工作为普通船员,巨戎公司可根据其表现调整其工作岗位和工资待遇,为其投保企业工伤保险,哈跃铭应服从巨戎公司管理,遵守规章制度,违反将被给予相应处罚。因此,双方之间形成的是管理和服从的隶属关系,而非仅仅提供一定劳务的有偿服务,故案涉合同名为船员劳务合同,但根本性质上属于劳动合同。(2)基于劳动关系的认定,结合证人证言,一审认定哈跃铭受伤时间是在工作时间内,受伤地点又位于船上,应属于在工作时间和工作场所内因工作原因受到的伤害,符合《工伤保险

---

① 张卫平:《菲律宾的法律制度》,载《东南亚研究》1985年第4期。

条例》第十四条第一项关于构成工伤的规定。（3）因巨戎公司未足额支付劳动报酬，哈跃铭要求解除劳动合同并向巨戎公司主张经济补偿金、一次性工伤医疗补助金和一次性伤残就业补助金，均有事实和法律依据。根据《工伤保险条例》的相关规定，由工伤保险基金支付一次性工伤医疗补助金，由用人单位支付一次性伤残就业补助金，具体标准由省、自治区、直辖市人民政府规定。故根据《辽宁省工伤保险实施办法》的规定，结合哈跃铭的伤残等级以及损伤参与度，计算出巨戎公司应支付给哈跃铭的一次性工伤医疗补助金及一次性伤残就业补助金数额。（4）基于同一劳动关系的工伤认定之事实，在厦门海事法院（2014）厦海法商初字第558号案件中，巨戎公司未在哈跃铭受伤后向统筹地区社会保险行政部门提出工伤认定申请。一审法院在本案诉讼过程中根据哈跃铭申请，委托福建正大司法鉴定所对其伤残等级、停工留薪期、护理期、伤病因果关系及参与度进行了司法鉴定，未违反法律的强制性规定。福建正大司法鉴定所在出具有关司法鉴定意见书时已经提交司法鉴定许可证及有关司法鉴定人员的资格证书，据此，可以确认福建正大司法鉴定所系依法注册，经许可从事司法鉴定的机构，案涉事项亦属于其业务范围，其出具的鉴定意见可以作为定案依据。最终判决：驳回上诉，维持原判。

通过两案的比较，课题组得出以下共通点：（1）船员劳务纠纷的根本性质亦属于劳动争议，从菲律宾最高法院判决介绍的案件由来即可体现该案曾经过劳动仲裁、国家劳工关系委员会裁决，属于菲律宾解决劳动争议的特殊处理程序。（2）中立机构所作之鉴定结论的证据效力更高，具有可信性。菲律宾案中，出现了医院指定医师的评估结论以及当事人私人医生的评估结论两种不同意见，法院确认了医院指定医师所作的评估结论的更高效力，该观点与我国法院的处理方式不谋而合。综上，两案均体现了对劳动者合法权益的有力保护。

下篇 技术整合研究方法

第五章 "一带一路"沿线国家和地区司法判例的研究方法体系

第一节 以实务为导向的研究准则

一、以各国常见法律纠纷类型为研究类型

（一）各国法律问题及解决方式类似

比较法研究不是单纯搜集罗列外国法制状况，而是要解决实践问题。比较法的一条基本规律：各种不同的法律秩序，尽管在其历史发展、体系和理论的构成及其实际适用的方式上完全不相同，但是对同样的生活问题——往往体现在细节上，采取同样的或者十分类似的解决办法。当然，前述推定并不是适用于一切法律领域的。在受到一定社会的、特殊的、政治与道德价值观的强烈影响下的法律领域，这个推定是不适用的。但是在那些相对在价值观念上是中立的和技术性的法律领域，关于实际解决办法的类似性这个推定，在我们看来仍然是一个可以使用的工作假设。如果在功能上把法律看作是社会事实情况的调节器，那么，在每个国家里的法律问题都是相似的。人们能够在世界上所有的法律秩序中提出同样的问题，甚至在属于不同社会形态的国家或者处于完全不同发展阶段的国家里，适用同样的标准。"一带一路"沿线国家和地区尽管由于历史发展不同、法律体系各异，但在一些价值观念中立和技术性的法律领域，法律问题是类似的，解决方式也就相应地具备共同点，因此，在司法判例中提炼出具备普适性的规则也是具备现实可行性的。

（二）比较法学的趋势倾向于进行针对判例的研究分析

比较法学的目标在于了解各种法律体系之间的差异，从而增进人们对纳入比较的法律体系的了解。① 比较乃是建立在对各种法律体系的了解基础之上，反过来比较科学又可以增进人们对各种法律体系的了解。比较法学倾向于进行针对判例的研究分析，是因为社会学的、理性的、历史的、评释性的以及其他一些方法均关注现实，并从现实中发现一种创造精神的来临或一种具有正当性的社会创造。如果说教义学的方法将法律简化为了一些学理公式的话，比较法则将事实材料置于其研究的中心位置。比较法学作为一门历史学科，以实质为其研究对象，它遵循维柯所确立的标准"真理存在

---

① A. 沃森（Watson）持相同的观点，参见 ［英］阿兰·沃森：《法律移植：比较的方法》，美国弗吉尼亚大学出版社1974年版，第9页。以及 ［英］阿兰·沃森：《比较法与法律变迁》，载《剑桥法律评论》1978年第38卷，转引自 ［意］罗道尔夫·萨科：《比较法导论》，费安玲等译，商务印书馆2014年版，第16页。

于是事实之中"。因此,人们有理由预期,比较法学者会将其注意力引向司法判例。事实也如此,自20世纪后半叶以来,欧美的比较民法研究由概念规则比较而逐步转向重视各国社会中"活法"的比较,尤其是判例比较。① 其更为关注法律实践活动,直接切入法律生活本身,以获得更活泼、更真实可信的结论。尽管司法判例比较未必能够展现一个社会纠纷解决机制和惯例的全貌,② 但司法判例是一个国家各种动态的法律"构成要素"中极为重要的组成部分。描述或比较各国的法律状况,离不开司法判例这一必不可少的环节。研究司法判例对于了解"行动中的法"或"活法",也就是由纸面法转化而来的裁判规则具有极为重要的意义。③

(三)"一带一路"纠纷解决的现实诉求

"一带一路"倡议的开放和包容,使得其辐射的范围远远超过了古代丝绸之路。沿线各国间本着互利共赢的理念逐步建立起一个全方位、多层次、复合型的互联互通网络,在金融投资、商品贸易、资源开发、科技研发等多领域里取得了不俗的进展。随着"一带一路"沿线各国交流往来日趋频繁,例如跨国婚姻、收养,船舶、企业组织跨国登记注册,劳务输出、人才移民等。在日益频繁的交往之中,纠纷矛盾也随之产生。法律服务是"一带一路"建设的重要保障。推进"一带一路"建设,打造新欧亚大陆桥等国际经

---

① 朱晓喆:《比较民法与判例研究的立场和使命》,载《华东政法大学学报》2015年第2期。
② [比]胡克:《深层比较法研究》,载[比]胡克主编:《比较法的认识论与方法论》,魏磊杰、朱志昊译,法律出版社2012年版,第171页。
③ 张家勇:《探索司法案例的研究方法》,载《法律适用》2017年第24期。

济合作走廊,建设畅通安全的海上通道,促进基础设施建设、国际贸易、跨国投资、能源资源合作、航运金融等,都离不开"法律护航"。纠纷的复杂多样对司法审判提出了新的要求,审判实务的急迫性要求对涉"一带一路"国家和地区的司法判例予以关注。因此,获取国际贸易、海运航运、人身保护、产权保护、国外投资等方面的司法判例特别具备现实紧迫性。

综上,以"一带一路"沿线国家和地区常见法律纠纷类型为切入点,抛开各国法律规定的概念和条文的表面区别,从司法判例中探寻比较的"关联项",探寻各国法律问题的解决方案——这种由拉贝尔在20世纪20年代提出的功能主义方法论仍是当今世界比较法研究的根基和主流。①

二、以经常交往国家和地区为研究样本

(一)排除战乱国家与地区

复杂的国际大环境和动荡的国际小环境,利益冲突性质、形式和激烈程度表现出多样性也会让纠纷变得更加复杂,大国势力博弈,利益交汇、发酵成纠纷更为深层的关联要素。"一带一路"倡议涉及众多"兵家必争之地",一些沿线国家例如叙利亚、阿富汗动荡不止,恐怖主义、极端主义盛行,甚至战乱频繁,形势前景不

---

① [德]茨威格特、克茨:《比较法总论》,潘汉典等译,法律出版社2003年版,第46页;[日]大木雅夫:《比较法》,范愉译,法律出版社1999年版,第86~90页。Ralf Michaels, The Functional Method of Comparative Law, in: Reimann Zimmermann (eds.), The Oxford Handbook of Comparative Law, Oxford University Press 2006, pp. 339~382.

明；一些国家则处在政治局势动乱、民族冲突严重、经济发展落后不稳的局势，容易出现政策变化的政治违约风险、宗教与民族问题导致的战争内乱风险、国有化征收风险、第三国干预风险、歧视性地市场转入限制与隐性投资贸易壁垒限制、企业合同违约与支付限制、贸易往来中的商业欺诈风险。① 这些国家的法律体系尚不完善，与之进行的经贸交往也尚少，进行司法判例的研究尚无现实急迫性与可能性，故可暂时将对这些国家的司法判例研究排除在外。

（二）重点研究交往频繁的国家与地区

如前所述，中国裁判文书网的数据显示，2012～2017年，涉及"一带一路"沿线国家和地区案件数最多的国家有泰国、新加坡、俄罗斯、越南、马来西亚、缅甸、菲律宾、印度、印度尼西亚、希腊。可见，在"一带一路"建设过程中，我国与这些国家的经贸交往频繁密切，产生的纠纷矛盾也相应较多。解决争端和分歧的前提在于分清是非责任，而法律正是平衡争端各方是非责任的标准。"由于参与'一带一路'建设的主体众多，而且各个主体国情、需求以及受到的外交影响都存在差异，内部之间或者内外之间的矛盾的大量存在势必需要用法律来予以调整和规范。"要弥合与这些国家之间的法律冲突，各方应在立足本国实际和借鉴外来法律制度的基础上，通过广泛的经贸交流和政策协调体系来完善现有法律制度，制定新的法律规则，细化实施方案和路线图，尽可能明晰各方的权利义务。在通过法律设置科学、合理的争端解决机制的过程

---

① 田惠敏、曹红辉：《"一带一路"的动因与挑战》，载《全球化》2015年第2期。

中，最开始的步骤就在于了解他国的法律体系及处理争端的司法判例是怎样的。因此，不妨以经常交往的国家地区为研究样本。

三、以司法审判实践难题为研究重点

以司法审判实践中常见的实务难点作为研究重点，借鉴"一带一路"沿线国家和地区相关司法判例，定期整理我国司法案例，及时发布典型案例和指导案例，可以统一裁判规则，扩大司法裁判的指引作用。

（一）定期整理常见案件类型

由于"一带一路"倡议背景下纠纷数量激增、案情复杂、案件涉及面广，诉讼纠纷解决机制对此时常面临困境。最高人民法院也及时出台《关于人民法院为"一带一路"建设提供司法服务和保障的若干意见》（法发〔2015〕9号），将审判职能作为工作重点，要求各级人民法院要充分发挥审判职能作用，提升"一带一路"建设司法保障的国际公信力。如前所述，我国涉"一带一路"国家案件类型排名前十的类型有：（1）合同、无因管理、不当得利纠纷；（2）婚姻家庭、继承纠纷；（3）劳动争议、人事争议；（4）侵权责任纠纷；（5）知识产权与竞争纠纷；（6）物权纠纷；（7）与公司、证券、保险、票据等有关的民事纠纷；（8）海商海事纠纷；（9）人格权纠纷；（10）适用特殊程序案件案由。可见，我国关于这些类型的案件审判已经有一定的实践经验了，但从目前来看，这些审判经验并未及时进行梳理汇总。因此，应积极调动各级人民法院的积极性，找准与"一带一路"倡议建设的着力点与结合点，充分利用已有的审判资源，对司法实践中积累的经验予以总结和对相关案件的数据进行分析研判，定期整理汇总常见审判案例，为"一带一路"提供司法保障拓展审判职能。

（二）及时发布典型指导案例

2015年7月7日，最高人民法院发布了人民法院为"一带一路"建设提供司法服务和保障的8个典型案例。案例涉及外商投资企业、国际货物买卖、海上货物运输、仲裁、外国判决承认与执行等多个领域，明确了商事规则，统一了法律适用，凸显了司法服务经济乃至引领经济的作用，也彰显了我国公正高效的司法形象。2017年5月15日，最高人民法院又发布涉"一带一路"建设第二批典型案例。十个典型案例涉及信用证开证、股权转让合同、居间合同、独立保函、海域污染损害赔偿、海上货物运输合同、承认和执行外国仲裁裁决、承认和执行外国商事判决等。这些案件都是"一带一路"建设中常见的纠纷类型，案件所涉的法律问题均具有很强的代表性。人民法院在这些案件的审理中，对疑难复杂问题作出清晰回应，对于统一裁判标准、完善审理规则起到了很好的指导作用。此外，涉外商事海事审判也全面贯彻精品战略，突出打造公正司法的国际窗口，最高人民法院加强了典型案例发布，进一步收集、遴选、发布涉"一带一路"、自贸区以及蓝色海洋经济的典型案例，发布海事审判蓝皮书，充分发挥典型案例的规范、指导和指引作用。

但应该看到，随着"一带一路"建设的继续深入推进，这些典

型案例的发布速度及数量还远远满足不了审判实践的需求。因此，可结合法院系统信息化3.0建设，发展司法大数据工程，及时整理汇总发布典型司法案例，以更好地指导审判实践。

(三) 关注新型法律纠纷

"一带一路"建设相关案件涉及面广、影响力大，涵盖大量的自由经济区、经济特区、开发区、产业园建设，处理相关纠纷的案件类型新颖、审判实践尚少。关注他国的司法判例，寻求他们之间的一致性及共通性，可为我国处理此类纠纷提供可资借鉴的法律适用范本。① 随着社会的发展、新兴科技的进步和大量运用，对人们的生产、消费、服务模式也有着潜移默化的作用，这种影响同时体现在"一带一路"建设中，催生出一系列与之相关联的新型纠纷，诸如保理纠纷、跨境电商纠纷、网络域名纠纷、计算机软件著作权纠纷等，这些纠纷均需要通过高效公正的司法渠道解决。② 因此，确有必要对这些纠纷的解决途径予以前瞻性的关注，找准此类案件司法解决路径的特征，对其中存在的问题进行深入分析，为进一步完善涉及"一带一路"纠纷解决机制注入新的活力，从而更加有效地服务和保障"一带一路"倡议的顺利实施。

---

① 郭士辉:《护航"一带一路"，唱响中国司法好声音》，载《人民法院报》2016年3月5日。
② 孔庆江:《为"一带一路"提供司法保障》，载《人民日报》2015年9月18日。

第二节　以便捷为目标的查找渠道

课题组经过广泛调查及深入分析研究认为，我国对"一带一路"沿线国家和地区的法律及相关判例的现有查明及适用机制的实施效果并不理想，导致在查明及适用时的效率、准确度不能保证、研究利用效果欠佳，对于"一带一路"倡议的实施及拓展造成一定程度的影响。其症结的核心在于缺乏便利、快捷、权威和高效的查明渠道。因此，破解"瓶颈"问题的切入口在于完善现有查明途径，拓展新的查明渠道，为我国"一带一路"沿线国家和地区的法律及相关判例（法律及相关判例统称为域外法，该部分以下的"一带一路"沿线国家和地区的法律及相关判例的查明均简称为域外法查明）提供技术和制度支持。从功能及实用角度出发，课题组认为，相关制度设计应围绕"查明域外法内容"这一核心目标进行设计，而有效的查明方式和技术是一切的基础。

一、建立权威与公正的域外法查明平台

域外法查证困难的深层次的原因还是缺乏权威、稳定和公正的域外法查明机构，无论是当事人提供域外法的来源，还是法院审查甄别域外法内容时，都需要外域法专家帮助。而目前我国尚未形成一套相对成熟的专家证人或机构出具域外法的制度机制，专门研究比较法的代表性机构或商业法律服务机构发展也不够成熟，法院基

"一带一路"沿线国家和地区司法判例研究方法

本都是一对一和某一法律高校合作，缺乏一个聚集和整合全国专家资源的平台。因此，为确保专家证人出具意见的权威性和公正性，最有效的方法就是建立一个权威、公正和专门的域外法查明平台。

2015年4月8日，由中共中央对外联络部牵头，联合国务院发展研究中心、中国社会科学院、复旦大学成立"一带一路"智库合作联盟，地点设在北京。包括理事单位60多家，囊括了大部分国内对"一带一路"有权威研究的智库。理事单位包含上海国际问题研究所、中央党校国际战略研究所、社科院各涉外研究所、中国现代国际关系研究院、山东大学亚太研究所、云南大学国际关系研究院、南开大学周恩来政府管理学院、中国人民大学重阳金融研究院、察哈尔学会、零点研究咨询集团等。课题组认为，这是一个值得依托的框架基础，可以考虑在积极拓展外国司法判例的查找途径，适时增加更多研究基地的同时，将我国所有外国法查明中心和"一带一路"法律研究中心的资源力量，与"一带一路"智库合作联盟进行系统整合，构建"一带一路"智库合作联盟信息化平台，建立信息共享机制，实现大数据资源的充分利用。同时，还可以借鉴瑞士唯一一所官方法律研究机构即瑞士比较法研究所的服务模式。该所根据请求法律查明对象的公私性质，分别采取有偿服务和无偿服务，比如免费为瑞士政府查明法律，但为企业提供的该项服务适当收费。"一带一路"智库合作联盟信息化平台建成后，可以借鉴该研究所的运营模式，即根据请求查找司法判例对象的公私性质，分别采取有偿服务和无偿服务。

搭建这一平台及采取此种运行模式，主要是基于四个方面的考量：一是有利于减少政府财政负担，增强科研机构自主创新活力；

二是有助于打破各机构的信息壁垒,实现资源共享;三是借助平台协助法官查明相关法律问题,对外域法内容的真伪作出权威认定,可以大大降低法院认定域外法真伪耗费的资源和精力,降低查明成本,提高审判质效,增加查明结果的正确性和可信度;四是法院从平台快速精准匹配到相关域外法的专家,协助对双方意见不一致的域外法内容作出判断,就无需在确认外域法真伪和可信度上耗费大量精力,这将大大降低法官滥用自由裁量权的可能性,更好保障当事人合法权益。

二、拓宽域外法查明途径

我国法律并没有明确规定域外法的查明途径,《最高人民法院关于贯彻执行〈中华人民共和国民法通则〉若干问题的意见(试行)》(已废止)第193条采取列举式规定的方式将查明途径分为5种,① 在《最高人民法院关于审理涉外民事或商事合同纠纷案件法律适用若干问题的规定》(已废止)第九条规定,"当事人选择或者变更选择合同争议应适用的法律为外国法律时,由当事人提供或者证明该外国法律的相关内容",并规定了人民法院可以依职权查明域外法。《涉外民事关系法律适用法》在总结司法实践经验的基础上,在第十条第一款明确作出了"涉外民事关系适用的外国法律,由人民法院、仲裁机构或者行政机关查明。当事人选择适用外国法律的,应当提供该国法律"的规定。在这五种途径中,运用最

---

① 一是由当事人提供,二是由与我国订立司法协助协定的缔约对方的中央机关提供,三是由我国驻该国使领馆提供,四是由该国驻我国使馆提供,五是由中外法律专家提供。

"一带一路"沿线国家和地区司法判例研究方法

多的是当事人提供。司法实践中，考虑到域外法查明的技术性、专业性，当事人主要委托专家出具法律意见书的方式提供域外法，因此，通过专家查明域外法也成为我国域外法查明最主要途径。除以上域外法查明的五种途径外，《最高人民法院第二次全国涉外商事海事审判工作会议纪要》对此也作了规定，① 此举表明最高人民法院对获取域外法内容的途径持实用主义和开放态度。因该规定并未上升至法律法规，甚至司法解释层级，故实践中并未得到普遍适用。例如，在某一涉台婚姻案件中，由于当事人无法提供我国台湾地区相关规定内容，一审法官自己通过网络相关数据查知后，直接引用台湾地区法规作为理由审理案件，但一方当事人在二审中提出异议，认为一审时法官查证台湾地区相关法律的方法不合规定，二审法院审理后将案件发回重审。② 而在"赵某诉姜某、上海鹏欣（集团）有限公司、高某及美国 MPI 股份有限公司出资纠纷案"中，法院却对网络查明域外法方法予以了认可。③

课题组认为，除司法解释规定的基本途径外，可参照《第二次

---

① 最高人民法院关于印发《第二次全国涉外商事海事审判工作会议纪要》的通知（法发〔2005〕26号）第五十一条规定：涉外商事纠纷案件应当适用的法律为外国法律时，由当事人提供或者证明该外国法律的相关内容。当事人可以通过法律专家、法律服务机构、行业自律性组织、国际组织、互联网等途径提供相关外国法律的成文法或者判例，亦可同时提供相关的法律著述、法律介绍资料、专家意见书等。

② 沈涓：《中国法院审理涉外（涉港澳台）民商案件情况区》，载陈泽宪：《国际法研究（第八卷）》，社会科学文献出版社2013年版，第349页。

③ （2003）沪一中民五（商）初字第116号。该案中，合议庭利用网络对原、被告提交的美国特拉华州法典普通公司法的相关条文和被告提交的来源于美国"LEXIS"网站的判例在互联网上进行了查询，并将查询结果交由原、被告双方质证，并聘请华东政法学院教授作为专家证人出庭，见证整个查询过程，并就查询程序合法性发表了专家意见。法院最后确认域外法内容并适用。

全国涉外商事海事审判工作会议纪要》第51条的规定及精神，进一步拓宽域外法查明途径，以充分保障法官在涉外案件审理中准确适用域外法。第一，查明域外法应贯彻最大努力原则，审理法院应尽最大努力查明域外法，不宜轻易以不能查明为由不予适用域外法。由于司法实践中采用最多的是当事人提供域外法，因此在当事人不能提供的情况下，有一些法院在个别案件中简单以不能查明域外法为由不予适用域外法，这是实践中需要予以纠正的问题。第二，建立域外法专家名册库，并提高专家途径提供域外法意见的采纳率，使之成为法院在具体案件中理解该域外法的参考；还可考虑增加委托专业查明机构、法官自行查找域外法等途径，以及逐步推动将域外法查明纳入区域经济合作体系。第三，适当放宽对查找的机构、载体及文本等不合理限制，当事人可通过法律专家、法律服务机构、行业自律性组织、国际组织、互联网等多渠道提供相关外国法律的成文法或者判例，还可提供相关的法律著述、法律介绍资料、专家意见书等。

三、充分运用合作查明机制

（一）完善"法院—机构"合作查明机制

国内专家提供途径可以说是短期内最为可行且有效的查明方式，因为他们既熟悉本国法律体系又对域外法颇有研究，语言沟通和专业优势明显。当前专家提供途径使用率与采纳率存在倒挂现象，主要原因在于优质学术资源与实务部门缺乏长期稳定的合作机

制。因此，为充分发挥专家查明途径的功能，我国司法部门着手探索借助法律院校在域外法研究领域的人才和资源优势，为国内法院查明域外法提供技术支持。从2013年到现在，最高人民法院已密集参与建立了四个域外法查明中心，同时开创了"法院—高校"合作查明模式。由于处于刚起步阶段，查明平台的运行机制不够完善和成熟，可资查明的内容还非常有限，特别是域外判例的收集整合度还很不够，尚需加快建设步伐和增加建设投入，以期建立健全一套程序严谨、内容丰富、机制透明的查明制度，真正发挥机制实效。对此提出以下几点建设性意见：一是严格专家选任机制。专家资格决定了域外法查明意见的准确性和权威性，有必要建立专家认证机制，根据教育背景、知识结构、从业经验、对某域外法的研究水平等选任标准建立专家名册。二是规范委托程序。法院内部成立常设联络部门，当需要查明域外法时，由该部门出面就域外法查明事宜与域外法查明机构负责人联系，办理具体委托事项。委托时应明确双方的权利和义务：第一，法院需向专家提供卷宗材料，并列出相关的正式的问题清单；第二，设定查明期限，应要求专家在一定期限内就所提出的问题提交书面意见书；第三，排除利害关系。为确保专家意见的独立性和公正性，对有意参与查明工作的专家，还应当根据法院提供的初步资料进行利益冲突检索。

在建立信息共享大数据平台的同时，应鼓励自由开展对外交流合作。如2017年10月21日，由中国政法大学"一带一路"法律研究中心主办的"一带一路"法律保障国际研讨会在四川省成都市召开。由中国政法大学"一带一路"法律研究中心、波兰华沙大学、四川省企业联合会、天府新区成都管理委员会等多家单位共同签署了《共建中国政法大学"一带一路"法律研究中心合作框架协议》。协议中指出,未来各单位将共同策划组织论坛、研讨和推介活动,并成立专项课题,进行深入研究。法律研究中心还将为相关机构、企业提供专项法律服务和进行涉外人才的培训,为国际化进程提供人才储备保障。同时,中国政法大学"一带一路"法律研究中心还聘请了多位中外教授、律师、企业家为高级顾问,旨在协同政府机构、学术界、法律界、企业界的多方力量,共同谋划"一带一路"法律保障蓝图。

此外,信息技术障碍也是"一带一路"沿线国家和地区司法判例查找难以逾越的关卡。在实地走访西安交通大学的过程中,课题组虽了解到俄语语种的成文法国家官方网站会公布该国案例,并且在 qamqor.gov.kz 网站可以查询哈萨克斯坦的指导性案例,但输入该网址,并不能打开外国网站。建议我国在保障信息安全的前提下,增加相关领域信息服务。并且,在服务业发达的今天,出台具体的政策鼓励像深圳蓝海现代法律服务中心这样有资质的创新企业相互竞争,借助新媒体、大数据、信息服务的支撑,建设"一带一路"全球司法信息高速公路。开发 PC、手机等多终端访问入口,支持"一带一路"沿线国家和地区多种语言访问,覆盖全球大部分地区受众,进而促进"一带一路"沿线国家和地区互联互通、合作共赢,从而推动我国对外国司法判例研究的进程。

(二)建立"法院—法院"协助查明途径

相比其他查明途径,直接通过准据法所属国的法院查明有很多优势。一是省去使领馆等外交途径烦琐的转交程序,直接和对方法院无缝对接,大大提高查明效率;二是没有受聘或委托专家的立场偏袒问题,也避免双方所提供专家意见相互矛盾情况下的查证难问题;三是比多边条约途径更简便易行,不需要涉及复杂的多边协调谈判,甚至还可以采用非正式的合作机制。从域外法查明途径发展趋势看,由于"法院—法院"途径兼具低成本、高效性、权威性的特点,正逐步得到大多数国家的认可和采纳。比如,2010年6月,新南威尔士高等法院与纽约高等法院首席法官签署了相互提供域外法意见备忘录,由首席法官设立一个五名法官组成的常务小组,以非官方身份对新南威尔士高等法院的相关法律咨询予以解答,而新南威尔士高等法院也要本着互惠原则,在其诉讼程序许可的范围内提供对等帮助。① 目前,我国也有上海合作组织成员国最高人民法院院长会议机制、亚太首席大法官会议、国际最高行政法院协会大会等多种沟通渠道,完全具备"法院—法院"合作查明的基础。

(三) 构建"一带一路"区域合作查明机制

随着"一带一路"倡议的推进,中国与"一带一路"沿线国家和地区的经济交往日趋深入,我国法院审理跨国民商事案件过程中需要适用域外法的情形越来越多,能否准确确定域外法,关系我国司法裁判的国际影响力和公信力,也关系"一带一路"良好法治环境的营造。然而,我国当前签署的多边条约大多集中在域外文书送达、调查取证和相互承认与执行民事裁决等领域,并未签署专门

---

① See J. J. Spigelman A. C. , "Proof of Foreign Law by Reference to the Foreign Court", law Quar – terly Review, Vol. 127, 2011, p. 215.

关于域外法查明的多边条约,且当前双边司法协助途径程序烦琐,操作细则不明,没有成熟机制可遵循,难以满足实践中纷繁复杂的域外法查明需求。为使"一带一路"国家更便利地查明彼此法律,我国可以考虑作为区域合作查明的发起人,建立区域多边合作查明机制,以缓解我国法院目前查明域外法的压力。无论是国际上多边条约查明途径的成功范式,以及我国现有双边合作查明机制的前瞻性探索,还是最高人民法院对构建区域合作查明机制的重视程度,①都充分表明建立"一带一路"区域合作查明机制的条件成熟,基础坚实。依靠国际司法协定,约定互相提供司法判例(指导性案例)条款能够有效解决司法判例来源问题。法律的约束力能够更好地满足我国迅速查找他国司法判例,并全景式掌握他国司法状况的需求。

(四)探索民间协助查明途径

实际上,域外法的查找途径越多,准确了解和研究域外法的概率就越高,相关案件就越能够得到公平、公正和顺利的解决。在"一带一路"司法判例的研究中,运用包括民间途径在内的多元化查找途径十分重要。课题组曾实地走访福建省泉州市侨联,受到当地侨联主席的重视、关切和支持。据了解,根据泉州市归国华侨联合会、泉州市侨商联合会针对国外闽籍社团的充分统计,截至2016年年初,世界性闽籍社团共有20个,亚洲地区闽籍社团1382个,

---

① 最高人民法院在2015年新闻发布会上已明确表示要逐步将域外法查明纳入区域经济合作体系。2015年7月,《最高人民法院关于人民法院为"一带一路"建设提供司法服务和保障的若干意见》提出要推进与"一带一路"沿线各国的国际司法协助合作。

"一带一路"沿线国家和地区司法判例研究方法

美洲地区闽籍社团 233 个,欧洲地区闽籍社团 104 个,非洲地区闽籍社团 31 个,具体包括但不限于同乡恳亲大会、宗亲会、联谊会、联合会、促进会、理事会、互助社、学社、学会、协会、商会、公会、会馆、会社、会堂、公所、联盟等。课题组了解到泉州市归国华侨联合会正着手打造南洋华裔族群寻根谒祖综合服务平台。该平台是政府主导、民间参与的公益项目,同时也是官方的、权威的专业寻根服务平台,已列入福建省和泉州市国民经济和社会发展"十三五"规划,以及福建省"海丝"核心区项目、泉州市"海丝"先行区"十大行动"计划。平台将建立包括海内外侨情在内的数据库,并且以泉州为起点,向福建省、全国拓展,由东南亚向世界各地辐射。未来,我们可以运用该平台资源信息共享,用以联络具有法律专业背景的海外华裔,寻求关于外国司法判例查找的帮助。

基于上述查找思路和路径,在研究过程中,课题组向泉州市侨联和华侨大学发出协助调研邀请,希望借助其相关资源优势,向具有法律专业知识的华侨华人、外国友人寻求了解国外司法制度及查阅司法判例的查找途径,初步了解到马来西亚、新加坡、印度尼西亚、菲律宾等国部分情况(具体详见附录二),以便于开展相关司法制度研究和实务研判。

总之,作为"一带一路"的倡议国,我国应当以更加积极、主动的姿态及时整合和协调各种资源和力量,完善外国司法判例查找途径,提高查找期限的可预见性,提高查找效率,确保查找结果的权威性和准确性,为建立常态化的动态研究机制体系奠定基础,促进涉外审判质效提升,营造一个有利于国际民商事交往的法治环境。

第三节 以案例为本体的研究方法

通过前述对"一带一路"沿线国家司法判例的宏观归类、微观分析、脉络梳理、规律把握等研究分析后,课题组认为,对"一带一路"沿线国家和地区的司法判例的研究可从三种方法入手,具体可分为个案研究、类案研究和统计研究三种形式或方法,从而达到提升研究效率、研究深度和研究价值等目标。

一、个案研究方法

针对具有典型意义的个别司法判例,结合案件事实与裁判说理,就特定问题发掘司法判例中具有典型意义的内容加以分析和讨论,以明确特定规则或原则在个案中的适用情况。我国台湾地区司法主管机构大法官、台湾地区世新大学廖义男教授指出:"个案评析即对单一之法院裁判,先就其个案之事实、争点、法规之解释与适用,予以叙述后,从法理上予以评析法院认事用法之过程及结果,是否论证严谨,见解是否符合法规文义、伦理逻辑及立法目的。个案评析之选择对象,通常是该法院裁判表示之见解,对法规之阐明有重要之指引作用或有新的观点,应予重视,或其见解独特,值得注意与讨论者。"

在进行个案研究时,应当确定研究的目标。按照日本学者的总结,大致有如下目标:一是判决先例研究,即通过个案找出对未来

153

"一带一路"沿线国家和地区司法判例研究方法

的判决有先例指导性或约束性的规范;二是对法律论的研究与批评;三是裁判在经济、社会背景上的问题研究,主要是法社会学研究;四是裁判心理过程的研究。结合到"一带一路"沿线国家和地区司法判例的研究来看,研究目标可以分为:浅层目标是就"一带一路"沿线国家和地区的某一司法判例的案件事实、争议焦点、法律适用等进行评述,中层目标是从法理上对这些司法判例的法律推理论证过程、价值衡量取舍、裁判心理过程等进行评析,深层目标是发掘这些司法判例形成的政治、经济、社会背景和放大一些具有代表性的司法判例的规范价值。①

在具体适用上,个案研究或者是为了提出问题,或者是为了印证或验证某种理论预设,或者是为了说明规则适用中的涵摄要点,或者是为了展示修法之需要,不一而足。在我国,大量的案例研究著述由法官撰写,但这类著述多为案件主审法官或系统内部研究者所谈的"办案心得"或未及说明的裁判理由展开,难以确保学术客观性。因此,法律学者应当更有作为,在案件裁判前为法官做好理论准备,在裁判后总结案件的裁判法理,辅助法官司法审判。这当中一项很重要的工作,就是进行个案研究,透过比较法视角,揭示"一带一路"沿线各国司法判例蕴含的普适法理,提升典型案件的规范意义。我国台湾地区的王泽鉴教授诚为学界标杆,数十年来发表一系列案例评释,参酌比较法上的文献,将外国先进学说和判例引入台湾地区审判主管机构民事判决的检讨,对促进我国台湾地区

---

① 课题组借鉴张家勇教授对民法案例研究的方法分类,详见张家勇:《探索司法案例研究的运作方法》,载《法学研究》2012年第1期。

审判水平的提高,起到至关重要的作用。我们也希冀更多的法律学者参与到个案研究中来。

二、类案研究方法

对某类别判例的整体研究,通过辨别判例之间的异同以确立类型区分或促成抽象规则的具体化。也即"系列评析系就适用同一法规条文之所有相关裁判作系统之整理、分析,观察法院之论证方法及见解有无分歧或保持一贯,以及前后有无及如何变化等,并据此评析其对法规发展之影响。"尽管在判例选择的范围上更为广泛,类案研究仍可视为个案研究的扩展形式,因为它仍然需要依凭判例的典型性确立类型区分,而这恰恰是个案研究的特征所在。所以,二者通常只有研究范围的广狭之分。不过,类案研究在判例使用上并不像个案研究那样可以单纯为发现问题而使用判例,而主要针对法律中的不确定概念或一般条款等抽象性的规范形式运用判例展开类型研究。

目前,国内关于司法判例的类案研究尚处于起步阶段,缺乏对两大法系司法判例类案的比较研究,更遑论"一带一路"沿线国家和地区司法判例的类案比较研究。上海财经大学法学院的朱晓喆教授于2012年组创"比较民法与判例研究所",在部门法类案比较领域走在全国前列。几年来,运用多个国家的法律体系聚焦考察同一国司法判例,陆续发表国别报告,主题包括"第三人惊吓损害侵权责任的比较法研究""第三人侵扰婚姻关系法律问题的比较法研究""见义勇为民事责任的比较法研究"以及"提单法律性质研

究"。其基本方法模仿欧美"共同核心"项目，根据案例事实设计若干问题，邀请研究者根据不同国别的法律文献，报告该国的立法、裁判和学说状况，并对国内样本案例提供说明或建议。以期"就一个专题绘制一幅主要法系代表国家的法律图景"。就这些已完成的几组研究报告而言，可以看出有时各国法律的处理结论一致但论证思路不同，有时结论和论证过程都不同，这种差异的存在也反映出法律的地方性以及法律统一的限度。

尽管上述项目的国别比较是放眼全球范围，但在"一带一路"沿线国家和地区司法判例的研究中，是可以借鉴这种较为成熟的类案研究方式。以某个法律纠纷类型为一个研究主题，设计若干问题，邀请"一带一路"沿线国家和地区的司法人员或者学者根据其所在国家的法律文献及司法实践，对该国的立法、裁判和学说状况作出报告，再将报告汇总成册。

三、统计研究方法

对一定数量判例依相关变量进行统计，根据样本总体特点解释或说明法律现象或问题。统计研究和前述两种判例研究方法的最大差异在于，前两种判例研究方法都必须依赖于所使用判例的典型性确立判例的说服力，有关典型性的不同看法会对判例使用的有效性产生明显影响。相反，判例统计研究则无需借助所选判例样本中具体个案的典型性和权威性，而是借助样本整体的代表性确立其结论的可信性。

在具体运用上，统计的样本数量必须够多，如果样本数量太少

就不具有统计学上的意义。在研究中设置统计变量的时候，要考虑研究目的，是侧重于法律规则还是侧重于法社会学的研究。因此，和所有统计方法的运用一样，其重点在于样本选择的合理性。在进行司法判例的统计研究中，除了统计方法的运用外，统计数据的整理与获得也极具挑战性。最大的问题在于判例样本数量庞大，若缺乏高端的统计工具，统计数据的整理是非常困难的，特别是司法判例的统计数据很难单纯通过技术手段完成。因为判例中很多事实，包括判决的事实论和法律论是无法通过单纯关键词检索就能确定的，而是通过实际阅读判例加以确认。

一般来说，包括以下步骤：第一步，通过数据库或其他渠道查找判例。阅读挑选后确定拟研究的判例样本。第二步，确定统计变量并制表。尽可能将统计变量确定得更细致一些。第三步，运用统计软件（如SPSS）对统计变量进行统计，获取统计数据，以此作为研究的基础。

本课题组在对我国涉"一带一路"沿线国家和地区案件的审判数据收集方面就运用了统计研究的方法。为确保样本的整体性，本课题样本选择为中国裁判文书网数据库中2012年至2017年涉及65个沿线国家的民事案件。样本覆盖四级法院，涉及三级案由322个。统计的变量有：立案时间、涉及国别、法院级别、案件性质、案由等。

综上，个案研究、类案研究与统计研究三种形式可以互相穿插适用，相互补充。诚如于同志博士所言，既开展个案研究，通过对个案在事实认定、证据裁判、程序运用、法律适用等方面的研究，提炼有价值的裁判规则以指导后案的审理，也可通过研究司法判例的背景因素，挖掘可资借鉴的司法方法。又可以把个案放在类案中研究。借助信息时代的大数据技术，来考量个案处理上的正当性，并借此获取对类似问题的解决方案。还可以把个案置于社会大环境中，从法社会学角度对案件展开多角度的研究，以获取更为全面的法治信息。

总而言之，既要研究个案，也要研究类案以及案例基础理论；既要研究案例指导制度，还要研究案例的自发性运用；既要研究案例运用过程中可能面临的制度性难题，也要研究案例识别、比对、援引等方面的技术性问题；既要坚持运用案例分析等传统方法研究问题，也要积极借助大数据、人工智能等现代信息技术开展研究；既要立足于我国司法实践进行案例制度研究，也要放眼域外、积极借鉴国外判例制度研究成果。①

第四节　以技术为支撑的适用机制

研究"一带一路"沿线国家和地区司法判例，主要包括"检索""识别""适用"三个层面，其中，"检索"与"识别"是前提与基础，而"适用"是目的，是制度的功能载体。本课题研究意在提升我国涉"一带一路"案件的司法审判能力，基于实践操作层面的考虑，确有必要作出相关技术性设计与安排，形成"技术"体

---

① 于同志：《我们为什么要重视司法案例》，载《案例指导研究：理论与应用》，法律出版社2018年版。

系，以实现判例研究从实然层面过渡到应然层面，从理论场域发展到实践场域。

一、法系辨别技术

如前所述，法系不是指一个国家的法律的总称，而是指一些国家或地区的法律的总称。同一法系的国家或地区的法律具有多种共性或共同传统。在我国法律理论中，关于法系的分类突出了西方两大法系的划分标准，即法律传统、法律渊源、司法诉讼制度、法律分类和术语以及程序理念。①"法系的概念及其划分标准提供了一套比较客观的、便于操作的指标，将所有的法律制度，古老的和新兴的、发达国家的和发展中国家的、与研究者所在国同质的和异质的、研究者所熟悉的和陌生的、推崇的和贬抑的等，都推到一个平面上，承认他们都是世界法律版图中的一个组成部分，使它们并列，承认它们的并存，将它们区别和比较，使它们得到平等的对待、尊重和研究，进而可能消除以往研究的空白、盲区和偏见，提供了一个进行科学研究的前提。"② 法系并非天然的存在物，而是遵循比较法的基本目的和原则，研究者人为地根据其主观意图，将世界诸法律进行识别和归类而形成的带有某些共性的法的族系。研究法系必须要有一种比较的视野，用比较的方法去研究法系，才能洞见法的异同，从而进行法系的准确划分。

---

① 张文显：《法理学》，高等教育出版社、法律出版社2007年版，第200页。
② 杨亚非：《比较法总论》，吉林大学出版社2001年版，第58页。该书详细讨论了法系划分的意义，包括理论意义和实践意义。

"一带一路"沿线国家和地区司法判例研究方法

辨别法系，需要采取多元划分标准。随着法系理论①的发展，"传统的法系划分不合时宜，欧盟的法律一体化和法律全球化的进

---

① 自1900年巴黎国际比较法大会召开后，有关法系划分的理论日益丰富，各种观点和学说争鸣不断。1905年，法国比较法学家阿代马尔·埃斯曼持"多标准说"，将种族、宗教、历史和地理等多种因素作为考察标准，以此划分为罗马法系、日耳曼法系、盎格鲁—撒克逊法系、斯拉夫法系和伊斯兰法系。1913年，法国比较法学家绍塞尔·霍尔持"种族说"，以人类不同种族的划分为依据，将世界法律体系分为印欧（雅利安人）法系、闪族（犹太人）法系、蒙古（中国人、日本人）法系以及未开化民族（非洲人、美拉尼西亚人）法。1928年，美国比较法学者约翰·威格摩尔持"罗列说"，将人类历史上出现的法律制度和传统，以一种客观罗列的方式，归结为16大法系，即埃及法系、美索不达米亚法系、希伯来法系、希腊法系、凯尔特法系、教会法系、罗马法系、日耳曼法系、斯拉夫法系、海事法系、日本法系、中华法系、印度法系、伊斯兰法系、大陆法系和英美法系。1951年，欧洲比较法学者阿尔曼戎、诺尔德、沃尔夫则持"实质说"，他们依据私法和法系实质，在七大语系的启发下，提出了法国法系、日耳曼法系、斯堪的纳维亚法系、英吉利法系、俄罗斯法系、伊斯兰法系和印度法系。1951年，瑞士比较法学家施尼策尔综合历史与学理等因素，将世界法律体系划分为未开化民族法系、地中海民族法系、欧美法系、宗教法系和亚非民族法系共五个法系。1964年，法国比较法学家勒内·达维德采用"意识形态说"，以社会意识形态为基础划分了五大法系，即西方法系、苏维埃法系、伊斯兰法系、印度法系、中国法系。后来，他又对该理论进行修正，提出了著名的三大法系划分法，即罗马—日耳曼法系、普通法系和社会主义法系，此外用"其他法系"涵盖了伊斯兰法、犹太法和远东法以及马达加斯加和非洲各国法。1969年，美国比较法学家约翰·梅利曼持"法律传统说"，将那些法律起源相同或受同一法律传统影响的国家和地区归结为一个法系，进而将当今世界的法律体系划分为民法传统、普通法传统、社会主义法律传统等三大法律传统。1971年，德国比较法学家茨威格特和克茨提出了著名的"法律样式说"，他们认为一个法系的构成必须具备共同的法律样式，并以该学说为标准进而划分八大法系，即罗马法系、德意志法系、北欧法系、普通法系、社会主义法系、远东法系、伊斯兰法系和印度教法系。到20世纪80年代，日本著名比较法学家大木雅夫综合西学术观点，提出了独特的四大"法圈说"：(1)西方法圈：罗马法系、德意志法系、北欧法系，以及继受西方法的日本法等；(2)普通法圈：英国法系、美国法；(3)脱离社会主义的发展中国家法圈：苏维埃法、东欧各国法（亚洲共产主义法系）；(4)宗教性或哲学性的混合法：伊斯兰法、印度法、远东各国法。以上关于法系的划分内容主要参见［德］茨威格特、海因·克茨：《比较法总论》，潘汉典等译，法律出版社2003年版，第99~101页；［法］勒内·达维德：《当代主要法律体系》，漆竹生译，上海译文出版社1984年版，第25~29页；［英］约翰·亨利·梅里曼：《大陆法系》，顾培东、禄正平译，法律出版社2004年版，第2~5页；［日］大木雅夫：《比较法》，范愉译，法律出版社1999年版，第151页；米健等：《当今与未来世界法律体系》，法律出版社2010年版，第28~29页。

程日益加速，这使得法系的边界变得模糊"，① 法系的发展呈现出开放性、多元性与融合性的特征，"法律多元主义"开始兴盛，国内外学者已经将法系的内涵极度扩大。在法系研究中，我们既要关注各国和地区的共性，又要尊重法律多元现象的客观存在。首先，单一的划分标准，不能客观地反映所有法律的共性，更不能悉数囊括世界上纷繁复杂、形形色色的法律形态。其次，运用单一的划分标准，法系的分类必然会流于片面，从而使得划分趋于偏执和异端，甚至将一些无关紧要的标准考虑到划分法系的领域内，诸如人种和语言这样的标准。特定的法系必然植根于特定的法律文化，而且必然以此作为继续生存的土壤。比如英美法系，其鲜明的特征是判例法，由此就产生了一系列体现这一特征的法律制度、法律观念。这些制度和观念的形成无疑是植根于不同历史文化传统土壤之中的。

"一带一路"贯穿亚非欧大陆，沿线国家和地区涉及不同法律体系，各国法律传统、司法制度不同，政治背景、文化背景差异很大。课题组认为，研究"一带一路"沿线国家和地区司法判例，首先要了解沿线国家和地区的法律和文化，了解其法律传承和文化历程，增强对沿线国家和地区司法制度和运行的认知。同时，我们还应看到，这是个法治文化的问题，法治文化是一个国家在历史中形成的文化习俗和传统，包括法律的形成、沿革等，它的形成是一代又一代的积累。由于历史进程不同，许多国家属于不同的法律体

---

① 高鸿钧：《比较法研究的反思：当代挑战与范式转换》，载《中国社会科学》2009年第6期。

系,虽然"一带一路"沿线绝大部分是转型中国家和发展中国家,但从法律体系看,绝大多数国家还是沿袭发达国家的法律制度,比如沿袭欧洲大陆国家的属于大陆法系,沿袭英国、美国、加拿大、澳大利亚等国家属于普通法律国家;俄罗斯等东欧东亚国家,虽然也属于大陆法系国家,但独特的历史经历又导致它与其他大陆法系国家的不同;同为主要信仰伊斯兰教的国家,土耳其由于所处地理位置和早期对西方法律体系的吸收,法律体系不同于其他大多数伊斯兰国家,总体上仍然是大陆法系;阿拉伯国家及其伊朗属于阿拉伯法系等。正是由于"一带一路"沿线国家和地区存在不同的法治文化,又因历史沿袭类属于某一法律体系,因此,很有必要廓清法系划分,通过对各国、各地区的法进行更确切的比较研究,从而将不同国家、地域的法律根本区别开来,这也正是辨别法系的目的论基础。

二、要素检索技术

在大致识别了不同国家或地区的法系类别和法治特征后,如何准确检索判例,需要掌握和运用一定的基本检索技术。根据判例的生成、构成与存储,并运用信息学的检索技术,我们可采取"要素检索技术",即依托判例的基本"要素",并遵循一定的检索路径,进而最有效地确定判例。判例检索的步骤与方法简单叙述如下:①

---

① 本部分关于判例检索的步骤和方法内容,主要参考如下文献:肖永平:《论英美法系国家判例法的查明和适用》,载《中国法学》2006 年第 5 期;胡晓凡、李红勃:《浅析英美判例法的检索方法——以"哥斯布赖瓦公寓大厦"案为例》,载《法律文献信息与研究》2014 年第 2 期。

1. 准确拟定检索词和检索问题

检索词和检索问题是检索判例的最基本要素，是检索判例的首要步骤。对检索词的确定不仅涉及对案件事实的分析，也有对法律规范的思考。如果把案件的事实和法律问题结合起来思考，并用符合逻辑的语句表达出来，则生成了检索问题。准确拟定检索词和检索问题，既能提高检索效率，又有助于提高法律建议的准确性。那么，如何准确拟定检索词和检索问题呢？最有效的确定判例的方法是通过提炼出的案例事实来初步推测其法律意义，进而在检索资源中找到最恰当的法律依据。

以英美法系国家判例法规则为例，必须了解一个判例通常记载的主要内容。[①] 一般说来，一个判例包括下面十个部分：（1）案件名称，其作用是为了便于查找和引用具体案例；（2）法院级别与判决日期，它是决定一个判例是否可以作为先例以及对哪一级法院具有约束力的重要因素；（3）案情事实对理解一个案例有着重要意义，它主要是指那些对判决的作出起重大作用的实质性事实；（4）原告的诉求即当事人为什么把争议诉上法院和他想得到什么；（5）一个案件先前所经历的程序和前审的判决结果记载的是这个案件的历史，这对一个上诉案件尤其重要；（6）双方的辩论观点，有助于掌握案件的争论点、法官的意见和原因；（7）待解决的问题（the issue）是指每个案件所要解决的具体争议，法官的判决一般是围绕这个问题展开的；（8）本案法官的推理，即法官解决问题时采用的方法，主要包括演绎法、类比法、归纳法、区别法以及其他非严格

---

① 肖永平：《论英美法系国家判例法的查明和适用》，载《中国法学》2006年第5期。

逻辑推理方式,如援引权威观点、是否与现存的法律原则相连贯和具有一致性、以广泛公认的公理为依据等;(9)本案确立的法律原则(Ratio),也称"判决理由"(或称"决定性理由"),它对今后的案件具有约束力,正确确定一个案例的 Ratio 是查明和适用判例法规则的关键;(10)法官的附带评论仅具有说服力,没有约束力。因此,在适用英美法系国家的判例法时,关键就是要寻找和适用判例中 Ratio 确定的规则。

2. 借助二次文献检索判例全文

在确定符合条件的判例名称后,下一步就是检索判例全文。在现实的法律检索中,检索者不可能对每个案例相关的法律问题都十分了解,有些法律问题明显超出了检索者的知识范围,即便检索者熟悉案例所涉及的法律问题,所拟定的检索词和检索问题也不一定准确。在这种情况下,有必要借助二次文献,对需要研究并检索的法律问题有一个初步的了解,通过里面提供的与检索案例相关的专题分布,来确定判例检索方向,同时需要参考二次文献来缩小检索词或检索问题的范围,使其变得更精确。

二次文献,指的是没有法律拘束力、不能够作为先例被直接引用,但有一定说服力的法律资源,一般分为纸质百科全书和 Westlaw 法律数据库。比如,在美国法中,这些二次文献主要包括百科全书、专题著作、期刊和法律评述等。而在英国法中,与判例检索相关的二次文献主要有百科全书,其中包含《格式和先例百科全书》及《英国最高法院实务》,还有期刊杂志、辞书、《斯通司法手册》和《阿特金法院格式文件》等。① 因此，查找判例原文的资源也分为纸质的判例集，如美国 West 公司出版的纸质判例汇编，以及 Westlaw 法律数据库。那么，在案例研究分析过程中，应该在何时检索何种二次文献呢？对此，要视案例的性质以及检索者自身的法律知识而定。两种方式中，使用纸质资源检索判例相对网络检索耗时，不具有灵活性，但能够使检索者清楚地知道检索的进度以及下一步该如何进行。譬如，百科全书具有范围广，索引量大的特征，通过关键词确定专题后，一般都能够找到权威、准确的判例或判例范围，而且还会不断收录新的专题，如《美国法律百科全书》第二版中的"新专题资料"，可以使检索者查找到所关注领域内的近期更新资料。网络数据库更新速度快，搜索更便捷、灵活，但需要检索者自己摸索查找策略并不断进行回顾。在实际检索中，由于纸质判例汇编和法律数据库各有其优势，因此，检索时可以把二者结合起来运用，以便用最快的速度得到较满意的结果。

3. 进行有效的检索评估

下一步就是要对该判例的可采纳性和有效性进行一个综合评估，以验证在多大程度上可以依此判例得出最终检索结论。评估判例检索结果的一项重要内容，是确定检索到的判例是否有效。判断判例是否有效的标准为"三不推翻"：一是该判例未被与其在同一诉讼中的后续裁决推翻（即保持一致），二是该判例未被同一法院在后续其他判例中推翻，三是该判例的效力未被与该判例相关联的

---

① 胡晓凡、李红勃：《浅析英美判例法的检索方法——以"哥斯布赖瓦公寓大厦"案为例》，载《法律文献信息与研究》2014 年第 2 期。

参考判例在涉及所要引用的法律问题上削弱。前两个标准中出现的情况直接导致判例无效,但第三种情况并不必然导致判例无效,只是会在一定程度上削弱判例效力。在实际检索操作中,检索者可利用法律数据库确定判例有效性,即通过检索并验证判例在同一诉讼中的后续裁决,同时,需要关注检索数据库中的判例分析规则体系。对判例有效性的验证可通过法律数据库完成的,像 Westlaw 等法律数据库都具有判例引证检索功能,可以直接对某判例的有效性进行验证。

例如,打开标有最高法院判决的链接,在判决概述下方有一栏列出了以原判例作为先例的"后续判决"。[①] 在这些后续案例的判决左侧,体现用不同颜色标注出的词语,代表了后续案例与原判例的几类关系:红色词语包括区别和推翻,代表着原判例在后续判决中被提及,但法官拒绝遵从其原则或推翻原判决;绿色词语包括完全适用、支持、遵循,代表后续判决完全遵循原判例推理过程或支持原判例判决;桔色词语包括关注、提及、名称引用,表示后续案例既没有遵循,也没有推翻原判例的法律原则,只是提到了原判例名称作为构建推理过程的一步。在这些判例中,要特别注意用红色字标注的判例,即被区别或被推翻的判例,因为它们直接关系到检索者是否可以引用原判例来论证自己的法律意见。一旦查到该判例被推翻,或者判例在与当事人的案件相似的法律问题上被其他判决削弱,检索者可以返回对二次文献的研究,不但省时,而且有利于

---

① 胡晓凡、李红勃:《浅析英美判例法的检索方法——以"哥斯布赖瓦公寓大厦"案为例》,载《法律文献信息与研究》2014 年第 2 期。

检索者及时对检索情况进行评估和反思。

4. 确定准确的检索结论

在对原判例作出效力性评估后,检索者尚需考察后续判例区别或推翻的论点对应原判例中的哪个论点,并由此权衡研判后续判例时是否引用原判例。判例法不同于成文法,其效力情况和修正情况并不能在一本成文法典中直接查找到。先前判例的法律原则,可能被后续多个案子的法官所引证,也可能被法官质疑甚至推翻。原判例中可能针对多个法律问题都进行了法律推理并给出结论,而检索者的一项重要工作,就是把原判例中的论点与客户案例中的法律问题对应起来,以此来论证自己得出的结论的合理性。如果需要引用的原判例中的某一点恰好被后续判例削弱甚至推翻,则检索者就不应再以该原判例作为依据,否则将产生误导甚至出现严重的法律错误。如果需要引用原判例中的多点,则检索者仍可继续引用原判例中未被削弱或推翻的点来支持自己的论证。

三、差异区别技术

区别技术是英美法系中判例适用的至关重要的技术,但在大陆法系中也有区别技术,因此,区别技术是判例适用过程中的通用技术。简言之,区别技术就是揭示先例和待处理案件在事实上并不真正相同,因而不应适用同一法律规则。这种不同点不能只是表面上的,它们必须涉及问题的实质。这既可以是缺少先例中的某一关键性事实,也可以是存在某些多余的事实,而这些多余的事实使待处理的案件超出了先例中法律规则的范围。拉伦茨曾说:"对'必要

"一带一路"沿线国家和地区司法判例研究方法

事实'进行判断的目的有二：一是确定先决案件中所需的实质因素后决案件中都具备；二是后决案件与先决案件的不同之处无法排除对先决案件的适用。"① 具言之，区别技术的原理是通过将待决案件与先例的比较和"区别"，辨识能够正确适用于当前案件的先例。具体包括三个步骤：一是确定"裁判要点"中的"必要事实"，由于"裁判要点"中归纳提炼的"必要事实"可能存在缺乏针对性、说理性不强、归纳不周延等问题，需要"决定性理由"（即"裁判理由"）予以检验、弥补，进而具体确定"裁判要点"中的必要事实是否周延、充分、准确；二是进行相似性识别，即以"裁判要点"作为判断相似性的基准，判断的内容包括：待决案件的事实与"裁判要点"所包括的必要事实具有相似性，待决案件中所要解决的法律问题与"裁判要点"涉及的法律问题具有相似性；三是比对评估，即将"裁判要点"中的必要事实与待决案件的事实进行比对，进而客观评估二者是否存在实质性差异，并据此决定是否排除对先决案件的适用。如果把以前判决的原则扩展到现在的案件是可行的，那么，该判决中的法律原则就可以比把它流传下来的法院所期望的得到更加广泛的应用，此时前后两个案件的案件事实的差异，将被后来的法院认为是不重要的。如果把以前判决的准则适用于当前的案件看来不可行，那么，法院可以缩小该先前判决中的法律原则，以便使当前案件区别于先前判决中的法律原则，法院将会认为两个案件事实的差异是重要的，先前案件的曾经被广泛应用的

---

① 左卫民、陈明国：《中国特色案例指导制度的具体设计》，北京大学出版社2014年版，第168页。

判决中的法律原则,将被看作是法官的意见,它对处理此时摆在法院面前的纠纷是不必要的。区别技术灵活、精细而准确,掌握区别技术的法官们在整个判例法制度的运行过程中占据了举足轻重的地位,这也是判例法被称为"法官法"的重要原因。区别技术具体而精妙,具有浓厚的实用色彩,并且融入了价值判断,需要在很大程度上依靠法官的法律素养、社会经验和正当技术才能完成。

课题组认为,研究区别技术,是为了更好地解决法官审理涉及需要适用域外判例法时的实践困境,从而提高我国司法裁判的国际公信力。需要特别说明的是,根据我国成文的冲突规范指定适用英美法系国家的法律时,如果其判例法适合于解决案件的具体争议,应适用该英美法系国家的判例法。司法实践中,尽量采取多种方法查明英美法系国家的判例法规则,对"外国判例法不能查明"情况的认定必须持谨慎的态度。适用英美法系国家的判例法规则(即适用判例中的 Ratio),应采用符合判例法特征的方法确定每个判例中的 Ratio,以及采用区别方法决定适用不适用该 Ratio。

四、判例纂辑技术

实践中,目前我国涉外贸易和投资领域的法律信息服务尚存在诸多"用户需求痛点"。比如,相关国内外法律条文、案例、国际条约和惯例没有得到合理、系统的整合、开发与利用;对沿线国家法律信息的收集、编译和研究,不够深、不够细;尚未建成权威的相关法律智库;尚未能充分运用现代信息技术和新媒体,对沿线国家法律环境的变化,及时地予以捕捉、更新。概言之,专业化程度不足。因此，应重视对判例和判例研究成果的编纂、搜集和纂述的方法，其中既涉及对原始材料进行提炼、考证、排比的方法，也涉及运用材料得出研究结论的方法。

判例遴选、研究和应用的过程是一个信息传播的过程。当代信息科学的一个基本共识是知识分为知识本身和获取知识的方法两种，后者在信息爆炸的时代越发重要。判例制度也是如此。如果缺乏获取适当判例及研究成果的方法，那么随着"散装"判例和研究成果的增多，判例制度的运转将越来越困难。判例库是判例制度的"物质"基础，上文所提及的"丰富、可靠、精粹"可以作为衡量其优劣的标准。就像一个系统要有足够量的积累才能有独特功能的"涌现"一样，判例制度也必须积聚足够丰富的判例，才能发挥演进法律的作用。判例具有规范功能，这一功能要求判例必须是可靠的，即不仅判决的作出未受司法腐败、法律技术过于低下等不良因素的"污染"，而且判例在公开和纂辑的过程中也没有失真。"精粹"是与"丰富"相辅相成的一对标准。只有在丰富的基础上才能提供足够多的精华，但是，如果只是一味地丰富案例，那么也有泛滥无归之嫌，难以发挥演进法律的作用。

第五节　以统筹为组织的保障措施

一、强化统筹组织

以最高人民法院司法案例研究院为组织领导核心，加强"一带

一路"司法判例研究工作的统领和推进工作。通过统筹推进判例的收集、生成、推荐和评价工作，选出精品判例，储备高质量的判例资源。通过汇聚工作合力，团结、凝聚更多法学理论和司法实务界专家，共同参与"一带一路"沿线国家和地区司法判例研究工作，包括比较研究、综合研究和应用研究，以期研究和解决司法实践中亟待解决的重大理论和现实问题，努力推出一批有影响力的研究成果。紧紧围绕"服务司法审判实践、服务经济社会发展、服务法学教育研究、服务中外法学交流、服务法治中国建设"的五大目标，坚持服务、创新、合作、开放、共享的原则，借助人民法院信息化建设成果，运用大数据、云计算等信息化手段，凝聚各方面人才共同参与司法案例的收集、生成、研究、成果转化和中外司法交流，为审判实践提供更加有力的智力支持。

二、加强人才培养

党的十八届四中全会明确提出要"建设通晓国际法律规则，善于处理涉外法律事务的涉外法治人才队伍"。"一带一路"建设的推进需要多种多样的涉外复合型人才，需要加强法学与经济、国际关系、国际政治、区域研究、外国语言以及历史、宗教等学科的交叉融合，因此，应加强综合性研究和复合型人才培养，壮大涉外法治人才队伍。改革创新人才培养机制，采取分类选拔、重点培养等方式，吸引更多人才从事"一带一路"相关研究，鼓励更多学生掌握与"一带一路"相关的多学科知识。在必要时，可以整合各学科力量，加强国内外合作，建立专门培养涉外法律人才的教学研究机

构,为"一带一路"建设提供更好更有效的服务。同时,应加强法官域外法知识培训。我国域外法查明模式赋予法官在域外法查明事项上极大的权力,包括主动收集域外法证据材料和决定域外法内容是否可以采信作为裁判依据的权力。法官对域外法内容真伪的判断,一方面,凭借自己的学识经验和其他证据材料;另一方面,借助双方当事人对域外法证明材料的评价、质疑和辩论,从而获得心证。法官的学识、能力和域外法知识在查证域外法过程中就显得至关重要。而我国法官当前涉外审判水平、知识和能力相对不足,尤其遇到查证和判断英美法系法律和判例时更是力不从心,因此,有必要加强法官相关知识培训。如深圳市中级人民法院专门派出法官赴香港大学学习普通法,法官对比较法的学习和研究能帮助他们对有关的域外法有一个平衡的考虑,防止轻信片面和有偏见的信息。此外,还要充分发挥社会组织和民间组织的作用。如律师事务所在国外开分支机构、合作机构,可以聚集很多国外的专业人才,以德恒律师事务所为例,其在国外有150个合作机构,这些机构的人才可以为"一带一路"建设作出贡献。

三、建立专门法库

整合法院系统的案例研究资源,将中国裁判文书网、指导性案例、全国法院案例研究资源整合起来,促进对中国司法案例研究的整体思考、深入研究、共同行动。鉴于当前不规范的、各自为政的判例编纂、研究工作实情,探寻方法背后深刻的机理,从而激发法律共同体方法上的自觉意识,并推动建立丰富、可靠而又精粹的涉

"一带一路"判例库及判例研究文库(以下简称"两库"),编辑出版"一带一路"沿线国家和地区法律查明系列丛书,然后以"两库"为依托,采用各类体裁形成判例通说及学说通说合力机制,将"两库"里原生态的精华提炼出来建立索引,创造法律共同体共享的法教义学知识宝库。

四、运用信息创新

"法信国际版"(Global China Law)是目前收录中英文双语中国法律及案例资讯容量最大的互联网平台,面向海内外用户提供双语法律资讯服务。这是一个为海内外用户提供中英双语法律信息服务的互联网平台,也是传播中华法律文化、促进中外法治文化交流的重要窗口。建设、运用好"法信国际版",一方面,要充分应用大数据技术等先进科技,服务"一带一路"沿线各国司法机关和人民,推动法律文化和法治文明交流互鉴,促进各国司法事业发展和法治文明进步;另一方面,也要将其建设成为交流中外法律文化、展示东方法治文明的综合性法律服务平台,推动"一带一路"沿线各国法律文化和法治文明交流互鉴,让沿线各国司法机关从中受益,促进各国司法事业发展和法治文明进步,谱写"一带一路"法治建设新篇章,切实造福沿线各国人民。

"一带一路"法治地图平台项目于2017年3月21日正式启动。该平台将为"一带一路"建设的全面推进与落实、为中国企业和投资人"走出去",提供高端的法律信息保障和法律知识服务。随着"一带一路"建设进入全面推进、落实阶段,中国企业和投资人

"走出去"将面临比较复杂的法律环境;各国在法律规定、地缘政治、民族宗教以及社情环境上的巨大差异,导致中国企业在对外贸易和投资时,难以精准把握和有效利用各种有利规则、难以及时发现和防控各种风险点。"一带一路"法治地图平台将深入收集、研究沿线各国、各地区关于贸易投资、工程承包、劳务输出、知识产权、税收政策、外汇管制、海关关务等领域的法律制度和实践,通过移动互联网、"云技术"等现代信息传播手段,及时发布最新法律资讯和研究成果,为"走出去"的中国企业和投资人提供全面、专业、便捷的法律信息保障和法律智库咨询服务,帮助他们降低交易成本与投资风险。

第六节 展望与心愿

"一带一路"沿线各国和地区分属不同法系,在贸易、投资、金融、税收等领域的法律规则体系具有复杂性和多样性,这对"一带一路"法律研究和服务提出了很高的专业化和跨领域要求,需要在全面整合"一带一路"法律领域各方专业资源、汇聚众智众识等方面进行大胆探索和创新。在人才培养方面,采取聘请专家担任顾问和首席研究员、成立专家委员会等形式创新研究机制,组建判例研究专家团队,最大限度凝聚共识、汇聚智慧。在创新平台建设中,应以开放的理念,联合学术界与实务界各专业机构、各专家学者一起参与,以打造"综合型法律智库"为愿景,汇聚"一带一路"法律研究和实践各领域的智慧、经验和资源积累,结合法律专业数据库、"法律大数据""法律云"等"法律互联网+"的各种新技术、新媒体，为全社会奉献一款专业化、智能化、高效便捷的"域外法律查明和法律信息服务"高端互联网数据库产品。

在技术资源方面，重点探索法律专业与信息科技相融合的专业数字出版研发和应用技术，重点包括基于法律科学内在理论逻辑结构的专业信息资源组织和标引技术、基于法律特有语义表达方式的文本挖掘和分析技术、"法律大数据"相关算法和编程技术、新媒体技术在法律信息传播中的应用等，钻研"域外法律查明和法律信息服务"在"互联网+"时代的内在规律和用户需求，既要根据项目需要将以前积累的专业技术成果移植、应用到新项目中，还要实现技术研发和服务上的创新。采用最新的文本挖掘和分析技术，在海量法律信息资源中挖掘和揭示各具体条文、判例和法律文书间的关联互引关系，并以可视化的图表形式予以展示；使用法律大数据分析和智能推导技术，结合具体案例参数，预测企业在不同商业项目中可以利用的有利规则或可能面临的风险点，提前给予提示或预警。从国别、法律部门、行业领域、法律专题等多个维度，按照法律专业的要求为海量法律信息资源设计数据库组织结构、进行主题和分类标引，最终通过生动形象的信息导航模式，实现对法律信息资源的组织、存储、检索和展示的平台设计。

在技术服务方面，重点探索沿线国家法律条文、判例、应用法律文书以及相关国际条约、规则和惯例等海量法律信息资源的采集、翻译和数字化加工功能；相关法律信息资源的"云存储"、法律专业特色检索、可视化展示和互联网推送功能；对沿线国家政治、经济、法律和人文环境的大数据分析与智能研判功能；企业在

"一带一路"沿线国家和地区司法判例研究方法

具体案例中面临的有利规则或风险点的提示功能,专家智库咨询功能等。

通过开拓"一带一路"司法判例研究新局面,更好地促进审判体系和审判能力现代化。一是创新案例研究平台,运用众创思维,依托中国司法案例网,强化与政府各机关、执法部门、政法院校、律师仲裁等方面的案例交流合作,搭建起法学理论界和司法实务界共同参与的快速生成司法案例的平台,努力建成全国法院案例信息汇集中心。二是创新案例研究方法,发挥众筹智慧,构建信息化、智能化的案例生成、推荐、评价、交流机制,吸引法律实务界和法学界人士共同参与案例收集与研究工作,建立完善案例生成机制、评价标准,促进司法案例快速生成。三是推进研究成果共享,密切关注互联网及科技发展给全世界司法工作带来的新课题,推动案例研究资源、数据与成果的开放共享,畅通转化渠道,通过典型案例弘扬法治、彰显正义、惩恶扬善,为人们的行为提供正确指引。

设立"一带一路"司法判例研究基地。目前,在最高人民法院的指导下,全国已经建立多个"一带一路"司法研究中心(基地),但经课题组调研走访,了解到并无专门以"司法判例"作为研究对象设立的研究基地,关于"一带一路"沿线国家和地区司法判例的研究几乎处于真空地带,现已发表的研究成果也仅限于对外国判例的翻译和刊发,缺乏可供广泛运用和深度利用的判例资源和研究技术,无论是法学理论界,还是司法实务界对此都有极大需求,这一问题也引起了最高人民法院的高度重视,并于 2017 年度将其纳入重点课题研究范围。为此,2018 年初泉州市中级人民法院以本课题的研究为基础,与华侨大学联合设立"一带一路"司法判例研究基地。今后，研究基地将依托侨乡海外资源，一是搭建与有关部门的沟通交流和信息共享机制，加强与"一带一路"相关职能部门的联系互动，畅通交流机制，及时掌握涉"一带一路"司法判例发展动向。二是整合院校研究力量，密切与相关科研院校、研究机构的联系交流，加强对"一带一路"司法判例的研究，提炼、总结审判经验，推进理论研究和司法实践，并立足司法需求，积极加强研究成果的转化工作。三是针对司法服务和保障"一带一路"具体问题，加强涉外民商事审判理论等研究，提升涉外审判工作水平。四是每年定向开展前瞻性、针对性和储备性研究，形成有重要的参考价值的研究成果，以利于司法机关为"一带一路"建设提供司法保障。

拓展篇　人类司法文明发展愿景

第六章 基于文明维度的新型国际法治观

文明的概念提供了一个判断社会的标准。① 从人类学意义上而言，文明一般指人进化脱离了动物界与生俱来的野蛮习性，并以历时性界域中的有序管理为显著特征的规则社会，如闻名于世的华夏文明、古印度文明、古希腊文明和古埃及文明等；也可以理解为思想文化高度凝结的群体意识，如佛教文明、道教文明、儒家文明、基督教文明等。从人文地理学而言，文化变迁之于文明的产生有极大的作用，文明经由文化表达，同时由于环境的变迁，时代的更迭，不同地域的人类文化在历史进程中进退不一。纵观人类发展历史，人类有共同合作的开拓进取，也伴随着相互残杀的卑劣天性，然而，占据主体地位的历史趋势深刻揭示，人类要和平共处，合作共进，才有光明的前途。

---

① ［美］塞缪尔·亨廷顿：《文明的冲突与世界秩序的重建》，周琪、刘绯、张立平、王圆译，新华出版社 2013 年版，第 19 页。

"一带一路"沿线国家和地区司法判例研究方法

第一节 司法文明发展观

按照通常理解,判定文明的标准在于文字、道德礼仪、公平规则制度三个要素。人类社会发展创立共识性规则,人类相处之道与自然界丛林法则实现彻底脱离,文明得以真正意义上产生。正如中国历史学家吕振羽在《中国历史讲稿》中所言,"到了有巢氏,我们的祖先才开始和动物区别开来……从此就开始了人类历史",有巢氏生活在旧石器时代早期,开创了巢居文明。① 欧洲学者将"文明"定义为"指以教养和礼貌为核心的行为,与野蛮相对立,是一种繁荣和具有真正道德的人类生活状态"。② 根据马克思主义文明观,"文明时代是社会发展的这样一个阶段,在这个阶段上,分工、由分工而产生的个人之间的交换,以及把这两者结合起来的商品生产,得到了充分的发展,完全改变了先前的整个社会",③ 这一见解将文明置于"生产力与生产关系"这对基本关系中来理解,同时从历史唯物主义立场出发,认为文明产生于阶级社会基础之上,并

---

① 在中华民族文明史上,引导并带领先民脱离动物界而迈出人类第一步的便是有巢氏,自有巢氏之后的中华民族先民,开始由穴居乔迁巢居的新生活。国学大师钱穆在《国史大纲》中从人类历史文化演进视角分析认为,中国古代历史传说,极富理性,切近事实,与并世其他民族追述古史之充满神话味道者大不相同。如有巢氏代表巢居时期,燧人氏代表熟食时期,庖羲氏代表畜牧时期,神农氏代表耕稼时期。此等名号,本非古所本有,乃属后人想象称述,乃与人类历史文化演进阶程,先后符合。
② 陈启能、姜芃等:《文明理论》,海峡出版发行集团2010年版,第122~123页。
③ 中共中央马列著作编译局主编:《马克思恩格斯选集》(第4卷),人民出版社1995年版,第174页。

随着人类发展所处时代的更迭，以及生产力发展阶段需求，人类社会发展出不同形态的文明与之相对应。

一、司法文明发展三阶段

从人类司法文明发展方向来宏观考察，司法裁判方式的历史演进大体经历了三个阶段，即"神明裁判—法定证据—自由心证"阶段，① 而根据陈光中先生的研究，"如不限于欧洲大陆而从世界范围来看，后面两个阶段改称为口供裁判、证据裁判似更符合实际情况"，并提出了一种关于司法文明三阶段划分的新理论，即"神明裁判、口供裁判和证据裁判"。② 由此可见，作为现代司法文明标准之一的证据裁判原则，并非自古就有，而是司法制度发展到一定历史阶段的产物。

（一）神明裁判阶段

神明裁判或神示证据阶段发轫于人类社会早期，并广泛存在于各种原初文明之中，主要借助超自然的意力，如通过召唤所谓的

---

① 这一划分说法源于拉德布鲁赫关于诉讼法发展逻辑的论述，即"在程序法的发展过程中，以极其清晰的对比反衬出社会生活的逐渐变化，其次序令人联想到黑格尔精神发展过程的正反合三段式"。黑格尔"正反合三段式"分为三个阶段：第一阶段是中世纪及其以前的"神明裁判"或"由宣誓证人支持的无罪誓言"，以及"向控告人提出的司法决斗"；第二阶段是通过 1532 年《加洛林纳刑法典》在德国引入的纠问程序，其特征为"用现代符合理性的证据，首先是证人证言，取代了旧时建立在信仰和迷信之上的证据""纠问程序中还以详细的法律规定明确了其要件（一种法定证据理论）：只有嫌疑人认罪或者有两个见证人证明其行为时，才应该作出有罪判决"，这导致了"必须用刑讯强行取得其供词"；第三阶段则是"自由心证原则"的确立。参见［德］拉德布鲁赫：《法学导论》，米健译，法律出版社 2012 年版，第 141～144 页、第 146 页。

② 张保生：《陈光中司法文明三阶段新论的法治意义》，载《证据科学》2020 年第 3 期。

"神示",或者人类囿于生产力发展水平尚未能辨识的外在因素介入裁判,以当事人行为或考验的观测结果为根本准据,以此终局决断案件的裁处结果。如古巴比伦颁布的《汉谟拉比法典》中就有关于"水审法"的规定,即将犯罪嫌疑人捆绑后投至水中,如溺死则入罪,反之则属清白。此种裁判方式实际上是将公正裁决准据交由毫无科学精神与正义理性的射幸征象,根本无法明断是非,是人类早期特定时期的野蛮的非文明的司法审判活动。[1] 在欧洲中世纪早期,神示证据制度属于当时占统治地位的司法裁判方式。[2] 我国上古时期同样大量存在神判的传迹,据传皋陶担任"三圣"时期的刑狱执掌者,多次通过神兽獬豸断案,"触不直,乃去"。此裁判方式之意旨并不在于证明说服所谓充当法官角色的幕后"神主",而是依托意志力折磨性考验观测结果证明来说服"人间"法官,同时以"神主"之名赋予现实法官作出的裁决以必须绝对遵从的不可忤逆的神圣效力。

(二) 口供裁判阶段

随着人类社会发展水平和认识能力的提高,证据制度从"神

---

[1] 《汉谟拉比法典》第 2 条规定:"无故以符咒蛊惑他人时,受蛊人应至圣河;投入河中。受蛊人溺毙圣河中时,加蛊人取其房屋。圣河若以其无辜而不加伤害时,加蛊人处死刑。跳入圣河者取加蛊人之房屋。"参见 [英] 爱德华兹:《汉谟拉比法典》,沈大针译,中国政法大学出版社 2005 年版,第 26 页。

[2] 中世纪从事审判的牧师在进行火审时常会这样说:"噢,上帝,公正的法官,你是和平的缔造者,你作出公平的审判,我们谦卑地祈求你赐福,而这块炽热的烙铁彰显神灵,凭它对未决的争执进行公正的检验。倘若此人欲洗刷嫌疑,证明自己清白,就亲手拿起这块炽热的烙铁,他会安然无恙;倘若有罪,便让你最公正的大能在其身上昭显真相。邪恶压不倒正义,谬误永远战胜不了真理。愿主保佑。"参见 [英] 罗伯特·巴特莱特:《中世纪神判》,徐昕等译,浙江人民出版社 2007 年版,第 1 页。

判"进入"人判",告别了神明裁判的野蛮愚昧时期。与神明裁判显著不同,法定证据裁判方式将人类纷争的解决转向于依赖人,依赖人类自身的力量(包括口供和证言)来解决,而不再盲目信奉超自然的"神主"。当时实行口供主义,以采用合法的刑讯手段取得的被告人口供作为定罪的主要根据,口供被称为"证据之王"。①中世纪欧洲广泛使用此裁判方式直至近代,古代中国司法制度对此也极为推崇奉行。② 这一历史阶段将口供作为定罪主要根据,以口供裁判来彰显人治的本质特征。

(三)证据裁判阶段

站在历史的维度,近代资产阶级革命对专制司法制度的批判,引发权利意识的逐渐觉醒,彰显"天赋人权""平等""程序正义"基本法治价值的近代司法制度,如诉讼代理、辩护、法庭辩论等彰显犯罪嫌疑人、被告人的诉讼主体地位得以确立。正如陈光中先生对司法文明第三阶段考察的见解,证据裁判原则发轫于资产阶级革命时期,废除了刑讯逼供和法定证据制度,确立了自由心证原则。比如,《法国刑事诉讼法典》规定自由心证原则,包括两个层面的内涵,一是强调法官对证据审查判断事实自由裁量,二是基于已提

---

① 陈光中:《刑事证据制度改革若干理论与实践问题之探讨——以两院三部〈两个证据规定〉之公布为视角》,载《中国法学》2010年第5期。
② 如宋太祖建隆四年(即公元963年)制定的《宋刑统》规定,凡审理案件,应先以情审察辞理,反复参验,如果事状疑似,而当事人又不肯实供者,则采刑讯拷掠以取得口供。参见张晋藩:《中华法制文明的演进(修订版)》,法律出版社2010年版,第543页。

交的对被告人有利和不利的证据作为内心确信的根据。① 证据裁判对口供裁判的否定，是人类司法文明向前发展的又一重要例证，为不得强迫犯罪嫌疑人、被告人自证其罪提供了制度基础。《联合国公民权利和政治权利国际公约》第 14 条第 3 款规定："在判定对他提出的任何刑事指控时，人人完全平等地有资格享受以下的最低限度的保证：……（庚）不被强迫作不利于他自己的证言或强迫承认犯罪。"具体到刑事诉讼中，犯罪嫌疑人、被告人一般不承担证明责任，即享有不受强迫自证其罪的权利，该权利旨在保障个人不受公权力强迫作证，作出或提供可能导致自己遭受刑事指控的证言。我国 2012 年《刑事诉讼法》第五十条也规定了"不得强迫任何人证实自己有罪"，这是我国人权司法保障的一个重要进步。

综上分析，在司法文明三阶段中，由"神明裁判"迈进"法定证据"，其本质是神的意力让位于人的意力，后者否定并取代了前者；经"法定证据"迈进"自由心证"，其本质是证据证明力的立法（法定）预设让位于司法（法官）心证评价，后者否定并取代前者。在正反合三段式中，每一次否定都是司法文明的涅槃进化，如第二个否定取消了"被告人供词的优先地位""降低了人证的证明价值""相应提高了物证的证明价值"，② 人类司法文明化进

---

① 在法国的影响下，日本于 1876 年制定《日本断罪依证律》中，将《改定律例》原规定的"凡断罪，依口供结案"修改为"凡断罪，依证据"，并规定"依证据断罪，完全由法官确定"。由此，源于法国的自由心证原则，日本将之分别规定为证据裁判原则和自由心证原则。《日本刑事诉讼法》第 317 条将证据裁判原则明确规定为："认定事实，应当依据证据"，这也成为如今许多大陆法系国家和地区的一般性规定。参见陈光中：《证据裁判原则若干问题之探索》，载《中共浙江省委党校学报》2014 年第 6 期。

② 参见［德］拉德布鲁赫：《法学导论》，米健译，法律出版社 2012 年版，第 145 页。

程的助推力正是源于这种自我否定的内生动力,以"无限接近正义"为目标,通往正义之路,促进人类司法文明实现从低级向高级的渐变式发展。

二、比较与融合

人类法治文明的发展,并非只有一种模式。法治发展虽有一定规律,但因据以植根的各国法治"土壤"的不同,呈现出多样性与差异化。不同国家(或地区)的文化传统、国情特征、历史发展道路存在差异,必然走上各具特色的法治发展道路,至于经由哪种路径实现法治,如何具体设计法治制度,并没有统一的建构模式、实现机制和评价标准。

(一)法治文明比较研究

各国司法文明的发展既有共同性又有特殊性。从世界司法文明史的发展中,对司法文明史进行国别(地域)或法系的比较研究,将有助于了解不同司法文明在各自历史演进中的不同源流、进程和趋向,把握其富有特色的体系、制度变革及其内在规律性。司法文明史比较研究是一个充满魅力但又极难把握的领域,既有汇通古今中外的知识储备和语言修养的基本要求,还特别强调研究立场的客观"无偏见",同时应避免轻率地作出跨越时代和文化的价值优劣评判。

1. 比较研究的"客观"立场

世界上没有一种普遍模式足以统括所有社会的特征,更不应仅

凭一种"放之四海而皆准"的法则或真理，度量形态各异的文化存在。不同类型的社会秩序各有其征象和臧否，但都不乏其合理因素。比较研究司法文明史，不仅要阐明不同司法文明形态发展的异同，更要揭示造成差异的民族历史、政治经济、思想文化、地理环境等各种根源。于此而言，比较文明类型的研究进路，既要摆脱"某某中心主义"的狭隘束缚，尊重主体间的尊严平等，还应超越功能主义的解释模式，更多从"文化的层面感受不同文明发展的丰富性和多样性，而不仅仅局限于外观或功能上的辨异"。① 甚至可以作这样的理解，在法的问题上并无真理可言，每个国家依照各自的传统自定制度与规范是适当的；但传统并非老一套的同义语，许多改进可以在别人已有的经验中汲取源泉。②

站在历史的纵深维度，比较研究更应体现一种开放的视角，充分运用比较分析方法，在比较中鉴别，在比较中选择，在比较中互鉴。总之，不同法律文化间的比较不能失之于简单的价值上的判断，尤其不能以孰优孰劣论之。③ 那种仅以简单比较研究的偏颇结论来迎合预设立场的做法，无疑缺乏历史的视野和智识，对于司法文明史的比较，究其根本应着眼于现实，发掘历史中有价值的理念和制度，并赋予其崭新的价值和意义。

---

① 易平：《日美两国学者关于清代民事审判制度的论争》，载《中外法学》1999 年第 3 期。
② [法] 勒内·达维德：《当代主要法律体系》，漆竹生译，上海译文出版社 1984 年版，第 2 页。
③ 顾元：《比较司法文明史研究进路与范式的若干省思》，载《国家行政学院学报》2015 年第 1 期。

2. 比较研究的"本我"立场

法律的精神在于彰显社会传统、文化特质与民族精神。过去研究总习惯于把中国作为"他者"来对待,而将西方法学理论与法律概念理所当然地视作度量中国司法文明史的标尺。中国传统司法内在蕴含的和谐理念及外在发挥的秩序功能,鲜明地展现了一种有别于近代以来西方司法文明的价值形态,绝不能简单理解为西方话语的对应物或西方发展史上的中间阶段。近代百年来,法律移植成为中国法治现代化的重要途径。然而,从西方历史和经验中抽象出来的理念范畴、理论范式,并不能完全契合非西方世界背后的文化诉求、实践理性。缺乏厚植于本土文化的"非正式制度"作为因应支撑,从西土移植而来的"正式制度"往往"水土不服",由此导致的"制度断裂"及其引发的诸多法律和社会问题,一直困扰着我们。不能仅满足于以西方的理论框架、概念、范畴和命题来研究中国问题,因为这样弄不好只会把中国人的经验装进西方的概念体系中,从而把对中国问题的研究变成一种文化殖民的工具。①

法治的革新须与中国内在传统文化特质相契合,与中国特有的社会伦理相契合。对中国传统司法文明进行细致的描摹,并不是为西方司法理论框架提供零碎的注脚,而是要实现对自身客观理性的认识。我们应秉持"中西法律文化相互照明"的姿态来鉴别中西方司法文明史,把西方作为比较研究的对象与法学理论的资料,通过不同司法文化间的"相互照明",看清彼此间的异同,既用内在视

---

① 朱苏力:《法学研究的规范化、法学传统与本土化》,载《中国书评(香港)》1995 年第 4 期。

角来考察中国司法文明史,又借外在视角来审视它、"照亮"它。只有立足于研究对象所处的时代背景之中,以一种"同情或理解"的平和心境与之对话交流,产生共鸣,才能发掘出不同文明间独具的魅力和价值。

(二) 法治文明的共性融合

一部人类发展史,就是一部多元文明共生并进的历史。任何一种文明,不论产生于哪个国家、哪个民族的社会土壤之中,都是流动的、开放的。儒家思想源于中国,蕴藏着解决当代人类面临难题的重要启示,受到众多西方思想家的推崇;佛教源自印度,在中国发扬光大,影响遍及世界;沿着古丝绸之路,阿拉伯世界的伊斯兰文明如天文、历法、医药、人文等传入中国,中国的四大发明、农耕业以及养蚕、陶瓷技术等也由此走向世界……丰富多彩的当代世界,正是在人类文明的交流互鉴中塑造而成的。

人类法治文明形成了不同的类型和模式,如英国、美国等国的法官可以找出若干年前的判例去确定某一行为是否违法,而欧洲大陆的法官则主要依照体系庞大、逻辑严密的成文法典定罪量刑。但这并不影响古代地中海地区广泛的贸易活动,催生出商品交换规则十分发达尤以民法见长的罗马法,以及与罗马法一脉相承的现代民商事规则。在漫长渐进的历史进程中,地缘相近的人类群居板块所创造的法治文明呈现出渐进式融合与多样性共生,①法治从传统和古典发展到现代,但世界上并没有一成不变的法治现代化道路,法治模式不可能定于一尊。在不同社会历史条件下,法律制度的生成和运作模式具有显著区别。法治文明要持续发展,必须走自己的道路。这既符合人类文明多样性的客观现实,也是法治文明发展一般规律的要求。世界上没有哪个国家可以通过照搬照抄别国的法治模式构建起自己的法治文明。人类法治文明并没有因走向现代化而失去丰富多彩、流于千篇一律,反而在体现世界性的同时还保持本土性,呈现出一幅各美其美的图景。

三、现代司法文明观

司法文明是人类在司法实践中取得的重要且有益的成果,是人类文明在司法领域的延伸,属于法治文明的核心部分,决定法治文

---

① 以中亚国家法治文明为例:中亚地处欧亚板块的内陆腹地,是东西方文明交流的十字路口,是连接亚太与欧洲两大经济圈板块的陆路桥梁和纽带。封闭的地缘环境使中亚保留了古老的游牧传统,但由于处于世界各大文明交汇地带,又不断受到外来文化的影响。同时,宗教是文明的特殊载体,在中亚有种特殊的存在意义。特殊的社会发展历史,造就了中亚民族文化的多样性,塑造了中亚法治文明的交融性特征。中亚国家在古丝绸之路上占据重要地位,随着频繁的商贸往来,促进了中亚各国与贸易相关法律的发展,形成了许多有特色的商事习惯和商事法律。古代中亚的货币(如粟特硬币)和票据在贸易中的使用,改变了古丝绸之路贸易以物易物的交易模式。在漫长的历史发展过程中,中亚法律受到波斯古经《阿维斯塔》《汉谟拉比法典》古希腊法律和阿拉伯法律等法治文明成果的影响,并嵌入了许多新的异域法律文化基因。20世纪90年代,中亚各国开始着手建立自己的法律体系。除受苏联法律传统影响外,中亚五国宪法在不同程度上借鉴了欧美宪法中的一些内容,同时仍然保留中亚各国固有的法律习惯。此外,中亚国家的民商事、刑事、婚姻家庭、环境保护、知识产权、海关等法律领域的国别特色、民族特色和不同法系文明融合,特色鲜明,法律发展的后发优势突出。参见李玉璧、王亚妮:《中亚国家法律翻译与法治文明交流互鉴》,载《中国社会科学报》2020年8月21日第7版。

明的本质特征,是衡量政治文明发展水平的一个绝对性指标。

(一) 司法文明的基本属性

司法文明并非超乎现实的,而是与社会物质文明和精神文明发展水平相适应。司法文明与立法文明和执法文明息息相关,共同构成处于人类文明体系的核心地位的法治文明。[①] 司法文明形成于司法机构及其人员行使司法权的过程中,它是逐渐积累形成的符合人类文明、理性和特定时代的文明状态,在特定阶段人类认识层面上,司法活动与人类特定发展阶段相适应、符合社会实际,能够高效解决社会纠纷和保障人权,并且达到社会认同既有的司法体制和司法理念。[②]

在讨论司法文明发展过程中,我们必须明确几个问题:

第一,司法文明是一个历史范畴,人类社会是不断发展变化的,司法文明也会随着人类社会的发展不断发展。不同的时代具有不同的司法文明,所谓的"野蛮司法"在相应历史时期同样具有司法文明特征,也得到了当时社会的认可。

第二,司法文明是具体的客观存在,并不存在超国家的司法文明。不同国家和地区的政治、经济和文化发展不均衡,不同国家、民族和地区之间司法体制、法律文化存在差异性,因此,司法文明在全球并非同步发展,因不同国家或地区的法治发展水平和族群文化习惯的不同,呈现出不同发展势态,司法文明研究和构建应立足

---

① 范进学、夏泽祥、秦强:《法治文明论》,中国经济出版社2008年版,第78页。
② 潘纪强:《司法文明的内涵、构成与标志》,吉林大学2015年硕士学位论文。

于本国发展状况和具体国情。

第三,司法文明必然具有人类法治文明的共性。人类共同的东西是共通的,如共同的生存需要、安全忧虑、发展期望等,法律正是基于人类的安全安定等秩序需求而产生的,必然具有同质性。人类需求的共性决定了法治文明的共性,不同的法律生长形态(法系)之间,客观上存在着相互理解、相互认知、相互交流、相互借鉴的基础。

(二) 司法文明的现代属性

司法文明作为法治文明的核心,是现代社会文明的基本标志之一。现代司法文明是现代社会文明的核心组成部分,是从目前人类认识的角度出发评判的符合人类发展、符合司法活动发展规律、维护公正和保障人权的司法活动及其进步状态,是当今的司法活动应该努力达到的理想文明状态。现代司法文明应当是司法的全方位的文明,包括司法的外在文明和内在文明,司法的外在文明包括社会对司法整体的态度、对司法作用的认知程度、对司法结果的接受程度以及司法对社会发展的影响强度;司法的内在文明贯穿于司法活动的全过程,涉及司法的运行体制、运作制度、组成人员、裁决依据等都应当是文明的,具言之,包括起诉、受理、证据交换、开庭审理、调解、裁判、送达、执行等各个环节及其涉及的司法观念的文明。

(三) 树立新型文明观

人类社会自古就是由不同文明共同组成的历史集合体,当今时

代的人类文明更加丰富多彩。国家（民族）的文明是一个国家和民族的集体记忆，世界上有200多个国家和地区、2500多个民族、6000多种语言，这些共同构成了绚烂多彩的人类文明图谱。人类文明多样性是世界的基本特征，也是人类进步的源泉。世界上不存在十全十美的文明，也不存在一无是处的文明。文明没有高低优劣之分，各种人类文明在价值上是平等的，每个国家、每个民族的文明都有自己的本色、长处和优点，都有其独特价值，都值得尊重和珍惜。文明差异不应该成为世界冲突的根源，而应该成为人类进步的动力。

文明交流互鉴，与人类历史发展相伴而生，是推动人类文明进步和世界和平发展的重要动力。必须秉持平等、谦虚的务实态度，深入了解各种文明的真谛。人为地把文明划分为三六九等，搞唯我独尊、文明歧视那一套，自诩高人一等，只会制造与激化矛盾冲突，阻碍人类社会前进的步伐，最终导致自身封闭、孤立与内卷。只有抛弃居高临下的优越感，打破文明隔膜的坚冰，秉承平等谦逊、虚怀若谷的态度对待各种文明，在相互尊重的基础上积极借鉴其他文明的优秀成果，一种文明才能不断获得发展与进步。人类社会进步的重要动力在于文明的包容互鉴，只要秉持包容精神，就不存在什么"文明冲突"。我国倡导平等、互鉴、对话、包容的文明观，坚持秉持开放包容精神，多沟通、多对话、多协商，以文明交流超越文明隔阂，以文明互鉴超越文明冲突，以文明共存超越文明优越。

东西方哲学同声相应，揭示出世界的多样性与共通性。每一个国家都应根据自身实际情况和发展程度建立自己的司法文明，同时合理借鉴和适当移植域外司法文明发展成果,包括但不限于法律制度、规则及司法实践,对一个国家发展和优化本国司法文明也实属必要。中华文化主张"道法自然、天人合一",提出"万物并育而不相害,道并行而不相悖",认为世间万事万物可以共生共荣。中国在探索自己法治道路的同时,也为不同法治文明提供交流互鉴的平台。中国在推进"一带一路"建设中,吸引了分属于不同法律体系的众多国家参与,努力促进不同法治文明交流合作,倡导各国共同为建立更加公平的多边合作机制贡献智慧和力量。中国有信心为人类对更好社会制度的探索提供中国方案,并以实际行动促进人类法治文明在交流互鉴中焕发光彩。

第二节 国际治理面临的困境与反思

全球治理,即为"通过具有约束力的国际规制解决全球性的冲突、生态、人权、移民、毒品、走私、传染病等问题,以维持正常的国际政治经济秩序。"[①] 作为全球化"社会形式"之一的全球治理体系,自诞生以来,便寄托了人类期望克服全球化风险或危机,以实现人类整体和谐稳定的美好愿景。全球治理正是通过关注人类整体面临的挑战与问题,塑造维护人类整体利益与秩序的规则、机制,以达到促进人类整体进步与发展的价值目标。[②]

---

① 俞可平:《全球治理引论》,载《马克思主义与现实》2002年第1期。
② 蔡拓:《全球治理的中国视角与实践》,载《中国社会科学》2004年第1期。

一、全球治理体系的历史演变

从历史演进上看,全球治理历经传统国际治理体系与全球治理体系前后两个阶段。传统国际治理体系产生于特定的历史时代环境,深刻揭示了全球治理的国家权力特质。传统国际治理体系大致经历了帝国秩序体系和国际联盟体系两大历史发展阶段。① 帝国秩序的治理体系阶段以维也纳会议的召开为标志,开启了全球治理进程,打造了一个势均力敌的国际局势,协定了各国的权利与义务,促使国际交往和国际关系趋于体系化和制度化。一战后,为巩固和维系战后国际权力格局,全球治理进入国际联盟体系阶段,在欧洲传统强国的操纵下形成了对国际秩序的强制布局。传统国际治理体系的主要作用与中心议题,在于宣示与巩固强权国家在制定交往规则时的国际地位,强权国家的政治权力与地位变动对全球治理具有决定性影响,全球治理的议题设置与制度安排完全依附于强权国家的行动意志。

全球治理体系承接于传统国际治理体系,是二战后的产物。"冷战"的终结开启了全球化时代,经济全球化取代传统意义上的世界战争局势,逐步成为构造世界格局和全球治理形式的主要力量,同时作为全球治理体系赖以存在的基础,推动了区域性强权统治模式向多元国家主体协同参与的治理模式转向。全球化的迅猛发展又加速推动了全球治理体系的"裂变",使之日益与传统国际治

---

① 刘同舫:《人类命运共同体对全球治理体系的历史性重构》,载《四川大学学报(哲学社会科学版)》2020年第5期。

理体系相分离,而与经济全球化发展趋势相呼应。与此同时,伴随着经济全球化的发展,国际社会呈现出政治多极化、全球性问题复杂化和权威需求新型化的时代趋势,催生了新的全球治理体系形成。

全球治理从传统国际治理体系向全球治理体系的历史演变,彰显出国际治理模式的承接与分野趋势。两种治理体系形式虽然都突出强权管控功能的优势,遵循由少数国家规定国际事务权利与义务关系的强权规则,但在具体的治理理念和行动方式上存有差异。全球治理体系基本摒弃传统意义上的战争和军事手段,诉诸更加缓和的办法,在全球政治经济等多维领域形成竞争与合作共存的治理推力。

二、全球治理面临的困境

冷战结束后,国际权力格局发生深刻变化,现行国际法出现全球性治理的失灵,全球性危机凸显,现有的国际治理体系不能有效应对当前人类面临的复杂且严峻的挑战。随着各国综合实力的变化和全球不稳定性风险的挑战,全球政治失序、经济失衡和文化失范等危机日趋严重,现有全球治理体系难以有效应对,出现"全球治理赤字"。

就面临的危机而言,世界经济增长乏力,政治多极化持续演进,地区动荡冲突频发,金融危机阴云不散,发展鸿沟日益突出,兵戎相见时有发生,传统安全与非传统安全相互交织,局势乱象丛生。如单边主义、以大欺小、以强凌弱等违背国际法基本准则、突

197

破国际关系基本准则的实例层出不穷;在"冷战思维""零和博弈"狭隘发展等理念主导下,区域大国间的战略博弈渐趋激烈,地区热点问题错综复杂,民粹主义盛行、逆全球化现象复燃,恐怖主义、极端主义向全球蔓延。

在政治层面,早发性现代化国家,特别是个别超级大国,打着"捍卫国际规则"的旗号,对后发性现代化国家(尤其是意识形态敌对国家)不遗余力地推行"颜色革命",甚至直接进行武力干涉,催生出难民潮、恐怖主义蔓延等全球性难题。近年来,以西方国家为代表的早发性现代化国家不能理性看待中国和平崛起的客观事实,经由其所主导的世界舆论,设法炮制"中国威胁论",鼓吹"修昔底德陷阱",大肆渲染制造"零和博弈",增加了全球政治秩序风险。

在国际法层面,以联合国为核心的国际体系,既没有所谓"世界政府"的权力,也没有"世界警察"或者国际武装的强制力支撑,凭借的只是基于《联合国宪章》和一般国际法的法律价值、宗旨、原则以及国际规则,特别是国际法层面的感召力和影响力。国际法不同领域"法律不明"的现象很突出,① 国际法的实施缺乏有力保障,如美国政府近年来一直在国际法领域表现出单边主义、孤立主义、实用主义的作风,动辄对他国进行长臂管辖或者采取单边制裁,严重拖欠联合国会费,还不断退出国际条约、国际组织或者以退约、退出国际组织相威胁,世界贸易组织的纠纷解决机制因美

---

① 具体表现参见贾兵兵:《国际法中的"法律不明"问题浅析》,载《中国国际法年刊》(2013年卷),法律出版社2014年版,第73~92页。

国掣肘陷入瘫痪，对国际治理特别是国际法治产生了严重负面影响。

在经济层面，面对国际金融危机等全球性经济问题，早发性现代化国家坚持本国优先，不遵守起码的商业道德和交往准则，采取极限施压做法，或任意打击他国企业，或肆意货币量化宽松，霸道至极、违约成性，红利尽占、好处占尽，意图自己"站在干岸上"，不惜让世界经济陷入倒退的边缘，大多数后发性现代化国家无不深受其害。

在生态层面，迈过工业化初期粗放型发展阶段的早发性现代化国家，无视后发性现代化国家正当的发展权利，无端苛责后发性现代化国家承担与其正常发展需要之国际权利严重不匹配的国际减排责任，于己而言则"合则用，不合则弃之不用"，甚至主动"退群"，让全球气候变暖危险"放任自流"，等等。

三、反思与变革

面对如此复杂的国际问题，现有的国际治理体系无法从根本上有效地解决。权力政治观主导下的现代国际法规则重点关注国家利益和国家间利益，缺乏协同共情的国际社会导致国际合作在全球性危机面前难以发挥实质性作用，现行国际法观、目标价值及规则制度难以满足当前及今后全球治理的需求。国际关系的公平正义远未实现，国际关系民主化、法治化、合理化有待于进一步推进，这些需要克服的全球性风险和挑战，都离不开全球治理体系的变革。全球治理的主要手段和工具是国际法治，为解决全球治理失灵问题，就必须对国际法治进行变革，使之能有效应对全球问题，有效管理全球事务。

构建新型国际治理体系，对国际法治提出了更高要求，要以优化国际治理体系为宗旨推动创新国际法，以增强国际治理效能为目的强化遵从国际法，以及以实现国际治理价值为归宿公正适用国际法等。共商共建共享的全球治理观为国际法治变革提供新的理念，对人类共同利益的关注为国际法治变革提供核心目标价值。人类命运共同体理念正是中国在国际格局发生深刻变化、全球治理失灵的背景下提出的全球治理新方案。这一理念方案涉及系列核心国际法理论问题亟待解决，如人类命运共同体理念与现行国际法治关系如何，人类命运共同体理念如何为国际法治变革提供新方案，在人类命运共同体理念下国际法治如何变革，等等。

第三节 新型国际治理观

当今世界正处于大发展、大变革、大调整的关键时期，面临百年未有之大变局，人类共同利益与共生命运面临更大挑战，在大变局中"危""机"并存。百年未有之大变局，对于世界来说，是国际格局由少数西方强国主宰向逐渐形成一超多强、多极化格局的显著转变。国际社会普遍认为，全球治理体系变革正处于历史转折点上。全球治理格局取决于国际力量对比，全球治理体系变革源于国际力量对比变化。

一、根本价值：人类命运共同体理念

法治是规则之治，更是价值之治。推进全球治理体系变革，事关给国际秩序和国际体系定方向、定规则。国际法治同样需要价值指引，对于国际法的认识不应当仅停留在规则表面的层次上，必须确立相关的价值标准。确立国际法的价值标准，不仅有利于我们认识和评判国际法，而且对于改革与发展国际法也具有十分重要的作用。①

2020年2月13日，时任世界贸易组织上诉机构中国籍成员的赵宏在慕尼黑安全会议首届国际法论坛上指出："我们不得不承认国际法的发展正处于一个十字路口。与各国国内法治的发展现状相比，国际法治仍处于其发展的早期甚至是刚刚起步……将国际法治从理念转变为国际关系的现实理应更具挑战性。这个过程的实现需要各主权参与者具有较高的道德感和自律精神。"② 全球治理变革离不开理念的引领，应当推动全球治理理念的创新发展。"只有改革传统的全球治理体系与构建新型体系和制度两者齐头并进，走双轨增量的渐进道路，才能最终确立更为公正、有序、均衡、包容的新型全球治理体系和制度。"③

中国首倡的人类命运共同体理念，树立了全人类共同利益至上

---

① 何志鹏：《国际法哲学导论》，社会科学文献出版社2013年版，第200页。
② 赵宏：《处于十字路口的国际法：国际法治的理想与现实》，载《国际贸易》2020年第2期。
③ 王毅：《试论新型全球治理体系的构建及制度建设》，载《国外理论动态》2013年第8期。

的历史整体意识,这一自觉意识超越了传统利益固化格局。构建人类命运共同体思想回答了加强全球治理的原因、目标和路径问题,深刻揭示了中国提出的共商共建共享的全球治理体系的精神内核,必将对推动世界和平的发展进程与全球治理体系的根本变革带来巨大现实动力。人类命运共同体理念的提出,不是为了彰显中国自身的伟大智慧,而是旨在对当今世界存在的以全球性问题叠加为表征的全球治理困境的"对症下药"。在人类命运共同体的国际法观下,为实现人类共同利益这一国际法治变革的目标价值,现行国际法不仅要创新国家主权原则和不干涉内政原则的内涵,还需要推动人类共同利益原则作为国际法基本原则。国际法治变革应确立"以人类为本"的根本理念,坚持"合作共赢、包容发展"基本原则,革新丰富国际法主体理论和国际合作原则,完善并发展实质人权、生态环境、人道主义及全球公域资源利用等方面的国际法治制度,共同增进人类共同利益。

  作为形成中的新型国际治理观,这一理念得到了国际社会的广泛认同和接受,已经从一国的政治理念转化成为国际社会的政治理念,必将引领现代国际法治变革,为全球治理提供新的方案,谱绘全球治理的未来善治图景。无须讳言的是,站在历史与现实的二元维度,该理念从提出到真正落地成为全球善治图景,必然要经历一个思想竞争激荡的艰难历史演化过程。这种新旧全球治理理念的转换过程,牵涉到全世界各国各民族,尤其关涉早发性现代化国家的现实利益考量,必将长期处于阻挠力量逐渐衰减和支持力量成长壮大的"此消彼长式"的拉锯渐变过程。但必须强调的是,主权国家仍然是国际社会的基础,国际法仍然是国际社会的基本准则。人类命运共同体理念既不是对既有国际秩序"推倒重来",也没有改变现行国际法的结构体系,更没有无视《威斯特伐利亚和约》签署以降逐渐生成的既有全球治理或国际治理的经验和制度事实。这一理念深刻认识到既有全球治理或国际治理经验和制度事实中的治理智慧,并在充分尊重这些治理经验和制度事实的基础上,对其进行思维方式或理念上的提升,对既有国际治理或全球治理的经验和制度事实进行承继发展、转型升级。

2020年,突如其来的新冠肺炎疫情在全球范围内产生巨大冲击,百年未有之大变局出现加速演变的新态势。大灾大疫面前,没有哪个国家可以独善其身。世界各国防疫抗疫思维与行动大相径庭,不同文明形态的差异性与独特性得到前所未有的展示,不同文明之间的互通性与兼容性得到世所罕见的释放。大疫之后,世界各国安危相关、人类社会休戚与共的格局和意识将随着时间的推移,日益强化和巩固。大疫之后的国际社会,需要更加警惕和防范某些国家固守"文明优越论"的危险性,更加充分地理解和尊重不同文明的差异性,更加理性地面对不同文明关系的复杂性。面对共同威胁和挑战,各国人民除了守望相助、和衷共济外,并无其他选择。大疫之后的世界面貌,包括力量对比关系、地缘政治格局、大国关系框架、国际组织的地位和国际关系准则等,必将发生更加深刻和广泛的变化。当前,全球抗疫格局已初步形成,人类社会命运与共的意识已被国际社会广泛认同和接受,尽管仍有个别国家和某些势力"暗地使坏"背道而驰,但丝毫不会改变人类社会相互依存、命运与共的本质属性,世界发展大势不会有颠覆性的改变,只会进一步巩固和强化,文明互融共生将是大疫后人类社会发展的主旋律。

二、核心基石:《联合国宪章》的宗旨和原则

联合国是当前最具普遍性、代表性、权威性的全球性政府间国际组织和综合性多边协调中心,在国际关系中具有举足轻重的地位和作用。作为其基石性文件的《联合国宪章》,是第二次世界大战后最重要的国际公约、最重要的国际法文件、最重要的国际制度渊源,为战后国际秩序与国际体系规划了全新面貌,为世界和平与发展勾画了美好蓝图。《联合国宪章》的宗旨和原则至今依然具有强大生命力,任何将国际社会出现的各种问题和挑战简单地归咎于其的做法都是不客观、不明智、不正确的。

当今世界发生的各种对抗和不公,不是因为《联合国宪章》的宗旨和原则过时了,而恰恰是由于这些宗旨和原则未能得到有效履行。当然,联合国体系的设计及运行实际中也存在一定缺陷,对其改革和完善应当遵循公平合理、共商合力、循序渐进的基本原则。和平、发展、公平、正义、民主、自由,是全人类的共同价值,也是联合国的崇高目标。各国应当共同维护以《联合国宪章》宗旨和原则为核心的国际秩序和国际体系,维护和巩固二战胜利成果,维护以国际法为主要载体的国际秩序及以联合国为核心主导的国际体系,标准应限定为以"《联合国宪章》宗旨和原则"为核心。中国始终做多边主义的践行者,积极参与全球治理体系的改革和建设,坚定维护以联合国为核心的国际体系,坚定维护以国际法为基础的国际秩序,坚定维护以《联合国宪章》宗旨和原则为基石的国际关系基本准则,坚定维护联合国权威和地位,坚定维护联合国在国际

事务中的核心作用。

三、重要抓手：厉行国际法治

国际治理的成效，取决于以国际法为基础的国际秩序的建立和维护，取决于各国（特别是大国和不同领域的利益相关国家）对国际法的应有尊重和遵守。在以国家实力为基础的传统国际关系转向以理性规则为基础的当今国际关系进程中，全球治理中的国际法治越来越具有举足轻重的地位。以解决全球性问题、维持正常的国际政治经济秩序为目的的全球治理，往往以具有约束力的国际规制和有效的国际合作为路径。① 作为"国际社会各行为体共同崇尚和遵从人本主义、和谐共存、持续发展的法律制度，并以此为基点和准绳，在跨越国家的层面上约束各自的行为、确立彼此的关系、界定各自权利和义务、处理相关的事务"② 的国际法治成为全球治理在国际规制层面的重要方法和路径。

近年来，在国际治理赤字日益严重的背景下，我国始终坚持多边主义，支持联合国发挥最重要的普遍性国际组织的积极作用，同时是国际法治的坚定维护者和建设者。中国作为最大的发展中国家，对于国际法的立场、态度、主张和贡献引人注目，并越来越具有更广泛和深远的影响。中国持这样的立场和观点：一是法律的生命在于付诸实施，各国有责任维护国际法治权威，依法行使权利，

---

① 中国社会科学院财经战略课题组：《推动完善全球治理机制》，载《经济日报》2013年11月22日第15版。
② 何志鹏：《国际法治论》，北京大学出版社2016年版，第44页。

善意履行义务。法律的生命也在于公平正义,各国和国际司法机构应该确保国际法平等统一适用,不能搞双重标准,不能"合则用、不合则弃",没有只适用他人、不适用自己的法律,也没有只适用自己、不适用他人的法律。二是世界命运应该由各国共同掌握,国际规则应该由各国共同书写,全球事务应该由各国共同治理,发展成果应该由各国共同分享。三是联合国要"厉行法治",各国关系和利益只能以制度和规则加以协调,不能谁的拳头大就听谁的。大国更应该带头做国际法治的倡导者和维护者,遵信守诺,不搞例外主义,不搞双重标准,也不能歪曲国际法,以法治之名侵害他国正当权益、破坏国际关系的和平稳定。四是国际社会应坚持公平正义,共同推动国际关系法治化,在国际关系中遵守国际法和公认的国际关系基本原则,用统一适用的规则来明是非、促和平、谋发展。五是共同维护国际法和国际秩序的权威性和严肃性,各国都应该依法行使权利,反对歪曲国际法,反对以"法治"之名行侵害他国正当权益、破坏和平稳定之实。

四、基本路径:推动国际关系民主化、合理化

全球治理体系作为全球性问题的处理体系,是塑造、调整、维护国际秩序的重要手段,也是形成健康稳定国际秩序的重要保障。国际秩序中所内含的国际法原则、规则和制度是构建全球治理体系的核心元素。公正合理的国际秩序与公正合理的全球治理体系之间存在着彼此依存的关系,可在动与静的两个层面相互促进、共同发

展。① 当前，尽管霸权主义和强权政治依然存在，但推动国际秩序朝着更加公正合理方向发展的呼声不容忽视，国际关系民主化已成为不可阻挡的时代潮流。

作为现行国际体系的参与者、建设者、贡献者，中国倡导国际关系民主化，秉承共商共建共享的全球治理观，坚持国家不分大小、强弱、贫富一律平等，支持联合国发挥积极作用，支持广大发展中国家在国际事务中的代表权和发言权。中国主张国际关系合理化，认为应适应国际力量对比新变化，推动全球治理体系改革，体现各方关切和诉求，更好维护广大发展中国家的正当权益；推动变革全球治理体制中的不公平不合理安排，增加新兴市场国家和发展中国家的代表性和发言权；推动各国在国际合作中的权利、机会、规则平等，平衡反映大多数国家的意愿和利益。中国将积极参与全球治理体系建设，努力为完善全球治理贡献中国智慧，同世界各国人民一道，推动国际秩序和全球治理体系朝着更加公正合理的方向发展。

---

① 黄进：《习近平全球治理与国际法治思想研究》，载《中国法学》2017年第5期。

第七章　基于人类法治共同体的法律趋同观

在经济全球化不断演进、国际治理挑战与机遇并存的当下，法律趋同化成为新的国际法治新常态。法律趋同化是法律形态的基础之一，是法律现代化的必由之路，是国际法治交流与合作的理论根基，也是构建人类命运共同体的重要途径。法律趋同化有其深刻的经济、政治、文化、社会背景，要在构建人类命运共同体的大框架下尊重并实现法律趋同化。

第一节　法律趋同化的理论基础

法律趋同化理论首先由李双元先生提出，是指在全球经济、政治、文化交往不断密切的背景下，基于国家间相互交往的需要，世界上不同国家的法律逐渐相互吸收、渗透，因而不断趋于一致的现象。① 法律趋同化不仅是指法律条文这个显性因素的相似性发展，

---

① 李双元、李赞：《全球化进程中的法律发展理论评析——"法律全球化"和"法律趋同化"理论的比较》，载《法商研究》2005 年第 5 期。

还包括法律价值、法律理念、法律文化等隐性因素的趋同化发展。

一、法律趋同化的深层背景

从深层次看,法律趋同化是全球化的形式和结果之一。张文显教授认为,全球化至少包括五个方面:经济全球化、公共事务全球化、人权全球化、环境全球化、法律全球化。法律全球化趋势主要表现为:法律的非国家化、法律的标本化或标准化、法律的趋同化、法律的一体化或世界化、法律职业和法律服务的全球化。① 公丕祥教授指出,在法制现代化进程中,确实存在着体现人类法律文明共同属性的普适性的构成要素,而这些构成要素为国际社会所认同,并且反映在世界各国的法律制度之中,在此基础上,才能实现法制现代化的民族性,在"普适性的共同构成要素"的实现方式上,"打上鲜明的民族印记,从而独具个性特征"。

与法律全球化相对应的,就是法律本土化和法律差异化。法律本土化是民族主义的表现之一,兼具地方保护色彩,主要体现在两点:第一,提倡立足本土谈法律,即要结合本国本地区的历史文化、民族特性、自然条件、生活方式等基础谈法律,以理性的态度面对外来文化与本土文化的冲突;② 第二,把法律本土化当作抵御全球化负面影响的有力屏障,即认为全球化对国家主权性和政府权威性造成了威胁,弱化了民族认同感,甚至冲击了本民族的利益,

---

① 张文显:《全球化时代的中国法治》,载《吉林大学社会科学学报》2005年第3期。
② 王泰升:《中国台湾地区的法律继受经验及其启示》,载我国台湾地区《研究院法学期刊》创刊号。

因此法律本土化正好可以与全球化形成制衡作用。

法律差异化则显示了不同国家法律的多样性。各国法律体系历史、法律文化、国际立法情况不一、背景各异，由此导致不同国家法律的差异化和多样化。但在国际交往中，人们在合作发展方面有着共同的目标和共识，我们需要就双方同一领域去推动法律的趋同。随着国家之间的协议越来越多，法律会越来越多地出现趋同化的趋势。在法律实践中，有些国家的司法实践就会被其他国家所借鉴，尤其是民商事领域的法律体系。有些法律体系之间的冲突难以平衡，所以这个过程中需要有更加灵活的解决方案，通过国内立法或者是统一的国际法来协调，也可以在国际组织的规则中去体现趋同性，建立起一个法律意义上的人类命运共同体。

法律的趋同化并不是要去抹掉各个国家不同的法律上的本土特色或者自己的差异之处，国际社会也要同时考虑到各国不同国情和不同区域的特征，在这个过程中求同存异，推动共同发展。当然做到这点是非常困难的，所以我们需要考虑到不同国家之间的差异性，同时也要去追求统一性。法律的趋同，这是一个进程，这个进程对我们来说有助于构建人类命运共同体。

一些学者认为，在法律全球化的进程中，必然会遇到诸如法律本土化等各式各样的阻碍。全球化对以民族国家为核心的法律结构所产生的巨大的冲击和影响，就在于它们引入了普适性或全球性这一关键性因素以及由这一因素的引入所产生出的各种问题。

二、法律趋同化的表现形式

不同国家的法律是由于国际交往的增加推动的，各个国家之间

联系愈发紧密，国家之间法律体系逐渐变得相似，也更加整合，所以就出现了法律的趋同化。法律趋同化最直接的表现结果就是法律共同体的建立，因此，探索法律趋同化的规律和形式，离不开人类命运共同体理念的思想指引。

作为处理中国和世界其他各国之间关系的一个基本指导方针，目前不少国家和地区都对人类命运共同体理念作出了积极回应，这已经是我们当今国际关系中非常重要的一个概念了。随着经济全球化，我们目前国内的市场是由领土定义的，各个国家之间互相联系，最终被融合成为一个全球性的市场，同时也使得很多区域变得同质化。法治和发展是一体两翼，各国都要减少法律方面的障碍，推动建立国际法律秩序。目前已经有很好的环境，帮助我们共同构建人类命运共同体，这正是法律趋同化的一个基础。

人类命运共同体理念的重点在于共同体。既是共同体，就要有共同的群体目标、共同的价值理念和共同的行为准则。从群体目标来看，人类命运共同体理念关注全人类而非某个个体的共同利益和共同福祉，关注人类的长远利益而非短期利益；从价值理念来看，人类命运共同体聚焦人本主义，倡导国际法向着以国际社会为本位转变；从行为准则来看，人类命运共同体主张国际社会建立一个具有广泛认同性和执行力的治理体系，各国拥有趋同的行为规范。

法律趋同化有很多不同的形式，不能仅仅看作是同质的法律发展和相互的同化。除了法律法规以外，还包括法律价值、法律权利、法律文化以及司法方面的趋同化。法律趋同化的实现方式可分为两种,即直接方式与间接方式。① 但不论何种形式,都承认并尊重法律趋同化这一事实的存在,这是人类命运共同体理念的重要组成部分。

第一个表现方式是直接形式,是以通过将所缔结的国际条约或吸收的国际惯例转化为国内法,以此方式实现条约缔约国或惯例接受国之间国内法之统一。也就是说,在各国司法方面,把国内法和国际条约相互连接,和国际规范连接起来。国家主权是一个抽象的概念,在国际社会中一个主权国家签订和加入国际条约,是为了自己的互利互惠的目的而去签订的,我们用这样一种特别的方式去理解主权。通过主权国家加入国际条约表达自己的意愿,必要的话,主权国家可以让渡部分的主权。

法律趋同化的第二个表现方式是一种更加整合的方式,即根据国际社会之共同理念或普遍实践改造本国国内法律体系,从而使世界各国的国内立法活动在国际社会之共同价值观的引导下进行,以实现各国国内法之趋同。通俗点来说,就是把国际社会的成功做法延伸到国内的立法过程中去,这样使得国内法能够和国际规范接轨。根据国家不同需要,各国完全可以借鉴其他一些国家的做法,有一些国家在立法、司法体系里的做法是非常好的,比如中国,其他国家也正在学习和借鉴中国的法律和做法,推进法律趋同化。各个国家在不同的发展阶段中也出现过这种现象。

法律趋同化并非只是选择性地进行借鉴或者简单地去移植其他

---

① 李赞:《建设人类命运共同体的国际法原理与路径》,载《国际法研究》2016 年第 6 期。

国家的法律。从本质上来讲，它是双边的。这一方式在欧盟已经得到实践，欧盟自 1957 年成立以来，迄今已有半个多世纪的历史。欧盟的先驱们先是把经济一体化和政治联合放在最主要的位置。但是后来发现如果没有法律制度上的融通共建与价值趋同，即便是经济一体化和政治联合最终也难以实现。因此，欧盟创设了欧盟法，在欧盟国家直接适用，拥有比本国法律更高的法律地位。欧盟法院专门从事欧盟法律的解释与适用，对特定案件有最高管辖权。为更好实施欧盟法，欧盟各国对于各成员国的律师执业给予了最大程度的便利。也正是如此，欧盟成为当今世界一体化程度最高的区域政治、经济集团组织。

再看东盟。东盟虽然在经济、外交及安全领域上有协同机制，但是东盟成员国在政治差异与文化多元化上远远复杂过欧盟，因此在融合程度上明显低于欧盟。但东盟一直在追求融合的道路上不断尝试，不断努力，不断突破。比如，2017 年在新加坡举办的第 13 届东盟法律大会，会议的主旨便是"The Power of the One（融合的力量）"。虽然东盟也有《东盟宪章》，但东盟法律大会探讨更多的是如何发挥法律职业共同体在推动东盟融合上发挥各自的力量和作用。欧盟和东盟在融合上的努力和实践传递给了我们一个重要启示：国际经济贸易、文化交流、民间往来等，都需要不同法域之间法律的趋同发展，才能为国际交往奠定良好的法治基础。这不仅仅是需要创设融合区域内具有普遍和直接适用效力的法律制度，更需要法律趋同化的法治共建。

第二节 法律趋同化的实践路径

大道行思，取则行远。人类命运共同体倡导人类命运息息相关、人类利益紧密相连、人类行动环环相扣，"持久和平、普遍安全、共同繁荣、开放包容、清洁美丽"构成人类命运共同体的主要内涵。如何在人类命运共同体理念的指引下，推动构建国际法律领域的共同体，成为促进法律趋同化发展的思考新视角。法律趋同化包括法律价值的趋同化、法律权利的趋同化、司法理念的趋同化、法律规范的趋同化等。探索法律趋同化的实践路径，需要在人类命运共同体框架内从理念到法规到技术进行全方位、多层次、立体化的构建。

一、法律价值的趋同化发展

法律价值是指在作为客体的法律与作为主体的人的关系中，客体对主体的满足以及主体对客体的评价，是法律所体现出来的法的积极意义和有用性，是法律存在的正当性依据。①

法的价值具有属人性和社会性、客观性和主观性、应然性和实然性、特殊性和普遍性。② 人类社会由于生存地域、发展历史、社会制度等因素的不同，对法律的需求也有所不同，因此各国的法律

---

① 张文显：《法哲学范畴研究》（修订版），中国政法大学出版社 2001 年版，192 页。
② 卓泽渊：《论法的价值》，载《中国法学》2000 年第 12 期。

价值呈现出了多样化特点。但即使法律价值千差万别，不同时空的人们也会崇尚一些共同的价值标准，这些共性成分，比如秩序、自由、平等、人权、正义与效率，正是法律趋同化的价值根基，反过来也是法律趋同化的目标价值，同时也是人类命运共同体所倡导的内涵价值。

一是法的秩序价值。法必须服务于秩序，保证秩序的稳定、安定，保证社会行为的规则性和可预期性。当今国际社会，各种风险与挑战并存，多种价值观相互激荡，国与国之间的矛盾摩擦不断，区域纠纷时有升级，人类比以往任何时候都更需要追求和发挥法的秩序价值，通过法的秩序来维护国际社会的基本秩序。

二是法的自由价值。正如卢梭所说："人生来自由，但又无往不在枷锁之中。"人类命运共同体是一个追求自由的理念，提倡在自由的前提下求同存异、兼容并蓄、和平共处、共生共荣，形成和而不同、百花齐放的文明盛况。法学上的自由是指主体的行为与法律的既有规定相一致或相统一，自由意味着主体可以自主选择和从事的行为，也表现为主体自主选择的行为必须与既有的法律规定相一致。法律以权利和义务规定来设定主体享有自由的范围和实现方式，并防止主体之间对各自自由的相互侵害，并确立救济手段与程序。

三是法的平等价值。在法律领域，平等体现为法律能确认和保障平等价值的实现，确认和保障主体法律地位的平等。人类命运共同体坚持平等合作的原则，认为国有大国小国之别，但无上等下等之分，应当在平等的基础上加强对话、解决冲突、寻求共同利益。

四是法的人权价值。人权的两个基本要素是人格的普遍平等和

绝对尊严。人权是本源性的权利，是整个实在法意义上的全部法律权利存在的正当性依据和理由。在人类命运共同体的国际法观下，为实现人权这一国际法治变革的目标价值，现行国际法应确立以人为本、合作共赢、包容发展的理念，共同增进人类共同利益。

五是法的正义价值。正义是在对待和处理人与人之间关系方面的公正、平等和无偏私，即人与人之间同等的、平等的、程度相当的相处关系。实体正义是指通过对实体权利义务的安排，为社会提供一种秩序；程序正义实际上是一种解决冲突和纠纷时所要遵循的程序标准，程序正义是实现实体正义的前提，具有独立价值。在国际治理体系中，人们对正义的渴望从未减少，但我们追求的正义，绝非个别霸权国家"世界警察"式的所谓正义，而是建立在平等基础上的对主权国家权利和个体权利的正当性维护。人类命运共同体理念倡导当今国际秩序和国际体系主要以国际原则、规则和制度为载体，推动国际秩序和全球治理体系朝着更加公正合理的方向发展。

六是法的效率价值。效率是指法所具有或者应当具有的促进社会财富增长和活动便利并满足人们对物质的需求和便利条件的价值。对效率的追求不仅体现在经济上，更体现在包括政治、文化等各方面，法律本身不仅是各国竞争力的要素之一，同时它也是各国推动经济政治文化竞争的重要保障。当今国家社会，国与国之间的竞争愈发激烈，只有相互合作、形成命运共同体，才能更好地优化资源配置、实现互利共赢。

在推动法律趋同性发展时，我们必须尊重国际社会对法的价值的基本认同，把秩序、自由、平等、人权、正义与效率等法律价值理念贯穿到国际司法交流与合作中,让法的基本价值成为推动法律趋同化的根本价值导向和理论根基。

二、法律规范的趋同化发展

法律法规的趋同化包括法律统一和法律移植两种方式。

第一条是法律统一路径,这是推动法律法规趋同化最直接、最便捷的方式。一种法律的统一就是国际条约的出现。① 国际交往需要法律规则,需要明确相互的权利和义务,而国际条约则提供了这样的规则,确立了国家之间的权利和义务关系。主权国家在平等自愿的基础上签订国际条约,可以把共同接受和认可的国际法规则、法律原则、法的价值等融入本国法律体系中,实现国际条约框架内的法律趋同和法律共同体。

国际条约包括多种形式,其中较为常见的有双边条约、多边条约。双边条约是指仅有两个缔约方的条约,这是国际法律趋同化的重要组成部分。大多数双边条约是在两个缔约国间缔结的,但有时一个缔约方也可能包括两个或两个以上的国家,如1947年的《对意和约》,一方是意大利,另一方则是包括中国、美国、英国和苏联在内的20个国家。香港的和平回归是双边条约实践运用的成功典例。1982年9月,英国政府与中华人民共和国政府开始就香港前途问题展开谈判。虽然《南京条约》与《北京条约》皆指香港岛及鸭脷洲与界限街以南的九龙及昂船洲永久割予英国,但中华人民

---

① 马旭霞:《论全球化背景下法律趋同化与差异化》,载《新疆师范大学学报(哲学社会科学版)》2017年第6期。

共和国拒绝承认《展拓香港界址专条》等所有相关不平等条约，只承认香港受英国管理，而非英国属地，并要求英国将香港岛和九龙连同新界一并交还。中英双方经过两年多达 22 轮的谈判，最终在 1984 年 12 月 19 日正式签署了《中英联合声明》，决定从 1997 年 7 月 1 日起，中国在香港成立特别行政区，开始对香港岛、界限街以南的九龙半岛、新界等土地重新行使主权和治权。在这一过程中，我们可以看到，主权国家经过反复磨合、磋商谈判后就某一问题达成共识，也就在某一领域形成了趋同的行为。

多边条约是三个及以上的多个国家共同签订的国际条约。一个多边条约的出台，就意味着更多的国家在某个领域形成了趋同观。新中国成立后，我国在平等自愿的基础上，积极参与多边协议，签署了不少多边条约，如 2011 年 6 月 16 日签署的《欧亚反洗钱和反恐融资组织协议》、2008 年 8 月 12 日签署的《万国邮政联盟组织法第八附加议定书》、2006 年 6 月 15 日签署的《关于合作查明和切断在上海合作组织成员国境内参与恐怖主义、分裂主义和极端主义活动人员渗透渠道的协定》、2009 年 6 月 16 日签署的《上海合作组织成员国反恐专业人员培训协定》等。

当前，中国大力倡导推进"一带一路"建设，就是在法律边界之中，筑起争端和谐解决、法治文化交流的桥梁。"一带一路"沿线国家的法律文化类型各具特色，中华法系、伊斯兰法系、大陆法系、普通法系等四种法律文化类型并存，但究其寓意都代表了人们对秩序、正义、效率、平等、利益等价值的共同追求，这是构建"一带一路"沿线国家国际条约的基础，从 2016 年中国—中东欧国家最高法院院长会议的《苏州共识》，到 2017 年中国—东盟大法官论坛的《南宁声明》,从 2019 年世界互联网法治论坛的《乌镇宣言》,再到 2021 年世界环境司法大会通过《昆明宣言》,无不在彰显着国际条约对法律趋同化的推动作用。

第二条路径是法律移植,这是一条渐进的、潜移默化的路径,是法律本土化与法律全球化的博弈和协同。著名比较法学家、罗马法学者艾伦·沃森(Alan Watson)是法律移植论的创始人。他认为,从最早的有记录的历史时期起,法律移植——即一条法规,或者一种法律制度自一国向另一国,或自一族向另一族的迁移——一直是屡见不鲜的。

传统法律文化和法律趋同化不是对立的,但必须处理好二者的关系。法律的趋同化是不可阻挡的,它不仅受经济全球化的影响,而且与人类理性的发展也有一定关系。一个国家的法律不但受到本国的经济、政治、文化和社会的影响,而且与国际司法的外在大环境有关。法律的多元化使得传统法律文化与法律趋同化并不矛盾。一国的文明不可能与世隔绝、一成不变,法律文化亦是如此。在主体价值的指引下,有选择地去接受外来法律文化,并将其与本土法律文化相结合,使得移植不再是完全的植入,与本国社会脱节。在经济全球化大背景下,我们对法律趋同必须把握基本的原则,坚定维护国家的法律主权,认同多样性,寻求共同性,遵循和而不同的法律发展模式,是防止走法律本土化和法律趋同化极端的必由之路。

在中国深入推进"一带一路"建设、大力倡导人类命运共同体的今天,我们应该以更加大度包容、更加自信成熟的姿态看待法律移植,既要把其他国家法律体系中的优秀成分结合我国国情,有选择性地吸收改造进我们的法律体系中，也要着力打造世界一流法治高地，把我们中国特色社会主义优秀法治文化和法律体系分享给其他国家交流借鉴，推动人类法律体系和法治命运进一步紧密相连，实现法律趋同化发展，打造具有共同法律价值基因的法治命运共同体。

第八章　国际司法合作实践探索与协同倡议

人类命运共同体理念指引下的法律趋同化发展，落实到实践上具体表现为，在追求同一性的基础上加强国际司法交流与合作，推动形成"法治共同体"。

第一节　"一带一路"法治实践探索

人类命运共同体的价值理念主张从世界历史发展的共时性维度将各民族国家的社会发展问题置于世界范围的维度进行考察，由我国发起并主导推动的"一带一路"国际合作是构建人类命运共同体、重塑全球治理体系的重要抓手和实践平台，为实现有效的全球治理贡献了中国方案和中国智慧。

一、多层次、多渠道、全方位的国际法治合作

法治合作是现代国际合作中不可或缺的重要内容。中国倡导的"一带一路"建设以古丝绸之路为纽带，但又不限于此，它已超越

了传统地缘、经济、文化与社会制度因素的限制。"一带一路"国家涵盖大陆法系、英美法系、伊斯兰法系等世界三大主要法系,是借鉴异域法治文明成果的天然平台。我们倡导沿线各国共商、共建、共享"一带一路",加强与国际和地区组织在相关领域的合作,进一步开展多层次、多渠道、全方位的法治合作,为"一带一路"建设夯实法治之基。共建"一带一路"倡议自提出以来,一直秉持"共商、共建、共享"原则,该原则与以《联合国宪章》为核心的国际法基本原则和国际关系基本准则一脉相承,符合国际法治的精神和要求。① "一带一路"建设吸引了大量的国家和地区参与,"一带一路"国际法治实践不断丰富发展。

据不完全统计,成立于 2016 年的一带一路国际商事调解中心现有全球调解员 476 名,在北京、深圳、米兰、曼谷、阿拉木图、阿斯塔纳、吉隆坡、海牙等多个城市建立了 84 间调解室。截至 2020 年年底,受理进入调解程序案件 4056 件,调解成功 2012 件,调解结案成功率 60%,自动履行率 100%。

2018 年 9 月 6 日,BNRSC(一带一路服务机制)尼日利亚办公室和 BNRMC(一带一路国际商事调解中心)拉各斯调解室设立合作协议在杭州市召开的中非民营经济合作论坛上签署。2019 年,经尼日利亚政府批准设立的拉各斯调解室是调解中心在非洲的第一间调解室。2021 年 2 月 25 日,一带一路国际商事调解中心拉各斯

---

① 《"一带一路"法治合作国际论坛共同主席声明》,载新华网,http://www.xinhuanet.com/politics/2018-07/03/c_1123073746.htm,最后访问时间:2021 年 2 月 12 日。

调解室在尼日利亚的拉各斯市正式挂牌成立。① 2018 年 9 月 15 日，BNRMC 与俄罗斯工业企业联合会联合调解中心签署了《关于仲裁和调解领域互助合作的协议》。②

2020 年 9 月 7 日，由中国国际服务贸易交易会组委会、北京融商"一带一路"法律与商事服务中心主办，亚洲国际仲裁中心、马来西亚调解中心等协办的第五届"一带一路"综合服务能力建设论坛（2020）暨 BNRMC 全球调解员大会以线下 + 线上的形式成功举办。本次论坛通过线上线下的方式同时进行，据不完全统计，除中国各省市地区外，有来自美国、英国、德国、西班牙、意大利、奥地利、俄罗斯、巴西、哈萨克斯坦、新加坡、马来西亚、老挝、泰国、印度尼西亚等国家和地区的参会者，线上线下共有数百人出席会议。③

2020 年 11 月 30 日，第四届中新法律和司法圆桌会议在线上举行。新加坡最高法院首席大法官梅达顺表示，新加坡最高法院希望与中国最高人民法院共同推动共建"一带一路"法律制度不断完善，围绕两国国际商事法庭建设、破产与债务重组、知识产权司法、跨境案件执行、法官教育培训、法院信息化建设等内容，进一

---

① 《撸起袖子加油干 一带一路国际商事调解中心拉各斯调解室揭牌成立》，载新华丝路网，https://www.imsilkroad.com/news/p/445856.html，最后访问时间：2021 年 3 月 16 日。

② 《一带一路国际商事调解中心与俄罗斯工业企业联合会调解中心、仲裁中心及俄罗斯法律家协会签约 建立多元纠纷合作对接机制》，载 https://baijiahao.baidu.com/s?id=16119340209510444622，最后访问时间：2021 年 2 月 12 日。

③ 《第五届"一带一路"综合服务能力建设论坛（2020）暨 BNRMC 全球调解员大会成功举办》，载央广网，http://china.cnr.cn/gdgg/20200908/t20200908_525246310.shtml，最后访问时间：2021 年 2 月 12 日。

"一带一路"沿线国家和地区司法判例研究方法

步开展密切合作。①

从有关司法合作的双边条约来看,截至目前,在64个"一带一路"沿线国家中,同中国签订有民商事司法协助条约的国家有7个,同中国签订有民事和刑事司法协助条约的国家有17个。这些双边司法协助条约一般都对涉外民商事诉讼中的司法文书送达、调查取证、判决和仲裁裁决的承认与执行以及法律资料的交换作了规定。此外,在"一带一路"沿线国家中,还有9个国家与中国签订有刑事司法协助条约,有18个国家同中国签订有引渡条约,这对于打击跨国犯罪,为"一带一路"倡议的顺利实施创造安全的法律环境提供了制度保障。另外,在64个国家中,同中国签订有双边投资保护协定的国家有52个,这些双边投资保护协定对投资争议的解决大多规定了仲裁解决方式,有的规定通过解决投资争议国际中心进行仲裁,有的规定通过双方设立的专设仲裁庭解决。而在仲裁解决机制方面,中国和大部分沿线国家都加入了《纽约公约》,中国与沿线国家之间也大多缔结了双边投资保护协定,这些投资保护协定基本上都规定了投资争议的仲裁解决方式。另外,大部分沿线国家都根据《国际商事仲裁示范法》制定了本国的仲裁立法,这为中国与"一带一路"沿线国家通过仲裁解决民商事、投资争议提供了非常便利的条件。②

2015年以来,最高人民法院与英国、葡萄牙、澳大利亚、韩国等9个国家最高法院签署双边司法合作谅解备忘录或合作换文。其

---

① 《中国和新加坡共同出版"一带一路"国际商事审判案例选》,载中国新闻网,https://www.sohu.com/a/435393597_123753,最后访问时间:2021年2月12日。
② 《为"一带一路"构筑法治保障网》,载《中国城市报》2017年7月24日第22版。

中，与英国、澳大利亚签署的司法交流与合作换文，系该两国法院历史上首次对外签署合作文件。最高人民法院主导发布中国—中东欧国家最高法院院长会议苏州共识、第三届世界互联网大会智慧法院暨网络法治论坛乌镇共识，参与签署上合组织成员国最高法院院长会议联合声明、亚太首席大法官圆桌会议科伦坡宣言，不断深化司法合作，增强互信基础，筑牢机制保障。①

二、高质量、高效率、谋创新的国内司法保障

近年来，最高人民法院为服务与保障"一带一路"建设密集出台了一系列重要司法文件和改革措施，为"一带一路"提供司法保障进行全面的配套和设计，取得了多项突破性进展。

最高人民法院于 2015 年 7 月 8 日发布《人民法院为"一带一路"建设提供司法服务和保障的若干意见》，该意见根据"一带一路"建设的需要、借鉴国际法治成功经验、结合中国的涉外审判工作实践，在刑事司法合作、公正高效审理涉"一带一路"案件、司法管辖权、国际条约和惯例的适用、外国法查明、国际司法合作以及支持国际仲裁等方面提出了诸多创新性司法举措。同时，最高人民法院还先后发布了《关于海事法院受理案件范围的规定》《关于海事诉讼管辖问题的规定》，修改拓展海事法院的受案范围，将海洋及通海可航水域开发利用与环境保护相关纠纷案件单列，突出海事法院规范海洋及通海可航水域开发利用秩序和环境保护的职能；发布《关于审理发生在我国管辖海域相关案件若干问题的规定

---

① 《公正高效司法为"一带一路"护航》，载《法制日报》2017 年 3 月 17 日第 3 版。

"一带一路"沿线国家和地区司法判例研究方法

(一)》和《关于审理发生在我国管辖海域相关案件若干问题的规定(二)》,进一步明确人民法院作为沿海国法院对中国管辖海域的司法管辖权,为依法维护海上丝绸之路秩序、海洋安全和海洋权益提供了明确的法律依据;独立保函是与"一带一路"倡议配套的金融担保工具,但缺乏国内相关立法的规定,最高人民法院于2016年11月发布《关于审理独立保函纠纷案件若干问题的规定》,尊重市场主体意思自治,鼓励和支持金融创新,借鉴国际交易规则,首次明确认可金融机构开具独立保函的效力,确定审理独立保函纠纷案件的裁判规则,为"一带一路"金融大动脉的构建提供健全完善的司法保障。

2019年12月27日,最高人民法院发布《关于人民法院进一步为"一带一路"建设提供司法服务和保障的意见》,总结人民法院服务与保障"一带一路"建设的成功经验,将高质量共建"一带一路"新目标、新举措与我国涉外商事海事审判工作最新实践相结合,借鉴国际法发展最新成果及国际民商事审判先进理念,在涉外民商事案件管辖权、合同效力和合同责任认定、国际海运、中欧班列、陆海新通道等案件的专业化审判机制,涉"一带一路"建设专项贷款、丝路基金等法律问题,涉共建"一带一路"科技创新行动计划、联合实验室等案件,"一带一路"环境保护司法合作,知识产权保护,国际商事法庭机制完善,域外法查明平台建设,扩大中国法适用等方面作出新的规定。① 这些规定充分体现了中国涉外民

---

① 《提升"一带一路"法治化水平的创新性司法举措》,载《人民法院报》2020年1月7日第2版。

商事审判制度改革所取得的最新进步,再次向全世界展示了中国司法不断开放和提升国际公信力的坚定信心和决心。

创新国际司法协助工作,2016年1月1日,全国法院开通使用四级法院联网的国际司法协助信息化管理平台,各项司法协助请求在各级法院能够全流程在线转递、在线审查办理,有效提升了司法协助效率。

2015年和2017年,最高人民法院相继发布两批共18件涉"一带一路"建设典型案例,2019年2月发布了6件涉"一带一路"建设的涉外商事海事指导性案例,统一相关裁判尺度和裁判标准,进一步推动各级人民法院涉"一带一路"国际商事海事审判工作。2018年6月29日,根据《关于建立"一带一路"国际商事争端解决机制和机构的意见》的要求,最高人民法院在深圳、西安成立第一、第二国际商事法庭,为"一带一路"国际商事争端解决提供了先进、高效的崭新平台,赢得国际社会普遍赞誉。

第二节 协同行动与愿景倡议

一、司法案例资源的共享互鉴

案例交流是国际司法交流的重要方面。近年来,中国最高人民法院一直重视司法案例的国际交流工作,充分利用中国法院信息化建设经验,把司法案例交流的工作理念、体制机制与现代科技结合

起来，科学系统构建案例生成、研究、应用、交流平台，努力建设国际一流司法案例数据库，并以中国司法案例网为载体，通过司法案例的"走出去"与"引进来"双向互动，构建起国际司法交流合作平台。我们鼓励"一带一路"参与方加强法律信息和实践交流机制建设，探索建立外国法查明在线共享平台和司法案例交流平台等。①

在中国与葡萄牙语国家最高法院院长会议上，最高人民法院副院长陶凯元就"利用互联网加强各国在案例研究等领域的合作"作专题发言，强调要进一步加强司法案例的国际交流，② 并就进一步加强司法案例国际交流提出三点建议：一是凝聚合作共识，抓住历史机遇，与各国进一步深化司法案例的国际交流合作，分享最新的司法案例研究成果和先进的审判经验，通过互联网，借助大数据、云计算与人工智能技术来推进司法案例交流工作，不断开创司法案例国际交流与合作的新局面。二是建立合作机制，共同推进司法案例交流，各国间的司法案例交流与合作空间十分广阔，要加强各国法院之间关于案例的交流，共同举办司法案例国际研讨会，建立并不断完善案例交流互换工作机制，实现各国法院间的案例互换常态化、制度化。三是提升信息化水平，共同搭建司法案例信息共享平台，推动各国对司法案例的广泛交流和相互借鉴，为各国法院更好地开展司法合作创造条件，共同为推动司法事业和法治文明进步作

---

① 周强：《构建司法案例研究大格局 开创司法案例运用新局面》，载《法律适用·司法案例》2017年第8期。
② 《陶凯元：进一步加强司法案例的国际交流》，载中国法院网，https：//www.chinacourt.org/article/detail/2018/03/id/3248892.shtml，最后访问时间：2020年10月15日。

出更大贡献。

与大陆法系和英美法系相比，混合型法律体系的判例比较少见，而具有代表性的经典混合型法律体系的判例则更加鲜见。由中非青年、学者共同对南部非洲国际经济法经典案例进行深入研究，共同创作《南部非洲国际经济法经典判例研究》，是加强双方研究成果的交流与共享的具体成果。① 在案例资料收集、研究以及撰写过程中，中非青年相互学习、共同切磋，深化了彼此间的理解，建立了深厚的友谊。在皮耶罗弗雷斯蒂等诉南非案和津巴布韦"土地征收案"中，南部非洲的土地改革以及矿产资源股权分配问题牵涉欧洲殖民主义者对南部非洲的殖民统治、种族隔离以及种族歧视等多种复杂的历史因素。要对南部非洲现正在进行的土地改革以及矿产资源股权分配政策有全面、客观认知，就必须了解南部非洲的历史。中国与南部非洲距离遥远，政治、经济以及风俗习惯均有很大差异，以判例为切入点，通过案例的背景介绍以及分析点评阐释了南部非洲今天特有的政治、经济等复杂的社会现象产生的历史根源，可以真实地了解南部非洲的政治、经济现状。因为案例（或判例）涉及社会生活的各个方面，是纷杂的社会经济活动和国家社会生活的表现。这些案件因发生的时间、地点不同，背景千差万别，情节千姿百态，阅读分析这些判词，使我们能够充分了解南部非洲的政治、行政、民事、经济、文化教育制度，社会和经济发展的状况，民俗和民事习惯以及文化观念乃至心理状况。

---

① 该书第五章博茨瓦纳中资企业劳资争议案在南非《非洲东亚事务》杂志（AfricanEast – Asian Affairs，简称 AEAA）2013 年第 4 期（季刊）全文刊载，载 https: // m. zhangyue. com/readbook/11274292/1. html? p2 = 104155，最后访问时间：2020 年 10 月 16 日。

二、智慧法院视野下的"智慧案例库"建设

当今时代是信息化的时代,智慧法院建设是提高审判质效、满足群众需求、契合社会发展规律的重要举措。经过多年努力,中国法院智慧法院3.0版建设已经顺利完成,建立了覆盖四级法院的跨层级、跨地域、跨系统、跨部门、跨业务的大数据管理和服务平台,真正让信息化成为审判执行工作的鸟之翼、车之轮。

智慧法院建设也使得司法案例库建设走上了智慧集约的道路。据不完全统计,目前中国法院信息化平台累计汇聚案件总量超过1.5亿件,成为世界最大的审判数据资源库。这些内容丰富、包罗万象的司法案例,在信息化技术的加持下,变得越发"鲜活"。"鲜活"体现在至少两个方面:其一,成千上亿的司法案例在"智慧库"中能够根据精准划分,快速找到自己的"区位",民事的归民事,刑事的归刑事,执行的归执行,每个大项下面又再划分出非常具体的小项,甚至诸如民间借贷纠纷案件还可以细化到根据标的额大小进行划分,每一个案例仿佛都能找到为其量身定制的场所。其二,在"智慧案例库",原本海量的无从查找的司法判例,现在只需要根据搜索需要,输入关键词,就可以实现"一键查找"、快速提取、精准运用,司法案例在更大范围、更广领域、更深层次实现了运用。

此外,智慧法院建设,也将为国际司法发展与合作开拓新领域,积累新技术成果。上海国际航运研究中心与美国杜兰大学海商

法研究中心合作推出"中国海事判例国际推广平台",①并正式在美国上线。据悉,该网站由与上海国际航运研究中心,经过百余名员工4年的努力工作建成。网站上线后,将对接中国十大海事法院,每年选取100个经典案例,将其翻译成国际航运界通用语言,并适当加上摘要及评述,供全球海运人在网上免费查阅。"中国海事判例国际推广平台"是中国首个向国际航运界推广中国海事司法的专业平台,标志着中国海事法院的优秀案例率先走出国门,向世界讲述一个动听的当代中国依法治国的故事。

再如,2020年8月4日,广州仲裁委员会与南部非洲仲裁院(The Arbitration Foundation of Southern Africa,AFSA)就促进国际营商环境法治专业化、服务贸易自由化商定合作事宜并签订合作备忘录。②本次签约仪式采用远程视频方式,广州仲裁委员会主任陈思民与南部非洲仲裁院主席Michael Kuper签订合作备忘录。广州仲裁委员会作为"一带一路"倡议重要枢纽城市的知名仲裁机构,与南部非洲仲裁院加强联系和沟通,携手共同推进国际仲裁制度的发展与创新,相互推荐优秀的仲裁员,共同参与、完善互联网仲裁的推广与运用,一起大力推动商事仲裁服务高质量、国际化发展,竭诚为全球企业提供优质的商事争议解决服务。此次签署合作备忘录,双方坚持共商共建共享的原则,秉持"开创、共享、服务"的发展理念,将今后合作发展的重点放在互联网仲裁领域,进一步加

---

① 《"中国海事判例国际推广平台"上线 向全球推广中国海事判例》,载海员之家网,https://www.54seaman.com/news/index/detail/id/12483.html,最后访问时间:2020年10月16日。

② 《广州仲裁委员会与南部非洲仲裁院签订合作备忘录》,载澎湃网,https://m.thepaper.cn/newsDetail_forward_8606674,最后访问时间:2020年10月12日。

强双方的交流与合作。通过推行互联网仲裁推荐标准和普及互联网仲裁，使广州仲裁委员会与南部非洲仲裁院为"一带一路"沿线国家、金砖国家的仲裁服务发展作出更多贡献。我们鼓励"一带一路"参与方积极建设条约数据库，为公众查阅相关国家缔结和参加的双边、多边条约提供便利。

三、专门服务机构保障司法案例共建共享

随着中国"一带一路"建设深入推进，中国与国际社会特别是"一带一路"沿线国家和地区的司法交流日益密切。为满足日益增加的国际商事纠纷化解需求、推动构建更加公正公平的高质量营商环境，国内不少城市，特别是"一带一路"沿线城市都纷纷设立了涉外商事法庭，如设在深圳的最高人民法院第一国际商事法庭、深圳国际仲裁院，设在西安的最高人民法院第二国际商事法庭、"一带一路"律师联盟西安中心、"一带一路"国际商事争端解决中心，还有成都天府中央法务区中的"五院五庭"，① 都是新形势下各地积极探索司法融入"一带一路"建设、推动国际司法交流与合作的重要载体。建议以这些涉外法庭为专门机构，发挥其立足中国、对接国际的站位优势，推动司法案例共建共享：一是依托智慧法院建设成果，推进国际商事审判体系和审判能力现代化；二是构建全面建设智慧法院新格局，加速建立"一带一路"建设参与国法

---

① "五院五庭"是指，已入驻的成都知识产权审判庭、成都破产法庭、四川大熊猫国家公园生态法庭、成都金融法庭、成都互联网法庭等"五庭"，以及即将陆续入驻的四川省高级人民法院、成都市中级人民法院、成都市天府新区法院、成都铁路运输第一法院、成都铁路运输第二法院等"五院"。

律数据库及外国法查明中心，加强对涉"一带一路"建设案件的信息化管理和大数据分析，为法官提供智能服务，确保法律适用正确、裁判尺度统一；三是培养一大批国际化法律人才，吸引精通国际法、国际商贸规则以及熟练运用外语的国内外法律专家参与到跨境商事纠纷解决中来。

四、国际司法案例交流合作协同倡议

国际司法案例交流合作是一个系统工程和长期工程，从现阶段看，可以从以下四个方面去探索。

1. 加强司法案例交流互动。在人类命运共同体理念的指引下，包括司法在内的各领域交流互动将进一步强化。要顺应历史潮流，搭建诸如"一带一路"合作框架等平台，为国际司法交流与合作奠定坚实基础，探索完善共商机制、共建机制、共享机制，不断加强司法互信，扩大司法合作，夯实司法根基。各国的司法案例是反映一个国家法治成果的重要载体，体现了各国的法治理念、法治价值、法治文明、法治建设，是全人类共同的宝贵财富。要把司法案例交流作为国际法治交流与合作的重要内容，有计划、有步骤地推动司法案例互通共享，形成"美美与共"的司法交流新格局。

2. 共建良好国际法治环境。良法善治，良法才能产生好的判例。要加强国际刑事交流与合作，特别是在打击腐败、打击恐怖犯罪、打击跨国经济犯罪等方面要加大合作力度与广度，如以《联合国反腐败公约》《廉洁丝绸之路北京倡议》等国际公约和相关合作倡议为基础开展司法执法合作，推进双边引渡条约、司法协助协定

的签订与履行，构筑更加紧密便捷的司法执法合作网络。要以推动人类社会高质量发展为目标，加快营造公平竞争、开放合作的投资环境，严格履行多边和双边经贸协议，建立有约束的国际协议履约执行机制，推动外商投资、金融、税收、劳工、交通运输、知识产权、环境保护等领域法律政策的完善以及法律合作。要认真贯彻《世界环境司法大会昆明宣言》精神，在应对全球气候变暖、保护生物多样性、防治环境污染等方面创新司法举措，秉承全球合作精神，加强环境领域的国际司法协作，建立并促进常态化国际环境司法交流互访，协力构建环境司法案例、司法经验的多元化共享平台，促进相互借鉴和共享，发挥司法作用，传播生态环境保护理念，共建地球生命共同体。

3. 推动深化司法互帮互助。加强民商事法律法规领域的合作，深化司法执法领域合作，探讨加强民商事判决相互承认和执行、促进民商事司法文书送达及调查取证的合作机制等。积极推动构建在人类法治共同体框架下的纠纷解决机制，积极运用现有国内、国际争端解决机制或机构解决争端，鼓励探索建立公正、高效、便捷，诉讼、调解、仲裁有效衔接。要善于从司法判例中挖掘、探索法治基因，寻求纠纷双方共同认可的"先例"，最大限度在法律框架下化解矛盾。要大力推动"一带一路"建设，加强各国法院之间关于案例的交流，建立并不断完善案例交流互换工作机制，实现各国法院间的案例互换常态化、制度化。

4. 促进司法文化对话交流。要把司法文化交流作为司法判例研究的重要形式，支持"一带一路"参与方法治领域的有关部门、智库、民间组织、高校等，围绕共建"一带一路"继续深入开展形

式多样的沟通、对话、合作，共同举办司法案例国际研讨会。要加快培育司法人才，推动司法人才交流学习，通过举办研讨会、研修班，开展课题研究、联合办学，共建法律研究中心、人才培养中心，建设法律和人才数据库等方式，为司法案例研究奠定坚实的人才基础。

  法之必行，在于民心所向，在于人类共享。我们坚信，在人类法治共同体理念的指引下，在"一带一路"框架的建设完善中，在各国各地区司法机构的共同努力下，国际法治合作一定会迈上新台阶，国际司法案例交流一定会呈现"百花齐放，百家争鸣"的新气象，国际治理体系一定会朝着更加公正合理的方向不断完善，全人类将更快更好地共享一个持久和平、普遍安全、共同繁荣、开放包容、清洁美丽的世界！

参考文献

一、译著类

［美］E. 博登海默：《法理学：法律哲学与法律方法》，邓正来译，中国政法大学出版社 2004 年版。

［美］梅利曼：《大陆法系》，顾培东、禄正平译，法律出版社 2004 年版。

［美］罗斯科·庞德：《普通法的精神》，唐前宏、高雪原、廖湘文译，法律出版社 2010 年版。

［美］卡多佐：《司法过程的性质》，苏力译，商务印书馆 1998 年版。

［德］茨威格特·克茨：《比较法总论》，潘汉典等译，中国法制出版社 2017 年版。

［德］卡尔·拉伦茨：《法学方法论》，陈爱娥译，商务印书馆 2005 年版。

［英］约翰·亨利·梅里曼：《大陆法系》，顾培东、禄正平译，法律出版社 2004 年版。

［法］勒内·达维德：《当代世界主要法律体系》，漆竹生译，

上海译文出版社1984年版。

［日］大木雅夫：《比较法》，范愉译，法律出版社1999年版。

［意］罗道尔夫·萨科：《比较法导论》，费安玲、刘家安、贾婉玲译，商务印书馆2014年版。

［美］塞缪尔·亨廷顿：《文明的冲突与世界秩序的重建》，周琪、刘绯、张立平、王圆译，新华出版社2013年版。

［德］拉德布鲁赫：《法学导论》，米健译，法律出版社2012年版。

［英］罗伯特·巴特莱特：《中世纪神判》，徐昕等译，浙江人民出版社2007年版。

［英］爱德华兹：《汉谟拉比法典》，沈大针译，中国政法大学出版社2005年版。

［法］勒内·达维德：《当代主要法律体系》，漆竹生译，上海译文出版社1984年版。

二、专著类

中华全国律师协会编：《"一带一路"沿线国家和地区法律环境国别报告》，北京大学出版社2017年版。

张文显：《法理学》，高等教育出版社、法律出版社2007年版。

王泽鉴：《王泽鉴法学全集》，中国政法大学出版社2003年版。

陈金钊、谢晖：《法律方法（第1卷）》，山东人民出版社2012年版。

葛洪义：《法律方法与法律思维（第1辑）》，中国政法大学出

版社 2002 年版。

王利明：《法律解释学导论——以民法为视角》，法律出版社 2009 年版。

米健等：《当今与未来世界法律体系》，法律出版社 2010 年版。

宣炳昭：《香港刑法导论》，陕西人民出版社 2008 年版。

杨亚非：《比较法总论》，吉林大学出版社 2001 年版。

张骐等：《中国司法先例与案例指导制度研究》，北京大学出版社 2016 年版。

左卫民、陈明国主编：《中国特色案例指导制度研究》，北京大学出版社 2014 年版。

何勤华主编：《外国法与比较法研究（第一卷）》，商务印书馆 2006 年版。

何家弘、刘品新：《法治国家建设中的司法判例制度研究》，经济科学出版社 2017 年版。

何家弘主编：《外国司法判例制度》，中国法制出版社 2014 年版。

武树臣主编：《判例法研究》，人民法院出版社 2004 年版。

詹森林、朱晓喆：《比较民法与判例研究》，法律出版社 2015 年版。

刘风景：《判例的法理》，法律出版社 2009 年版。

邓矜婷：《指导性案例的比较与实证》，中国人民大学出版社 2015 年版。

中共马列著作编译局编：《马克思恩格斯选集（第 4 卷）》，人民出版社 1995 年版。

陈启能、姜芃等：《文明理论》，海峡出版发行集团2010年版。

张晋藩：《中华法制文明的演进（修订版）》，法律出版社2010年版。

范进学、夏泽祥、秦强：《法治文明论》，中国经济出版社2008年版。

贾兵兵：《国际法中的"法律不明"问题浅析》，载《中国国际法年刊》（2013年卷），法律出版社2014年版。

何志鹏：《国际法哲学导论》，社会科学文献出版社2013年版。

何志鹏：《国际法治论》，北京大学出版社2016年版。

张文显：《法哲学范畴研究》（修订版），中国政法大学出版社2001年版。

三、期刊论文类

［日］后藤武秀：《判例在日本法律近代化中的作用》，载《比较法研究》1997年第1期。

吴信华：《"法院裁判"作为大法官违宪审查的客体》，载我国台湾地区《政大法学评论》1999年总第61辑。

沈宗灵：《当代中国的判例——一个比较法研究》，载武树臣主编：《判例制度研究》，人民法院出版社2004年版。

张骐：《判例法的比较研究——兼论中国建立判例法的意义、制度基础与操作》，载《比较法研究》2002年第4期。

张骐：《建立中国先例制度的意义与路径：兼答"判例法"质疑》，载《法制与社会发展》2004年第6期。

张骐:《论类似案件应当类似审判》,载《环球法律评论》2014年第3期。

朱晓喆:《比较民法与判例研究的立场与使命》,载《华东政法大学学报》2015年第2期。

王亚新:《判例研究中新的视角及方法探求》,载《昆明理工大学学报(社会科学版)》2011年第11期。

胡云腾、于同志:《案例指导制度若干重大疑难争议问题研究》,载《法学研究》2008年第6期。

胡云腾:《如何做好案例指导的选编与适用工作》,载《中国审判》2011年第9期。

宋晓:《判例生成与中国案例指导制度》,载《法学研究》2011年第4期。

侯学勇:《我国法律方法论研究内容的变迁——以三对概念的对比为线索》,载《浙江社会科学》2010年第12期。

刘作翔:《司法中弥补法律漏洞的途径及其方法》,载《法学》2017年第4期。

张家勇:《探索司法案例的研究方法》,载《法律适用》2017年第24期。

李友根:《论案例研究的类型与视角》,载《法学杂志》2011年第6期。

杨亚非:《判例与俄罗斯法的发展》,载《法制与社会发展》2000年第1期。

杨立新:《有关产品责任案例的亚洲和俄罗斯比较法研究》,载《求是学刊》2014年第2期。

肖永平：《论英美法系国家判例法的查明与适用》，载《中国法学》2006 年第 5 期。

彭世忠：《论英美判例法在我国涉外审判中的适用》，载《西南民族大学学报（人文社科版）》2008 年第 4 期。

郭玉军：《近年中国有关外国法查明与适用的理论与实践》，载《武大国际法评论》2007 年第 2 期。

最高人民法院案例指导制度考察团：《香港判例制度、澳门统一司法见解制度考察报告》，载《人民司法·应用》2008 年第 15 期。

刘风景：《"指导性案例"名称之辨正》，载《环球法律评论》2009 年第 4 期。

吴君霞、秦宗文：《指导性案例适用方法研究》，载《四川大学学报（哲学社会科学版）》2016 年第 2 期。

胡晓凡、李红勃：《浅析英美判例法的检索方法——以"哥斯布赖瓦公寓大厦"案为例》，载《法律文献信息与研究》2014 年第 2 期。

何佳馨：《"一带一路"倡议与法律全球化之谱系分析及路径选择》，载《法学》2017 年第 6 期。

宋锡祥、朱柏燃：《"一带一路"战略下完善我国外国法查明机制的法律思考》，载《上海财经大学学报》2017 年第 4 期。

王辉、王亚蓝：《"一带一路"沿线国家和地区语言状况》，载《语言战略研究》2016 年第 2 期。

肖永平：《提升中国司法的国际公信力：共建"一带一路"的抓手》，载《武大国际法评论》2017 年第 1 期。

张乃根：《"一带一路"倡议下的国际经贸规则之重构》，载《法学》2016年第5期。

崔晓静：《中国与"一带一路"国家税收协定优惠安排与适用争议研究》，载《中国法学》2017年第4期。

何志鹏：《国际法治的中国方案——"一带一路"的全球治理视角》，载《太平洋学报》2017年第5期。

李鸣：《国际法与"一带一路"研究》，载《法学杂志》2016年第1期。

田惠敏、曹红辉：《"一带一路"的动因与挑战》，载《全球化》2015年第6期。

高鸿钧：《比较法研究的反思：当代挑战与范式转换》，载《中国社会科学》2009年第6期。

周强：《构建司法案例研究大格局 开创司法案例运用新局面》，载《法律适用·司法案例》2017年第8期。

张保生：《陈光中司法文明三阶段新论的法治意义》，载《证据科学学报》2020年第3期。

陈光中：《刑事证据制度改革若干理论与实践问题之探讨——以两院三部〈两个证据规定〉之公布为视角》，载《中国法学》2010年第5期。

陈光中：《证据裁判原则若干问题之探索》，载《中共浙江省委党校学报》2014年第6期。

易平：《日美两国学者关于清代民事审判制度的论争》，载《中外法学》1999年第3期。

顾元：《比较司法文明史研究进路与范式的若干省思》，载

《国家行政学院学报》2015年第1期。

朱苏力：《法学研究的规范化、法学传统与本土化》，载《中国书评（香港）》1995年第4期。

俞可平：《全球治理引论》，载《马克思主义与现实》2002年第1期。

蔡拓：《全球治理的中国视角与实践》，载《中国社会科学》2004年第1期。

刘同舫：《人类命运共同体对全球治理体系的历史性重构》，载《四川大学学报（哲学社会科学版）》2020年第5期。

王毅：《试论新型全球治理体系的构建及制度建设》，载《国外理论动态》2013年第8期。

赵宏：《处于十字路口的国际法：国际法治的理想与现实》，载《国际贸易》2020年第2期。

黄进：《习近平全球治理与国际法治思想研究》，载《中国法学》2017年第5期。

李双元、李赞：《全球化进程中的法律发展理论评析——"法律全球化"和"法律趋同化"理论的比较》，载《法商研究》2005年第5期。

张文显：《全球化时代的中国法治》，载《吉林大学社会科学学报》2005年第3期。

王泰升：《中国台湾地区的法律继受经验及其启示》，载我国台湾地区《研究院法学期刊》创刊号。

邓正来：《作为一种主观且可变进程的全球化——对中国法学"全球化论辩"之客观必然性预设的批判》，载《河北法学》2008

年第 5 期

李赞：《建设人类命运共同体的国际法原理与路径》，载《国际法研究》2016 年第 6 期。

卓泽渊：《论法的价值》，载《中国法学》2000 年第 12 期。

马旭霞：《论全球化背景下法律趋同化与差异化》，载《新疆师范大学学报（哲学社会科学版）》2017 年第 6 期。

袁铁通：《遵循先例与案例指导制度的比较研究》，西南政法大学 2012 年硕士学位论文。

孟凡哲：《普通法系的判例制度——一个源与流的解读》，吉林大学 2004 年博士学位论文。

潘纪强：《司法文明内涵、构成和标志》，吉林大学 2015 年硕士学位论文。

四、报纸类

郭士辉：《护航"一带一路"，唱响中国司法好声音》，载《人民法院报》2016 年 3 月 5 日第 7 版。

孔庆江：《为"一带一路"提供司法保障》，载《人民日报》2015 年 9 月 18 日第 7 版。

于同志：《我们应如何研究司法案例》，载《人民法院报》2018 年 1 月 9 日第 2 版。

本报评论员：《让案例研究大格局更好地服务司法实践》，载《人民法院报》2017 年 7 月 30 日第 1 版。

中国社会科学院财经战略课题组：《推动完善全球治理机制》，

载《经济日报》2013年11月22日第15版。

《为"一带一路"构筑法治保障网》,载《中国城市报》2017年7月24日第22版。

《公正高效司法为"一带一路"护航》,载《法制日报》2017年3月17日第3版。

《提升"一带一路"法治化水平的创新性司法举措》,载《人民法院报》2020年1月7日第2版。

李玉璧、王亚妮:《中亚国家法律翻译与法治文明交流互鉴》,载《中国社会科学报》2020年8月21日第7版。

五、外文类

D. Neil MacCormick and Robert S. Summers: Interpreting Precedens: A Comparative Study. Dartmouth/Ashgate, 1997.

J. J. Spigelman A. C.: Proof of Foreign Law by Reference to the Foreign Court, law Quar – terly Review, Vol 127, 2011.

六、网站类

中国一带一路网 www. yidaiyilu. gov. cn

中国裁判文书网 www. wenshu. court. gov. cn

新加坡法律观察 www. singaporelawwatch. sg

马来西亚联邦法院 www. kehakiman. gov. my

新华网 http://www. xinhuanet. com

新华丝路网 https://www. imsilkroad. com

百家号网 https://baijiahao.baidu.com
央广网 http://china.cnr.cn
中国新闻网 https://www.sohu.com
中国法院网 https://www.chinacourt.org
海员之家网 https://www.54seaman.com
澎湃网 https://m.thepaper.cn

附录一 "一带一路"沿线国家和地区司法判例原文

一、新加坡高等法院 2013 年判决原文

GAK *v.* GAL

[2013] SGCA 19

Case Number: Civil Appeal No 27 of 2012 and Summons No 5380 of 2012

Decision Date: 22 February 2013

Tribunal/Court: Court of Appeal

Coram: Sundaresh Menon CJ; Andrew Phang Boon Leong JA; V K Rajah JA

Counsel Name(s): Prabhakaran s/o Narayan Nair (Derrick Wong & Lim BC LLP) for the appellant; Josephine Choo and Quek Kian Teck (WongPartnership LLP) for

247

the respondent.

Parties: GAK — GAL

Family Law – Maintenance

Family Law – Matrimonial Assets – Division

22 February 2013

Judgment reserved.

Andrew Phang Boon Leong JA (delivering the judgment of the court):

Introduction

1 This is an appeal against the decision of the High Court judge ("the Judge") in *GAK v GAL* [2012] SGHC 132 ("the GD"). The crux of the proceedings in the court below and in this appeal concerning the question of whether a property which was transferred to the sole name of the respondent husband ("the Respondent") by his father ("the Father"), and the sale proceeds thereof, constituted a "gift" that fell within the meaning of the proviso to s 112 (10) of the Women's Charter (Cap 353, 2009 Rev Ed) (referred to respectively as "the Proviso" and "the Act").

Factual Background

The parties

2 The appellant wife ("the Appellant") and the Respondent were married on 15 November 1980. The Respondent is now 56 years old, and the Appellant is 55 years old. Their marriage lasted for about 30 years.

They have two children of the marriage ("the Children"): a 30-year-old daughter, [M], and a 27-year-old son, [N].

3 The Appellant met the Respondent in the mid to late 1970s when they were both working for [Company A] Pte Ltd ("the Company"), a ship-chandling firm owned and run by the Respondent's family (see the GD at [3]). The Company was incorporated in 1979. According to the Respondent, the Father gifted shares in the Company to the Respondent's mother ("the Mother") and their four children ("the Siblings"), including the Respondent. The Appellant worked as a typist in the Company, while the Respondent was a boarding officer.

4 The parties continued to work in the Company after they got married. According to the Respondent, however, disagreements arose amongst the Siblings as to the management of the Company after the Father passed away in 1994. The Respondent was asked to leave the Company sometime in May or June 2000, and he resigned on 25 July 2000. The Respondent transferred his shares in the Company to the Mother without consideration. The Appellant's last month with the Company was December 2000.

5 The Appellant's last-drawn gross monthly salary (including salary, allowances, commissions, benefits and bonuses but excluding CPF contributions), according to her, was $1185, while the Respondent's last-drawn "monthly income", according to him, was $2000.

Facts relating to 30A *Jansen Road* ("the Property")

6 The main dispute in the court below, and in this appeal, on the division of matrimonial assets concerned the issue of whether a property at

30A Jansen Road and the sale proceeds of the Property ("the Sale Proceeds") were part of the pool of matrimonial assets.

7　The Father gifted a few assets to each of the Siblings when they were between 19 and 22 years of age. In 1975, the Father gave one lot ("Lot A") of a property that he owned in Sri Lanka to the Respondent, and another lot ("Lot B") of that same property to the Respondent's elder brother, [G]. It should be noted that although the Judge accepted the Respondent's evidence that Lot A was given to him in 1977, the Respondent furnished documentary evidence in this appeal showing that he and [G] had in fact received Lot A and Lot B respectively on 1 October 1975. In 1975, the Father also gave the Respondent's elder sister, [H], a car and another property in Sri Lanka. The Father gave [G] another property in Singapore (*viz*, 11 Dix Road) in 1977. In 1979, the Father gifted the Property, a bungalow of about 10000 square feet, to the Respondent's younger sister, [J]. According to the Mother, the Father transferred these properties to the Siblings in their sole names and for their sole benefit as part of his legacy, to ensure that the Siblings had "sufficient finances for themselves".

8　After the parties were married, they lived with [G] and [G]'s wife at 29 Jansen Road (which was across the road from the Property). The Father, the Mother, [J], [H] and [H]'s children lived at the Property.

9　In 1985, due to his ailing health, the Father decided to return to Sri Lanka with the Mother and [J]. On the Father's instructions, Lot A was

transferred to [J] and Lot B to the Mother. This was done by way of a deed dated 4 December 1985 signed by the Father on behalf of the Respondent and [G]. (The Mother and the Siblings had previously empowered the Father to act on their behalf by granting the Father a power of attorney.) The Father also instructed [J] to transfer the Property to the Respondent's sole name, and this transfer was completed by way of an indenture of assignment dated 10 December 1986.

10 The Property was left unoccupied (save for short periods of time when the Father, the Mother and [J] visited Singapore) from 1986 until 1995 when it eventually was sold for $4.2 million. According to the Respondent, he felt that he should not continue staying at 29 Jansen Road. He also sold the Property "for liquidity", and also because it was becoming dilapidated, and (according to the Appellant at least) to ensure that the parties would have enough funds to buy a matrimonial home which they could maintain financially, with excess funds to finance the Children's education, medical expenses, insurance plans for the family, and a comfortable retirement fund for the parties. The Sale Proceeds were used to purchase, *inter alia*, the parties' matrimonial flat at Serangoon North ("the Matrimonial Flat") in 2000. The Matrimonial Flat is held by the parties as joint tenants.

11 In or around April 2009, the Appellant applied for a Personal Protection Order ("PPO") against the Respondent. She later withdrew the PPO application on the Respondent's undertaking not to commit family violence or enter [N]'s room (which was then occupied by the Appel-

lant) in the Matrimonial Flat. The Respondent left the Matrimonial Flat in November 2009 and moved to a rented property.

12 The Appellant filed for divorce on 16 March 2010, and interim judgment was given on 28 December 2010. The fact relied upon to prove the irretrievable breakdown of marriage was that each party had behaved in such a way that the other could not reasonably be expected to live with him or her.

The decision in the court below

13 The Judge found that the Property was a gift from the Father to the Respondent for his sole benefit (see the GD at [19]). In so far as the Sale Proceeds were concerned, the Judge found that the Appellant had failed to establish that the Respondent intended the Sale Proceeds to form part of the pool of matrimonial assets (see the GD at [28]). The Judge placed significant weight on the fact that the Sale Proceeds were deposited into bank accounts held in the Respondent's sole name and that the evidence indicated that he had kept the Sale Proceeds under his control (see the GD at [28] and [30]-[35]).

14 The Judge thus concerned herself with the issue of the division of the Matrimonial Flat only, as well as the maintenance of the Appellant, and ordered that (see the GD at [1]):

(a) The Matrimonial Flat was to be apportioned 40% to the Appellant and 60% to the Respondent;

(b) The Appellant had an option to purchase the Respondent's 60% share in the Matrimonial Flat based on market value exercisable within 30 days from 29 February 2012, with costs of the transfer of the Matrimonial Flat and all incidental expenses to be borne by the Appellant;

(c) If the Appellant failed to make her election, the Matrimonial Flat was to be sold within 120 days from 29 February 2012 and the sale proceeds of the Matrimonial Flat were to be apportioned 40 : 60 in favour of the Appellant and the Respondent respectively;

(d) A lump sum maintenance of $80000 shall be paid by the Respondent to the Appellant in four equal quarterly instalments with effect from 1 March 2012; in the alternative, this was to be deducted from the Respondent's 60% share in the Matrimonial Flat; and

(e) Costs fixed at $4000 in favour of the Respondent were to be deducted from the Appellant's share in the sale proceeds of the Matrimonial Flat, or from the lump sum maintenance of $80000 payable by the Respondent, in particular from the first quarterly instalment due on 1 March 2012.

The issues in this appeal

15　The key questions in this appeal centred on four related issues, the first three of which are closely related.

16　The first issue ("Issue 1") is whether the Property (and the Sale Proceeds thereof) constitute (as the Judge had found) a "gift" within the meaning of the Proviso and therefore falls outside the pool of matrimonial assets that is to be divided between the parties pursuant to s 112 (1) of the Act.

17 The second issue ("Issue 2") is whether, assuming that (pursuant to Issue 1 above) the Property is indeed a gift within the meaning of the Proviso, the Respondent nevertheless dealt with part or the entire of the Sale Proceeds in such a manneras to clearly evince an intention on his part to bring the Sale Proceeds into the pool of matrimonial assets to be divided between the parties, and whether the Sale Proceeds could thus *cease to be a gift*. We pause to note – parenthetically – that there is possibly a further issue with regard to what we shall refer to as the "substantial improvement exception", *viz*, whether, assuming that the gift has *not* been brought within the pool of matrimonial assets *by the donee spouse*, the *specific condition* in the Proviso has nevertheless been satisfied with the result that the gift is *still* brought within the pool of matrimonial assets on the ground that the asset concerned had in fact been "substantially improved" by either the spouse other than the donee spouse (henceforth referred to as "the other spouse") or by both spouses. However, on the facts of the present appeal, it is clear that there is insufficient evidence supporting the applicability of the substantial improvement exception. Not surprisingly, therefore, the parties did not canvass this particular issue in the appeal and we thus say no more about it.

18 Based on our findings on Issue 1 and Issue 2, we would then need to decide whether the division of matrimonial assets as ordered by the Judge ought to be interfered with. This is the third issue ("Issue 3").

19 Finally, the Appellant also takes issue with the decision of the Judge in so far as *maintenance* is concerned. This is the fourth issue ("Issue

4").

20　Let us consider each of these issues *seriatim*. However, before proceeding to do so, it would be apposite to set out the applicable legal principles.

The applicable legal principles

21　Section 112 (10) of the Act reads as follows (with the Proviso in italics and bold italics):

(10) In this section, "matrimonial asset" means —

(a) any asset acquired before the marriage by one party or both parties to the marriage—

(i) ordinarily used or enjoyed by both parties or one or more of their children while the parties are residing together for shelter or transportation or for household, education, recreational, social or aesthetic purposes; or

(ii) which has been substantially improved during the marriage by the other party or by both parties to the marriage; and

(b) any other asset of any nature acquired during the marriage by one party or both parties to the marriage,

but does **not include** any asset (not being a matrimonial home) that has been acquired by one party **at any time** by **gift or inheritance** and that **has not been substantially improved during the marriage by the other party or by both parties to the marriage**.

[emphasis added in italics and bold italics]

22　The Proviso is, on a literal reading, straightforward enough. As ob-

served in the Singapore High Court decision of *Chen Siew Hwee v Low Kee Guan* (*Wong Yong Yee*, *co-respondent*) [2006] 4 SLR (R) 605 ("*Chen Siew Hwee*") (at [32]), the Proviso was intended to give effect to the donor's intention and to prevent unwarranted windfalls from accruing to the other spouse. However, as noted in *Chen Siew Hwee* (at [33] – [36]), there are exceptions to the general rule that assets acquired by way of gift or inheritance by one of the parties should not constitute part of the pool of matrimonial assets, such as the substantial improvement exception or where the asset is the matrimonial home. It also bears emphasising that where there is ambiguity in the donor's intention, the court would have to interpret the donor's intention with reference to the objective facts. This point, as we will see, is of particular relevance in the present case. Let us turn nowto consider *Issue* 1.

Issue 1

The undisputed facts

23 In order to resolve this particular issue, it is appropriate first to set out the relevant (and undisputed) facts.

24 As we alluded to above (at [7]), it is undisputed that the Father gifted Lot A to the Respondent alone. It was also undisputed that the Respondent transferred Lot A to [J] and that [J] transferred the Property (which was then in her name) to the Respondent.

The disputed facts

25 There were, however, several points at which the parties were whol-

ly at odds.

26   The first point of dispute related to the Father's intention with regard to the respective exchange of properties briefly described above (at [9]). The Respondent argued that there had, on the Father's instructions, been *an exchange or swap of what were still gifts from the Father to the Respondent and [J] – except that, with such an exchange, the Respondent would receive the Property whilst [J] would receive Lot A instead.* The Respondent further submitted that such an exchange was desired by the Father because he intended (owing to health reasons) to return to live in Sri Lanka with the Mother and [J], whilst the Respondent would continue to reside in Singapore with his family. The Respondent also maintained (and the Mother deposed an affidavit attesting to the same) that, as with the transfer of Lot A, the Property was intended for the Respondent's sole benefit. The Property was transferred to the Respondent's sole name as the Mother and the Father did not wish to intervene in their children's family matters, and left it up to the Siblings to take the necessary steps to benefit their own families (if any). We should add that the Father and [J] have since passed away and could not provide evidence in this regard.

27   The Appellant had initially accepted that there had been a mere exchange of gifts, but her contention was that the Property was intended by the Father to be a gift to the Respondent, the Appellant and the Children, *and not to the Respondent solely.* This was apparent in her various affidavits. She submitted that the Father did so out of gratitude to the Ap-

pellant for her contributions to the Company, and to ensure that the Respondent's family was financially secure as the Respondent was then financially unable to purchase a home. However, the Appellant subsequently changed her tack somewhat, the result of which was the application for the admission of new evidence ("the new evidence") *via* Summons No 5380 of 2012 ("the Application") in this appeal.

The Application

28　The new evidence that the Appellant sought leave to adduce consisted of:

(a) The title search and copies of documents evidencing transactions in relation to the Property ("the documents of title");

(b) A letter dated 21 August 2012 from the Appellant's previous solicitors;

(c) Letters dated 23 April 2012 from Ang Mo Kio Police Division Headquarters to the Appellant and [M] ("letters from the police").

29　The Appellant sought leave to admit the documents of title to show that the Property was acquired for consideration, and was therefore not a gift. One of the documents of title was a deed of assignment dated 11 September 1979 providing that the Father transferred the Property to [J] for $150000. Another was an indenture of assignment providing that, on 10 December 1986, the Respondent acquired the Property from [J] for $400000. The Appellant also sought to introduce a letter from her previous solicitors dated 21 August 2012 explaining why the documents of title, though obtained prior to the hearing of the ancillary matters before the Judge, had not been adduced in her affidavits. The Appellant's previous solicitors stated that the documents of title were left out of her affidavits as the Appellant instructed them that the Respondent "had been gifted [the Property] by way of a transfer from [J]".

30　The Appellant also sought to introduce letters from the police in response to the Respondent's implied assertion that she had taken 21 pieces of blue sapphires and 58 pieces of rubies ("the Gemstones") that he claimed he had kept in the master bedroom of the Matrimonial Flat before he left the Matrimonial Flat in November 2009. The letters from the police stated that no further action would be taken against the Appellant and [M] with respect to the Respondent's report on the missing Gemstones.

Applicable principles on admission of the newevidence

31　It would first be helpful to set out the applicable principles on the admission of newevidence on appeal. It is trite that under O 57 r 13 (2) of the Rules of Court (Cap 322, R 5, 2006 Rev Ed), the Respondent has to demonstrate "special grounds", which, as a general rule, means satisfying the three conditions in *Ladd v Marshall* [1954] 1 WLR 1489 (the "*Ladd v Marshall* test") (see also the decision of this court in *Tan Hwee Lee v Tan Cheng Guan and another appeal and another matter* [2012] 4 SLR 785 at [21]). The three conditions of the *Ladd v Marshall* test are as follows:

　　(a) The evidence could not have been obtained with reasonable diligence for use during the hearing of the ancillary matters;

(b) The evidence must be such that, if given, would probably have an important influence on the result of the case, though it need not be decisive;

(c) The evidence must be such as is presumably to be believed or apparently credible.

32　The courts have, however, allowed, in certain cases, the admission of newevidence despite the applicant's failure to demonstrate that all three conditions of the *Ladd v Marshall* test were satisfied. In *Su Sh – Hsyu v Wee Yue Chew* [2007] 3 SLR (R) 673 ("*Su Sh – Hsyu*"), for example, this court noted that while in most cases, the *Ladd v Marshall* test achieved justice by upholding the public interest in the finality of litigation, there were exceptional cases in which [as noted by Laddie J in *Rajinder Singh Saluja v Partap Singh Gill* [2002] EWHC 1435 (Ch)] "a rigid application of the [*Ladd v Marshall* test] might engender injustice", and, in these cases, the court has "the power to employ its wide discretion to assess with some latitude the adduction of newevidence" (see *Su Sh – Hsyu* at [31]). This court, in *Cheng-Wong Mei Ling Theresa v Oei Hong Leong* [2006] 2 SLR (R) 637 ("*Theresa Cheng-Wong*") (at [39]), also emphasised that the *Ladd v Marshall* test should not be applied rigidly as if it were a statutory provision.

33　Courts have, *inter alia*, exercised the discretion to admit newevidence despite the applicant's failure to satisfy the first condition of the *Ladd v Marshall* test where the new evidence revealed that some deception, fraud or deliberate suppression of material evidence was perpetuated on the trial court by one party [see *Su Sh – Hsyu* at [36]; *Hamilton v Brodie Brittain Racing Ltd* [Court of Appeal (Civil Division), 13 December 1995] and *Linton v Ministry of Defence* [1983] NI 51 [both the last mentioned decisions of which were cited in *Su Sh – Hsyu* at [28] - [30] and [33] - [34], respectively]]. New evidence has also been admitted in an appeal where a party was denied a fair opportunity by the trial judge to put forth relevant facts before the court (see, for example, the decision of this court in *Wong Phila Mae v ShawHarold* [1991] 1 SLR (R) 680 at [16]), or where the trial judge made a decision on a point of a "substantive nature" that parties had not had the opportunity to address (see *Theresa Cheng-Wong* at [40] - [45]).

34 At the hearing, we reserved our decision on the Application and allowed Mr Prabhakaran Nair ("Mr Nair"), counsel for the Appellant, to make references to the new evidence in his oral submissions. We also directed the Respondent to file a reply affidavit addressing a few issues to, *inter alia*, account for the fact that the indenture of assignment of 10 December 1986 stated that the Property was sold to the Respondent for $400000. After considering the parties' submissions, we have decided to dismiss the Application. We turn now to the reasons for our decision.

Our decision to dismiss the Application

35 Dealing first with the more straightforward aspect of the new evidence, *viz*, the letters from the police, we are of the view that the second condition of the *Ladd v Marshall* test is not satisfied, in as much as this evidence was not material to the Judge's decision or to our decision in this

appeal.

36 In so far as the documents of title are concerned, while the second and third conditions of the *Ladd v Marshall* test are satisfied, it is undisputed that the first condition is not. The Appellant obtained the documents of title *before* the hearing of the ancillary matters before the Judge. Mr Nair admitted that such evidence could have been adduced earlier and the fact that the Appellant's previous solicitors did not do so was not, at least in and of itself, an adequate excuse. In our view, neither was the Appellant's claim that she did not see the significance of the documents of title at that point in time.

37 The Appellant argued that the Respondent had deceived the court by representing that the Property was a gift, and the documents of title struck at the heart of the Judge's decision. We do not think this allegation (which is a serious one to make) is borne out, particularly in the light of the Respondent's explanation in his reply affidavit to the Application.

38 The Respondent explained that, despite what was indicated on the deed of assignment dated 11 September 1979, [J] did not pay ＄150000 to the Father. [J] was merely 20 years old then and had just started working in the Company. The Respondent also maintained that he did not, and that it was not possible for him to, pay ＄400000 for the Property. Indeed, by the Appellant's own evidence, from 1980 to the time that the Property was transferred to the Respondent, the Respondent earned a meagre salary and was "financially unstable to purchase a

home". In the Respondent's reply affidavit to the Application, he stated that he was told by the Father that it was necessary to specify the value of $400000 on the indenture of assignment as that was the estimated value of the Property, and he did not question the Father. The Respondent also told [J] that he did not have money to pay her for the Property, and [J] did not ask to be paid. The Father had given various properties to the Siblings (as set out above at [7]) when they were between 19 to 22 years of age, and they did not pay for these properties even though the legal documentation for the transfer stated that consideration had passed.

39 While we note that the Respondent did not challenge the authenticity of the documents of title, and that these documents would constitute objective evidence of potentially fundamental importance to the issues in this appeal (thus, satisfying both the second and third conditions of the *Ladd v Marshall* test), we are of the view that this case is not one which justifies a relaxation of the first condition of the *Ladd v Marshall* test, and are thus of the view that the Application should be dismissed. The Application is also dismissed in relation to the letter from the Appellant's previous solicitors. The Appellant possessed the necessary evidence before the hearing of the ancillary matters and could well have made her arguments before the Judge on the nature of the exchange of properties between the Respondent and [J].

Our decision on Issue 1

40 Not withstanding our decision to dismiss the Application, we find in

favour of the Appellant on Issue 1. The key question in so far as this particular issue is concerned is whether or not there had indeed been an exchange of gifts effected on the Father's instructions, with the result that the acquisition of the Property by the Respondent was by way of a gift from the Father in the same way that Lot A was.

41 Contrary to what was alleged by the Respondent, we are of the view that the Property was intended by the Father to be a gift to the Respondent *and his family*, and not merely to the Respondent alone. Although we accept (and this is not disputed by the Appellant) that Lot A was intended to be a gift to the Respondent alone, it was more probable than not that the Father had *changed* his intention and intended to provide for *the Respondent's entire family via* the Property, given that, by the time the exchange of properties occurred, the Respondent had not only gotten married but also had children as well. The fact that the Father (because of his ailing health) and the Mother as well as [J] returned to and intended to remain in Sri Lanka was but one reason for the exchange of properties, and this reason, we might add, was not necessarily inconsistent with an intention that the Property was to be for the Respondent's family. After his marriage, the Respondent had expressed to the Father that he wanted to continue living in Singapore with his family, and it was "[f]or this reason" (in the Respondent's words), that the Father instructed that the properties be exchanged. It appears to us that the contexts in which the Father had gifted Lot A to the Respondent in 1975 and transferred the Property to the Respondent in 1986 are entirely different.

When the Property was transferred to the Respondent, he had been married for a little over six years and had two children. Given that the Respondent did not even have the means to purchase a home for his family in Singapore, we accept the Appellant's account that the Father, in directing the exchange of properties, wanted to ensure that the Respondent's family was financially secure. The parties' conduct after the properties were exchanged (while, in itself, may not have constituted sufficient evidence of the Father's intention) was corroborative of our finding that the Father intended to benefit the Respondent's family with the Property. Both parties, and in particular, the Appellant, maintained the Property, and the Respondent's family used the Property as their residential address in identification documents and in the Children's school records. We also accept that the parties had made a "joint decision" to sell the Property in 1995 to acquire funds to, *inter alia*, purchase a matrimonial home of a reasonable size that they could maintain financially, and that (by the Respondent's own admission) most of the Sale Proceeds were spent on his family through the years. In our view, such conduct was consistent with the Father's intention that the Property was intended for the Respondent's family.

42 The Respondent relied on the Mother's evidence that, as with the transfers of properties to the other Siblings (see above at [7]), the Property was for the Respondent's sole benefit, and he was left to benefit his family if he so wished. We would point out that the comparison with the transfers of properties to the other Siblings was not entirely helpful,

as the transfers were made to them *before* they were married or had their own families, unlike the circumstances prevailing at the time that the Property was transferred to the Respondent. We would also caution against placing undue weight on the Mother's affidavit, in the light of the possibility (and in our view, the likelihood) that her evidence was not wholly neutral, but predisposed towards the Respondent's case. In fact, the tone and contents of her affidavit suggest that she and the Appellant did not have an altogether rosy relationship. In so far as the Respondent sought to rely on the fact that the Property was (as in the case of Lot A) transferred to his sole name, and not to the parties jointly, it is just as plausible that this was simply an arrangement made by the Father with regard to the legal title to the gifted properties, and this was not necessarily inconsistent with his intention *in substance* to benefit the Respondent's family with the Property. And, in so far as the Respondent sought to argue that he and his family had never moved to live in the Property itself, we find this particular argument to be neutral at best (significantly, in the light of our analysis above of the Mother's affidavit, this argument is also to be found in that particular affidavit as well). After all, they were already residing at 29 Jansen Road and the Property was (owing to its size as well as the high costs of renovation) probably unsuitable as a matrimonial home [this is supported by the fact that the parties ultimately settled on a matrimonial home of reasonable size (as noted above at [41])]. The fact that the Respondent's family remained in 29 Jansen Road was, in our view, likely to be for reasons of practical convenience, and was by no means inconsistent with what we have found to be the Father's intention in instructing that the Property be transferred to the Respondent. We also find it highly significant that a portion of the Sale Proceeds was used to fund the purchase of the Matrimonial Flat in the *joint names* of the Appellant and the Respondent as *joint tenants* (see above at [10]).

43 As we have found that the Property was intended by the Father to be a gift to the Respondent and his family, it would follow that the Sale Proceeds should be included in the pool of matrimonial assets available for distribution.

Issue 2

44 In the light of our conclusion on Issue 1, it is unnecessary for us to consider Issue 2.

Issue 3

45 The practical difficulty presented to this court is that a significant amount of the Sale Proceeds (*viz*, $2.5 million) is *not presently available for division*. The Respondent submitted that this amount had been converted into the Gemstones, which were subsequently stolen. He alleged that the Gemstones had been kept in the master bedroom of the Matrimonial Flat, which was locked, but that the Appellant had engaged a locksmith to unlock the door without his knowledge. Mr Nair argued, to the contrary, that the Respondent's act in purportedly spending the bulk of

the Sale Proceeds (some $2.5 million) on the Gemstones and his version of events as to how they were subsequently lost were simply part of a ploy on his part to spirit away the Sale Proceeds which constituted part of the pool of matrimonial assets. Mr Nair also pointed to the fact that the Respondent had closed a number of bank accounts holding significant portions of the Sale Proceeds in quick succession at about the same period that the Appellant applied for a PPO, when it was clear that the marriage had broken down irretrievably. In particular, the Respondent's Standard Chartered Time Deposit Account No CCC ("Account CCC"), which the Respondent held in his sole name and which contained most of the balance of the Sale Proceeds (viz, $2167156.30), was closed in April or May 2009 to, allegedly, purchase the Gemstones.

46 We note that the Respondent had been less than helpful to the court on the where abouts of the monies which were withdrawn from Account CCC. The Respondent in his third affidavit of 28 April 2011 merely stated (in response to the Appellant's Request for Interrogatories dated 14 April 2011) that Account CCC was closed and the closing balance was withdrawn in cash and not deposited into any bank account. The first time that the Respondent alleged that the monies in Account CCC were used to purchase the Gemstones, and that they were kept in the master bedroom, and were now lost, was in his ninth affidavit filed on 27 September 2011. The existence of the Gemstones had not been disclosed in his previous affidavits, including his Affidavit of Assets and Means (filed on 24 February 2011), despite his claim that the Gemstones were pur-

chased in April or May 2009 and discovered to be lost only in September 2011.

47   The Respondent produced a purchase agreement entered into with one Ms Sorada Wetchakari ("Ms Wetchakari"), a Thai national, dated 21 June 2008 ("the Purchase Agreement") in which it was stated that the purchase price for the Gemstones was $2.5 million, of which $100000 was to be paid on 21 June 2008 and $2.4 million was to be paid by 31 December 2008. In our view, the authenticity of the Purchase Agreement ought to be viewed with no small measure of suspicion, in the light of unexplained discrepancies in the documentation that the Respondent furnished before the court as evidence that he had purchased the Gemstones. While the Respondent adduced one receipt stating that he paid $100000 to Ms Wetchakari on 21 June 2008, the other receipt (in contrast to what was provided for in the Purchase Agreement) stated that $2.1 *million* was paid on 3 *May* 2009 *in accordance with a purchase agreement for gemstones dated* 3 *May* 2009 *instead.* The Respondent has not explained why the amount that he eventually paid for the Gemstones (at least as recorded in the receipts) was less than $2.5 million, or whether and when the additional $300000 was paid. (We note, in this regard, that the Respondent maintained in his Ancillary Matters Fact and Position Sheet, filed subsequently, that the Gemstones were purchased for $2.5 million.) There was also no explanation as to why the receipt referred to another purchase agreement dated 3 May 2009. It appears to us that the Gemstones transaction was not genuine. By any yardstick,

this would have been a baffling transaction given the amount involved, the lack of a proper document trail and, most pertinently, the absence of any prior documented history of the Respondent being involved in the investment of gemstones. We find that the receipts appear to have been conveniently made out in order that the amount and date of payment would coincide somewhat with the closing balance of Account CCC, in response to the Appellant's complaint in her eighth affidavit of 18 August 2011 that the Respondent had failed to account for the where abouts of the monies withdrawn from Account CCC.

48 In this regard, we also note that the amount invested in the Gemstones was an enormous amount which had no precedent in the context of the known investments of this particular family. For completeness, we would state that there is only some evidence that Mr Udeni, the Respondent's Sri Lankan friend who is residing in Bangkok, gave the Respondent unpolished gemstones of relatively lower quality and value about 10 years ago. There is, however (and this is the crucial point), no evidence before us of any history as such of the Respondent's investments in gemstones. The Respondent's pattern of investment had, instead, consisted largely of earning interest payments from deposits in time deposit accounts. Added to all this was the fact that the Respondent was assuming his version of events to be true-converting such a sizeable amount of cash into a basically illiquid asset.

49 In addition, the Purchase Agreement indicated that the entire transaction was concluded *by cash*. More importantly, the amount of cash in-

volved was in *the millions in Singapore dollars*. *Further*, according to the Respondent, he did not place the three pouches containing the Gemstones in a safety deposit box but, instead, allegedly placed them in a box which was locked up in the master bedroom of the Matrimonial Flat. This was the equivalent of placing over two million dollars in cash in a locked drawer in a bedroom. We are not persuaded by the Respondent's explanation that he left the Gemstones in the master bedroom as he did not want to bring items of such high value with him to his rented premises. Indeed, it does not comport with either logic or common sense that, on the facts as well as in the context of this case, one would (as the Respondent alleges he did) put millions of dollars at risk in one domestic location; more likely than not, a reasonable person in this type of situation would utilise the security that is inherent in the facilities of a bank instead. We also note that the Respondent did not bother checking on the Gemstones until *nearly two years later*, when he alleged that, upon returning to the Matrimonial Flat with his solicitor on 1 September 2011, he discovered that the Gemstones were missing (whereupon he made police reports). Even after he had been informed by the Appellant's former solicitors in a letter dated 26 November 2009 that she had engaged a locksmith to unlock the door of the master bedroom, there was no indication on the evidence before us that the Respondent had been anxious to ensure that his most valuable possession in the form of the Gemstones had not been removed. The logical inference to be drawn from the timing at which these allegations were made (as was noted above at [47]) is that they were relied upon to explain away the whereabouts of the monies withdrawn from Account CCC. All this renders the Respondent's version of events (and his explanation that the Gemstones were intended as a form of savings and investment) a rather unbelievable (and even fantastic) one.

50　In the circumstances, the Respondent has, in our view, failed to account for $2.5 million of the Sale Proceeds. Indeed, he has sought, instead, to proffer a completely different explanation-which we have rejected in no uncertain terms. He has, in fact, failed to discharge the duty of full and frank disclosure which underpins s112 of the Act. In the circumstances, we are, as this court determined in a similar situation in *NK v NL* [2007] 3 SLR (R) 743 ("*NK v NL*"), entitled to drawadverse inference against the Respondent. As was the case in *NK v NL* (at [62]), we are of the view that, in the circumstances of the present case, it might be more just and equitable (as well as practical) to order a higher proportion of the assets in hand to be given to the Appellant. This would also give effect albeit in a more general fashion, as was also the case in *NK v NL* (see *ibid*) to the adverse inference which this court has drawn against the Respondent.

51　In our view, it would be just and equitable for the Matrimonial Flat to be transferred in its entirety to the Appellant and to also order that the Respondent pay to the Appellant the sum of $200000 (taking into account the possibility, as submitted by the Respondent's counsel, that the Matrimonial Flat has increased in market value).

Issue 4

52   Having regard to the award by this court in relation to the division of matrimonial assets as well as all the relevant circumstances before the court, we are of the view that the order of maintenance made by the Judge in the court below should stand. We would add that it would not, in our view, be appropriate to make an order for maintenance in so far as the Children are concerned as they have both completed their tertiary education and are able to support themselves financially.

Conclusion

53   For the reasons set out above, we allow the appeal with regard to the division of matrimonial assets, but dismiss the appeal with regard to maintenance. We order that the Matrimonial Flat be transferred to the Appellant's sole name within three months of the date of this judgment. The Appellant shall bear legal costs of the transfer of the Matrimonial Flat and all incidental expenses, including stamp duty. In the event that the Respondent does not execute, sign or indorse the relevant documents for the transfer of the Matrimonial Flat to the Appellant, the Registrar of the Supreme Court shall be empowered to execute, sign or indorse such documents on the Respondent's behalf. Payment of the sum of $200000 by the Respondent to the Appellant should also be made within three months of the date of this judgment. The Respondent should also return the Appellant's jewellery (which the Appellant last alleged was kept in a safe deposit box in the Respondent's name) if the jewellery is still in his pos-

session within seven days of the date of this judgment. We also order that the lump sum maintenance of $80000 awarded by the Judge be paid by the Respondent to the Appellant within three months of the date of this judgment, if this has not already been paid.

54 Having regard to all the circumstances, we order the Respondent to bear the costs of the proceedings both here as well as in the court below (except in relation to the costs of the Application which should be borne by the Appellant). For the avoidance of doubt, although we dismissed the appeal with regard to maintenance, this was (as explained at [52] above) due to the award made with regard to the division of matrimonial assets. The usual consequential orders will apply.

Copyright © Government of Singapore.

二、菲律宾最高法院 2018 年判决原文

Republic of the Philippines
Supreme Court
Manila

FIRST DIVISION[①]

TEEKAY SHIPPING PHILIPPINES, INC., and/or TEEKAY SHIPPING LTD., and/or ALEX VERCHEZ,	G. R. No. 209582
Petitioners,	Present:
	SERENO, *C. J.*, Chairperson,
	LEONARDO-DE CASTRO,
	DEL CASTILLO,
	JARDELEZA, and
– versus –	TIJAM, *JJ*
	Promulgated:
ROBERTO M. RAMOGA, JR.,	JAN 19 2018
Respondent.	

---

① 本篇系菲律宾最高法院判决书原文,为便于阅读,在尽量还原其法律文书原始形态的基础上对其格式加以技术性处理。——编者注

DECISION

TIJAM, J.:

Before Us is a Petition for Review on *Certiorari*[①] under Rule 45 of the Rules of Court filed by Teekay Shipping Philippines, Inc., and/or Teekay Shipping Ltd., and/or Alex Verchez (petitioners), assailing the Decision[②] dated May 30, 2013 of the Court of Appeals (CA) in CA – G. R. SP No. 125706, which affirmed the Decision[③] dated March 30, 2012 of the National Labor Relations Commission (NLRC) in NLRC LAC Case No. 10 – 000915 – 11, finding petitioners liable to pay Roberto M. Ramoga, Jr. (respondent), his permanent total disability benefits.

The pertinent facts of the case as found by the CA are as follows:

On February 18, 2010, [respondent] entered into a contract of overseas employment with [petitioner] Teekay Shipping Ltd. represented by its local manning agency, Teekay Shipping Philippines Inc., to work on board the vessel M/T "SEBAROK SPIRIT" under the following terms and conditions approved by the Philippine Overseas Employment Administration (POEA):

---

① *Rollo*, pp. 3 ~ 30.

② Penned by Associate Justice Priscilla J. Baltazar-Padilla, with Associate Justices Rosalinda Asuncion-Vicente and Agnes Reyes-Carpio concurring; id. at 34 ~ 48.

③ Penned by Presiding Commissioner Joseph Gerard E. Mabilog, with Commissioner Isabel G. Panganiban-Ortiguerra, concurring and Commissioner Nieves E. Vivar-De Castro dissenting; id. at 80 ~ 86.

Duration of Contract: EIGHT (8) MONTHS

Position: Deck Trainee

Basic Monthly Salary: $264.21

Hours of Work: 44 Hours/Week

Overtime: $79.26 excess of 85 hours $2.00

Vacation Leave with Pay: 15 days/months

Point of Hire: Makati, Philippines

After the mandatory pre-employment medical examination (PEME), [respondent] was declared fit for sea duty. He joined the vessel on April 9, 2010. Barely six (6) months after, he slipped and twisted his left ankle while climbing the stairs on board the said vessel. He underwent an x-ray examination at the Bangkok Hospital in Pattaya City, Chonburi, Thailand. He was diagnosed to be suffering from a non-displaced fracture base of 2nd and mild displaced fracture base of 3rd metatarsal bone. A surgery was recommended for open reduction and internal fixation of the injured ankle to prevent its further displacement.

[Respondent] was repatriated to the Philippines on October 4, 2010. The following day, he was immediately referred for further evaluation and treatment at the Metropolitan Medical Center. He underwent a rehabilitation program under the supervision of Dr. Esther G. Go. On October 9, 2010, he was operated for open reduction with internal fixation with intramedullary pinning of his left 3rd metatarsal bone by the company designated physician, Dr. William Chuasuan, Jr. He was advised to continue using crutches to aid ambulation and was given medications. On April 8, 2011, Dr. Chuasuan, Jr. issued a certification stating that [respondent] was fit to return to work.

Unsatisfied with the company doctor's assessment, [respondent] sought the help of his own doctor, Dr. Rogelio P. Catapang who is an orthopedic and traumatology flight surgeon at Sta. Teresita General Hospital. The said doctor issued a medical report declaring that [respondent] still continues to have pain and discomfort on his left foot and ankle even after his continuous physiotherapy. He likewise cannot ambulate for long distances, unable to tolerate prolonged walking and squat especially if the weight is borne on the left foot. Since the time of his injury, he is unable to work at his previous occupation. Thus, he was declared to be permanently unfit in any capacity to resume his sea duties.

Consequently, [respondent] lodged a complaint for permanent total disability benefits, sickness allowance, medical expenses, damages and attorney's fees in accordance with the terms and conditions of the Revised Standard Terms and Conditions Governing the Employment of Filipino Seafarers on Board Ocean-going Vessels. ①

---

① Id. at 35~36.

Ruling of the Labor Arbiter

On September 14, 2011, the Labor Arbiter (LA) rendered a Decision[1] in favor of respondent, the dispositive portion of which reads:

WHEREFORE, premises considered, judgment is hereby rendered finding [herein petitioners] jointly and solidarily liable to pay [herein respondent] the amount of US＄60000.00 or its peso equivalent at the time of payment, illness allowance in the amount of US＄648.27 and ten percent (10%) of the total award as attorney's fees.

SO ORDERED.[2]

Ruling of the NLRC

Upon appeal to the NLRC, the latter in its Decision[3] dated March 30, 2012, affirmed with modification the decision of the LA by deleting the award of sickness allowance, thus:

WHEREFORE, premises considered, judgment is hereby rendered finding [respondent] not entitled to the award of sickness allowance. The award of sickness allowance in the amount of US＄648.27 is hereby ordered DELETED. Accordingly, the decision of the [LA] dated September 14, 2011 is hereby MODIFIED. All other dispositions not herein otherwise modified, STANDS undisturbed.

SO ORDERED.[4]

---

[1] Penned by Labor Arbiter Madjayran H. Ajan; id. at 257~265.
[2] Id. at 265.
[3] Id. at 80~86.
[4] Id. at 85.

Ruling of the CA

Petitioner then filed a petition for *certiorari* before the CA. The CA however affirmed the ruling of the NLRC in its Decision[①] dated May 30, 2013, thus:

IN VIEW OF ALL THE FOREGOING, the challenged Decision and Resolution of the NLRC are hereby AFFIRMED.

SO ORDERED. [②]

The motion for reconsideration filed by the petitioners having been denied by the CA in its Resolution[③] dated October 18, 2013, the petitioners filed the instant petition alleging that the CA erred in affirming the findings of the NLRC and the LA that respondent is entitled to his permanent total disability benefits because the latter was unable to resume his work for more than 120 days from his repatriation. Petitioners further alleged that the company-designated physician declared respondent fit to return to work on April 8, 2011 or only 186 days from his repatriation, well within the period allowed by law to make a declaration as to respondent's fitness to return to work.

Ruling of the Court

The petition is granted.

At the outset, it is settled that only questions of law may be raised

---

① Id. at 34~48.
② Id. at 48.
③ Id. at 50~51.

in a petition for review on certiorari under Rule 45 of the Rules of Court because this Court is not a trier of facts. However, there are exceptions, which are present in this case, when this Court can pass upon and review the factual findings of the CA, such as the following instances:

(1) When the conclusion is a finding grounded entirely on speculation, surmises or conjectures x x x;

(2) When the inference made is manifestly mistaken, absurd or impossible x x x;

(3) **Where there is a grave abuse of discretion x x x**;

(4) **When the judgment is based on a misapprehension of facts x x x**;

(5) When the findings of fact are conflicting x x x;

(6) When the Court of Appeals, in making its findings, went beyond the issues of the case and the same is contrary to the admissions of both appellant and appellee x x x;

(7) The findings of the Court of Appeals are contrary to those of the trial court x x x;

(8) When the findings of fact are conclusions without citation of specific evidence on which they are based x x x;

(9) When the facts set forth in the petition as well as in the petitioner's main and reply briefs are not disputed by the respondents x x x;

(10) The finding of fact of the Court of Appeals is premised on

the supposed absence of evidence and is contradicted by the evidence on record x x x. ① (Citation omitted and emphasis ours)

The CA in finding that respondent is entitled to permanent total disability benefits held that:

Dr. Chuasuan Jr's medical certification merely stated that private respondent is fit to return to work. WE find that this declaration was not categorical that [respondent] was already fit to work as of the time he issued the same on April 8, 2011. In the absence of such definitive pronouncement, WE rule that [respondent] is permanently disabled since he was not able to resume work for more than 120 days from his repatriation on October 4, 2010. His disability is likewise total for that he remains unemployed as a Deck Trainee or in the same kind of work or work of similar nature that he was trained for or accustomed to perform. Permanent disability is inability of a worker to perform his job for more than 120 days, regardless of whether or not he loses the use of any part of his body. ②

Article 198 (c) (1) of the Labor Code states that disability which lasts for more than 120 days is deemed total and permanent. While Section 2, Rule X of the Amended Rules on Employees' Compensation provides that:

Sec. 2. Period of Entitlement – (a) The income benefit shall

---

① *Protective Maximum Security Agency, Inc. v. Fuentes*, 753 Phil. 482, 505 (2015).
② *Rollo*, p. 45.

be paid beginning on the first day of such disability. If caused by an injury or sickness **it shall not be paid longer than** 120 **consecutive days except where such injury or sickness still requires medical attendance beyond** 120 **days but not to exceed** 240 **days from onset of disability in which case benefit for temporary total disability shall be paid.** However, the System may declare the total and permanent status at any time after 120 days of continuous temporary total disability as may be warranted by the degree of actual loss or impairment of physical or mental functions as determined by the System. (Emphasis ours)

In the case of *Elburg Shipmanagement Phils. Inc. , et. al. v. Quiogue*, [1] this Court harmonized the periods when a disability is deemed permanent and total, thus:

An analysis of the cited jurisprudence reveals that the first set of cases **did not award permanent and total disability benefits to seafarers whose medical treatment lasted for more than** 120 **days, but not exceeding** 240 **days, because** (1) **the company-designated physician opined that the seafarer required further medical treatment or** (2) **the seafarer was uncooperative with the treatment.** Hence, in those cases, despite exceeding 120 days, the seafarer was still not entitled to permanent and total disability benefits. In such instance, Rule X, Section 2 of the IRR gave

---

[1] 765 Phil. 341 (2015).

the company-designated physician additional time, up to 240 days, to continue treatment and make an assessment on the disability of the seafarer.

The second set of cases, on the other hand, **awarded permanent and total disability benefits to seafarers whose medical treatment lasted for more than** 120 **days, but not exceeding** 240 **days, because the company-designated physician did not give a justification for extending the perjod of diagnosis and treatment.** Necessarily, there was no need anymore to extend the period because the disability suffered by the seafarer was permanent. In other words, there was no indication that further medical treatment, up to 240 days, would address his total disability.

If the treatment of 120 days is extended to 240 days, but still no medical assessment is given, the finding of permanent and total disability becomes conclusive.

The above-stated analysis indubitably gives life to the provisions of the law as enunciated by *Vergara*. Under this interpretation, both the 120-day period under Article 192 (2) of the Labor Code and the extended 240-day period under RuleX, Section 2 of its IRR are given full force and effect. This interpretation is also supported by the case of *C. F. Sharp Crew Management, Inc. v. Taok*, where the Court enumerated a seafarer's cause of action for total and permanent disability, to wit:

a. The company-designated physician failed to issue a declaration as to his fitness to engage in sea duty or disability even after the lapse of the 120-day period and there is no indication that further medical treatment would address his temporary total disability, hence, justify an extension of the period to 240 days;

b. 240 days had lapsed without any certification being issued by the company-designated physician;

x x x x

Certainly, the company-designated physician must perform some significant act before he can invoke the exceptional 240-day period under the IRR. It is only fitting that the company-designated physician must provide a sufficient justification to extend the original 120-day period. Otherwise, under the law, the seafarer must be granted the relief of permanent and total disability benefits due to such non-compliance.

On the contrary, if we completely ignore the general 120-day period under the Labor Code and POEA-Contract and apply the exceptional 240-day period under the IRR unconditionally, then the IRR becomes absolute and it will render the law forever inoperable. Such interpretation is contrary to the tenets of statutory construction. ①(Emphasis ours)

As it now stands, the mere lapse of 120 days from the seafarer's repatriation without the company-designated physician's declaration of the fitness to work of the seafarer does not entitle the latter to his permanent

---

① Id. at 361~362.

total disability benefits. ① As laid down by this Court in *Elburg Shipmanagement Phils. Inc. , et. al. ,* ② and in *Jebsens Maritime, Inc. , Sea Chefs Ltd. , and Enrique M Aboitiz v. Florvin G. Rapiz,* ③ the following guidelines shall govern the seafarer's claims for permanent total disability benefits:

1. The company-designated physician must issue a final medical assessment on the seafarer's disability grading within a period of 120 days from the time the seafarer reported to him;

2. If the company-designated physician fails to give his assessment within the period of 120 days, without any justifiable reason, then the seafarer's disability becomes permanent and total;

3. If the company-designated physician fails to give his assessment within the period of 120 days with a sufficient justification (e. g. seafarer required further medical treatment or seafarer was uncooperative), then the period of diagnosis and treatment shall be extended to 240 days. The employer has the burden to prove that the company-designated physician has sufficient justification to extend the period;

4. If the company-designated physician still fails to give his assessment within the extended period of 240 days, then the seafarer's

---

① *Tagalog v. Crossworld Marine Services, Inc. , et. al. ,* 761 Phil. 270, 279 (2015).
② Supra note 14.
③ G. R. No. 218871, January 11, 2017.

disability becomes permanent and total, regardless of any justification.

Here, the records reveal that respondent was medically repatriated on October 4, 2010. It is undisputed that the company-designated physician issued a declaration as to respondent's fitness to work on April 8, 2011 or 186 days from his repatriation. Thus, to determine whether respondent is entitled to his permanent total disability benefits it is necessary to examine whether the company-designated physician has a sufficient justification to extend the period.

Examination of the records lead Us to conclude that there is a sufficient justification for extending the period. In a Report① dated January 11, 2011, the company-designated physician advised respondent to continue his rehabilitation and medications and to come back on February 1, 2011 for his repeat x-ray of the left foot and for re-evaluation. The company-designated physician has determined that respondent's condition needed further medical treatment and evaluation. Thus, it was premature for the respondent to file a case for permanent total disability benefits on March 4, 2011② because at that time, respondent is not yet entitled to such benefits. The company-designated physician has until June 1, 2011 or the 240th day from his repatriation to make a declaration as to respondent's fitness to work.

---

① *Rollo*, p. 129.
② Id. at 258.

Neither is the declaration of respondent's own doctor that respondent is unfit to return to sea duties conclusive as to respondent's condition. It is well-settled that the assessment of the company-designated physician prevails over that of the seafarer's own doctor. "[T]he assessment of the company-designated physician is more credible for having been arrived at after months of medical attendance and diagnosis, compared with the assessment of a private physician done in one day on the basis of an examination or existing medical records."①

With the declaration of the company-designated physician that respondent is already fit to return to work, the latter is not entitled to his permanent total disability benefits.

WHEREFORE, premises considered, the petition is **GRANTED**. The Decision dated May 30, 2013 and Resolution dated October 18, 2013 of the Court of Appeals in CA-G. R. SP No. 125706 are hereby **REVERSED and SET ASIDE**. Accordingly, the complaint filed by respondent Roberto M. Ramoga, Jr. is **DISMISSED** for lack of merit.

SO ORDERED.

NOEL GIMENEZ TIJAM
Associate Justice

WE CONCUR:

---

① *INC Navigation Co. Philippines, Inc., et. al. v. Rosales*, 744 Phil. 774, 789 (2014).

附录一 "一带一路"沿线国家和地区司法判例原文

MARIA LOURDES P. A. SERENO
Chief Justice
Chairperson

TERESITA J. LEONARDO-DE CASTRO
Associate Justice

MARIANO C. DEL CASTILLO
Associate Justice

FRANCIS H. JARDELEZA
Associate Justice

CERTIFICATION

Pursuant to Section 13, Article VIII of the Constitution, I certify that the conclusions in the above Decision had been reached in consultation before the case was assigned to the writer of the opinion of the Court's Division.

MARIA LOURDES P. A. SERENO
Chief Justice

附录二 部分国家法律资料查找平台

一、马来西亚

1. http://www.agc.gov.my/agcportal/index.php?r=portal2，系马来西亚律政署的官方门户网站（仅英语），可浏览到当地的联邦条例、刊登、其他相关部门的链接等。

2. http://www.kehakiman.gov.my/en，系当地联邦法院的首席官的官方网站（马来语和英语），可浏览到当地的最新判决、部分过去的判决、民事和刑事案件的数据等。

3. http://www.malaysianbar.org.my/，系马来西亚律师协会的官方网站（仅英语），内容包括当地律师行的目录、判例等。

4. https://www.cljlaw.com/?page=home，系马来西亚法律信息数据网站（仅英语），最新的马来西亚联邦法院或上诉法院的判决、条例、法官目录等。

5. http://unimelb.libguides.com/asianlaw/malaysia，系墨尔本大学的网站（仅英语），有关马来西亚的法律研究，包括马来西亚的法律制度、体系、参考数据和链接等。

6. https://www.hg.org/attorneys/malaysia.html，系按国家和业

务范围分类的律师行搜索平台（仅英语）。

二、新加坡

1. https：//www.mlaw.gov.sg/content/minlaw/en.html，系新加坡法律部的官方网站（仅英语），可浏览有关新加坡的司法制度、当地法律服务业的简讯、当地律师行及执业律师的目录、其他相关法律部门的链接等。

2. https：//sso.agc.gov.sg/Index，系新加坡条例的官方网站（仅英语），可浏览有关新加坡的现行条例、历史版本的条例、提交议会的法案、新修订版本的条例、刊登的条例等。

3. https：//www.supremecourt.gov.sg/，系新加坡最高法院的官方网站（仅英语），可浏览判决、实务指示、法律网的诉讼单元、其他相关法律机构或部门的链接等。

4. https：//www.elitigation.sg/_layouts/IELS/HomePage/Pages/Home.aspx，系新加坡电子版诉讼的官方网站（仅英语），可浏览新加坡讼案登记册的查询、有关实务的参考、模板和表格等。

5. https：//www.ipos.gov.sg/home，系新加坡知识产权局的官方网站（仅英语），可浏览当地在知识产权领域的实务指示、表格、判例等。

6. https：//www.sal.org.sg/#、https：//www.singaporelawwatch.sg/，系新加坡法律协会的官方网站及其发布消息的网站（仅英语），可浏览有关当地法律的最新信息、上诉法院及高等法院等的判例、当地条例等。

7. https：//www.lawsociety.org.sg/，系新加坡律师会的官方网

站（仅英语），可浏览有关当地的法律制度、结构、争议解决计划、律师行及律师等。

8. http：//unimelb. libguides. com/asianlaw/singapore，系墨尔本大学的网站（仅英语），有关新加坡的法律研究，包括新加坡的法律制度、体系、参考数据和链接等。

9. https：//www. hg. org/attorneys/singapore. html，系按国家和业务范围分类的律师行搜索平台（仅英语）。

三、印度尼西亚

1. https：putusan. mahkamahagung. go. id/，系印度尼西亚最高法院的官方网站（仅印尼语）。

2. https：//mkri. id/，系印度尼西亚宪法法院的官方网站（印度尼西亚语为主，部分英语）。

3. http：//www. peradi. or. id/，系印度尼西亚律师协会的网站（仅印度尼西亚语）。

4. http：//unimelb. libguides. com/asianlaw/indonesia，系墨尔本大学的网站（仅英语），有关印度尼西亚的法律研究，包括印度尼西亚的法律制度、体系、参考数据和链接等。

5. https：//www. hg. org/attorneys/indonesia. html，系按国家和业务范围分类的律师行搜索平台（仅英语）。

四、菲律宾

1. http：//sc. judiciary. gov. ph/，系菲律宾最高法院的官方网站

（仅英语），可浏览当地最高法院的判决、律师名单、其他相关法律机构或部门的链接等。

2. http：//elibrary.judiciary.gov.ph/，系菲律宾最高法院的网上图书馆网站（仅英语），可浏览当地最高法院的判决、上诉法院的判决、条例、双边及多边协议、其他相关法律机构或部门的链接、其他国家的最高法院链接等。

3. https：//lawphil.net/，有关菲律宾条例和法学的数据网站（英语）。

4. https://cdasiaonline.com/ServiceLogin? redirect_to = https%3A%2F%2Fcdasiaonlin e.com%2F，系关于菲律宾条例和法学的数据网站（仅英语）。

5. http：//unimelb.libguides.com/c.php? g = 402982&p = 544335，系墨尔本大学的网站（仅英语），有关菲律宾的法律研究，包括菲律宾的法律制度、体系、参考数据和链接等。（建议从 http：//unimelb.edu.au 登录，点击网站内［library］和［Libguides］按键登入网址）。

附录三　课题研究大事记

2017年12月4日，福建省泉州市中级人民法院与华侨大学共同申报的"'一带一路'沿线国家和地区司法判例的研究方法"获最高人民法院2017年度司法案例研究重点课题立项。

2017年12月7日，第一次课题研究部署会召开，明确第一阶段的研究重点和任务分解，目标在于掌握现有的理论和实践成果，为下一阶段工作的开展摸清方向和思路。

2017年12月20日至2017年12月22日，课题组成员郑玲玲、杨月萍、林艳到西安交通大学学习、调研"一带一路"沿线国家和地区法律、判例研究方法。西安交通大学法学院院长、丝绸之路国际法与比较法研究所所长单文华教授、丝绸之路国际法与比较法研究所副所长李万强、西安交通大学法学院副院长丁卫、中亚法研究主任Sofiya、丝绸之路国际法与比较法研究所专职研究员王朝恩、中亚法律观察员何丹漾等专家学者莅会座谈指导。

2017年12月27日，课题组成员与最高人民法院司法案例研究院进行思路对接，司法案例研究院罗盛华教授和赵文轩老师向课题组分享了7月28日案例推进会最高人民法院周强院长讲话稿等研究资料。

2017年12月28日，课题组订阅最高人民法院主办《法律适用·司法案例》等研究资料，旨在找准案例研究的定位。

2018年1月5日，课题组成员郑玲玲、杨月萍、林艳到厦门大学学习、调研"一带一路"沿线国家和地区法律、判例研究方法。厦门大学法学院副院长何丽新教授针对课题的研究方法和研究视角进行专门指导。

2018年1月5日，课题组成员陈志杰、贺张翡走访泉州市侨联。泉州侨联在座谈会上为课题组介绍了正着手打造的南洋华裔族群寻根谒祖综合服务平台，双方探讨了未来建立信息共享长效机制的意向。

2018年1月9日，第二次课题具体部署会暨第一阶段汇总会召开，由各组汇报第一阶段调研情况，并讨论出思路框架，细化三级标题，同时部署第二阶段任务。确定初稿完成时间为2018年3月15日。

2018年2月初，课题组就一带一路沿线国家司法判例的原文资料收集向蓝海现代法律服务中心发函询问合作意向。

2018年3月15日，课题初稿完成。

2018年4月下旬，课题组成员陈志杰、林艳到中国—东盟法律研究中心所在地西南政法大学调研。国际法学院院长、中国法学会中国—东盟法律研究中心秘书长张晓君教授等专家学者莅会指导。

2018年5月21日至2018年5月25日，课题组全体成员到厦门大学进行集中写作，完成结项报告定稿。

2018年6月30日，课题结项报告提交最高人民法院司法案例研究院。

"一带一路"沿线国家和地区司法判例研究方法

2018年8月21日,课题组成员参加泉州市侨联"一带一路"法律服务团成立仪式暨论坛。

2018年10月26日,陈明院长、骆旭旭和陈志杰参加课题答辩会。

2018年12月4日,为进一步完善课题成果,课题组成员郑玲玲、贺张翡分别带队走访华侨大学华文学院、泉州市侨联,商请依托华侨及外籍生源资源、"一带一路"合作平台汇集的华侨及海外法律服务资源,协助收集涉"一带一路"国家(主要立足于东南亚国家)司法制度、司法判例及其查找获取途径,后续收集获得相关资料。

2019年1月2日,最高人民法院向课题组颁发结项证书。

特别鸣谢

西安交通大学法学院单文华院长和全体老师；

最高人民法院司法案例研究院梁欣、罗盛华老师；

厦门大学法学院副院长何丽新教授；

西南政法大学国际法学院院长张晓君教授、罗嫒嫒老师、厦门海事法院陈延忠同志。

特别感谢

泉州市中级人民法院洪清波、张东亚、郭财顺、洪颖雅同志在提供相关数据和案例上给予的贡献。